国家林业局普通高等教育"十三五"规划教材

管 理 学

宋维明　主编

中国林业出版社

内容简介

本教材首先从管理实践和内涵等具有基础意义的知识出发,梳理管理学理论的沿革,阐述管理与环境的相互关系;其次遵循管理职能的逻辑规律,阐述计划、决策、组织、领导、激励和控制等管理职能的理论内涵和实现形式;最后从管理发展新特色和新实践的角度,阐述绿色管理理念和方法以及管理思想演进的方向。本教材的特点主要体现在:一是高度凝练基本理论,确保管理学科知识概貌得以系统呈现;二是充分延揽实践素材和案例,力求将新的管理实践的成果展现给读者;三是将科学研究的成果融入内容体系框架,为读者思考管理问题提供新的视角。

本教材适用于普通高等院校管理学相关课程,既可用于经济管理类专业本科生、研究生和 MBA 的教学,也可用于非经济管理类专业学生的教学。同时,也可以作为在职人员学习管理理论和方法的参考用书,是指导管理实践者提高工作效率的理论和方法指南。

图书在版编目(CIP)数据

管理学/ 宋维明主编. —北京:中国林业出版社,2018.1(2020.1重印)
国家林业局普通高等教育"十三五"规划教材
ISBN 9787-5038-9420-6

Ⅰ. ①管… Ⅱ. ①宋… Ⅲ. ①管理学 – 高等学校 – 教材 Ⅳ. ①C93

中国版本图书馆 CIP 数据核字(2018)第 018014 号

国家林业局生态文明教材及林业高校教材建设项目

中国林业出版社·教育出版分社

策划编辑:杨长峰 田 苗　　责任编辑:田 苗 李 冉
电　　话:(010)83143557　　传　　真:(010)83143516

出版发行	中国林业出版社(100009 北京市西城区德内大街刘海胡同7号) E-mail: jiaocaipublic@163.com 电话:(010)83143500 http://lycb.forestry.gov.cn
经　　销	新华书店
印　　刷	三河市祥达印刷包装有限公司
版　　次	2018 年 1 月第 1 版
印　　次	2020 年 1 月第 2 次印刷
开　　本	850mm×1168mm 1/16
印　　张	15.5
字　　数	368 千字
定　　价	37.00 元

未经许可,不得以任何方式复制或抄袭本书之部分或全部内容。

版权所有　侵权必究

前　言

　　科学的管理是提高社会各类组织运行效率的根本途径。以科学管理的实践为基础，探索和发现管理活动的规律并将其理论化进而指导实践，是管理学的根本任务。人类进入21世纪后，政治、经济和社会生活日新月异。伴随着互联网时代的迅速发展，人们的生产方式和生活方式都在发生着巨大的变化。特别是中国社会多姿多彩的变革，为人们需求的多样化提供了广阔的空间。需求的多样化，对社会组织发展的方向、路径以及激励个人工作效率的机制等，提出了新的、更加系统性的要求。在此背景下，需要对这些新的实践和课题进行研究与总结，为作为指导人们客观把握社会组织运行规律、指导人们科学建立社会组织秩序、启发组织运行动力、提高组织运行效率的管理学理论宝库增添新的内容。

　　管理学理论的发展，源于丰富多彩的管理实践，又科学化于指导管理实践。在中国社会进入新时代的今天，管理学之于创造发展新动力的社会组织变革，之于释放民智民力、激发人们工作效率的管理制度和机制的变革，有着重要的指导作用。而这个作用实现的起点，应当是管理学理论的传授和传播。那些能够照亮人生的理念、改变命运的行动，亟待与时俱进的管理教育去唤醒和加速。因此，管理教育就成为促进社会管理科学化不可替代的途径之一。

　　管理学教材是管理教育事业创新发展的重要载体，也是实现管理教育目的的重要工具。优秀的管理学教材是管理理论的系统集成，也是管理技术的系统集成。同时，作为实践性极强的科学的管理理论，必然要反映时代的特征和管理实践的新要求。因此，在新时代背景下，需要在既有理论体系的基础上与时俱进，以"创新、协调、绿色、开放、共享"的新发展理念为指导，以当今生动鲜活的管理实践为案例，对管理学教材的内容和形式进行充实和完善，以便适应新时代管理发展和管理学教育的需要。

　　正是基于以上背景，北京林业大学《管理学》教材编写组，立足于管理学教学和研究领域的丰厚积累和优良传统，组织编写了这本《管理学》教材。本教材的内容框架主要包括：首先，从管理实践和内涵等具有基础意义的知识出发，梳理管理学理论的沿革，阐述管理与环境的相互关系；其次，遵循管理职能的逻辑规律，阐述计划、决策、组织、领导、激励和控制等管理职能的理论内涵和实现形式；最后，从管理发展新特色和新实践的角度，阐述绿色管理理念和方法。同时从管理未来趋势的角度，阐述管理思想演进的方向。因此，较此前编写组撰写的管理学教材，本书体现了三个方面的新特点：一是高度凝练基本理论，确保管理学科知识概貌得以系统呈现；二是充分延揽实践素材和案例，力求将新的管理实践的成果展现给读者；三是将科学研究的成果融入内容体系框架，如关于绿色管理和面向未来的管理等内容，为读者思考管理问题提供新的视角。

编写人员主要由北京林业大学北京市精品课程"管理学"的主讲教师组成，大多参与过《管理学原理》《管理学基础》等多部教材的编写工作。本教材由宋维明担任主编，主要提出教材的编写思路和内容框架，对书稿进行统稿、审读和最后定稿；李华晶担任副主编，主要负责协调编写分工和组织书稿的阶段性审阅与修改，并协助主编完成统稿工作。各章节编写分工如下：第一章：贾薇；第二章：宁艳杰；第三章：宁艳杰、贾薇；第四、五章：陈春宝；第六、九章：余吉安；第七、八章：郭秀君；第十章：李华晶；第十一章：张洋。此外，北京林业大学的陈凯、仇思宁、李佳敏，工信部研究院的王秀峰和中国人民大学的李永慧等，也参与了编写资料整理等工作。

本教材是国家林业局普通高等教育"十三五"规划教材，也是北京林业大学教学改革研究项目的教材规划项目（编号BJFU2016JC178）成果。主要适用于普通高等院校管理学相关课程。既可用于经济管理类专业本科生、研究生和MBA的教学，也可用于非经济管理类专业学生的教学。同时，本教材也可以作为在职人员学习管理理论和方法的参考用书，是指导管理实践者提高工作效率的理论和方法指南。

本教材在写作过程中参考并引用了国内外同行专家的大量文献资料、学术观点和案例，中国林业出版社为本教材的出版提供了大力支持，对此，编写组表示衷心的感谢。同时，由于编写者的知识水平和投入精力的局限，书中难免存在不足和错误之处，因此恳请各位读者批评指正，不吝赐教，以便我们在今后继续修订完善。

编　者
2017年11月

目 录

前 言

第1章 绪 论 (1)
1.1 管理实践的起源 (2)
1.2 管理概述 (4)
1.2.1 管理的内涵 (4)
1.2.2 管理的职能 (6)
1.2.3 管理的分类 (7)
1.3 管理学的特点与方法 (7)
1.3.1 管理学的特点 (7)
1.3.2 管理学的研究方法 (8)
1.3.3 管理学的学习 (9)

第2章 管理学理论的沿革 (13)
2.1 早期的管理实践与管理思想 (14)
2.1.1 中国古代管理思想 (14)
2.1.2 西方早期管理思想 (17)
2.2 古典管理理论 (19)
2.2.1 泰勒的科学管理理论 (19)
2.2.2 法约尔的一般管理理论 (22)
2.2.3 韦伯的行政组织理论 (24)
2.3 人际关系学说与行为科学的建立 (26)
2.3.1 霍桑实验与人际关系学说 (26)
2.3.2 行为科学的建立 (30)
2.4 现代管理理论 (31)
2.4.1 社会系统学派 (31)
2.4.2 经验主义学派 (32)
2.4.3 决策理论学派 (32)
2.4.4 管理过程学派 (33)

2.4.5 管理科学学派 ……………………………………………………………… (33)
2.4.6 权变理论学派 ……………………………………………………………… (34)

第3章 管理者与管理环境 ………………………………………………………… (38)
3.1 管理者角色 …………………………………………………………………… (39)
3.1.1 管理者角色的内涵 …………………………………………………… (39)
3.1.2 管理者角色与管理职能 ……………………………………………… (40)
3.1.3 管理者如何进入角色 ………………………………………………… (40)
3.1.4 管理者角色的社会期待 ……………………………………………… (41)
3.2 管理环境 ……………………………………………………………………… (42)
3.2.1 组织外部环境 ………………………………………………………… (43)
3.2.2 组织内部环境 ………………………………………………………… (45)
3.2.3 组织环境分析 ………………………………………………………… (46)
3.3 社会责任与管理道德 ………………………………………………………… (49)
3.3.1 社会责任 ……………………………………………………………… (50)
3.3.2 管理道德 ……………………………………………………………… (51)
3.3.3 社会责任与经济绩效 ………………………………………………… (52)

第4章 计 划 ………………………………………………………………………… (55)
4.1 计划概述 ……………………………………………………………………… (56)
4.1.1 计划的含义 …………………………………………………………… (56)
4.1.2 目标和方案 …………………………………………………………… (56)
4.1.3 计划的重要性 ………………………………………………………… (57)
4.1.4 计划的类型 …………………………………………………………… (57)
4.2 目标管理 ……………………………………………………………………… (59)
4.2.1 设定目标的传统方法 ………………………………………………… (59)
4.2.2 设定目标的现代方法——目标管理 ………………………………… (59)
4.3 计划的方法 …………………………………………………………………… (62)
4.3.1 时间管理法 …………………………………………………………… (62)
4.3.2 甘特图 ………………………………………………………………… (63)
4.3.3 项目评审技术法 ……………………………………………………… (63)
4.3.4 标杆法 ………………………………………………………………… (66)
4.3.5 预算法 ………………………………………………………………… (67)
4.3.6 盈亏平衡法 …………………………………………………………… (67)
4.4 战略管理 ……………………………………………………………………… (68)
4.4.1 战略管理的含义 ……………………………………………………… (68)
4.4.2 战略管理过程 ………………………………………………………… (68)
4.4.3 组织战略 ……………………………………………………………… (71)

第5章 决　策 (74)

5.1 决策的内涵体系 (75)
5.1.1 决策与管理 (75)
5.1.2 决策过程 (76)

5.2 决策准则与要素 (77)
5.2.1 决策准则 (78)
5.2.2 决策要素 (79)

5.3 决策类型 (81)
5.3.1 高层决策、中层决策和基层决策 (81)
5.3.2 战略决策、战术决策和执行决策 (81)
5.3.3 个体决策和群体决策 (81)
5.3.4 确定性决策、风险性决策和不确定性决策 (84)
5.3.5 理性决策、有限理性决策和直觉决策 (84)
5.3.6 程序化决策和非程序化决策 (85)

5.4 决策的工具和技术 (87)
5.4.1 支付矩阵 (88)
5.4.2 决策树 (89)
5.4.3 排队论 (90)

第6章 组　织 (93)

6.1 组织的内涵 (94)
6.1.1 组织的含义 (94)
6.1.2 组织的类型及特征 (94)
6.1.3 组织工作的特征 (95)

6.2 组织结构 (96)
6.2.1 组织结构的含义 (96)
6.2.2 组织结构的类型及其特征 (97)
6.2.3 组织结构的权变因素 (103)

6.3 组织设计 (104)
6.3.1 组织设计的含义 (104)
6.3.2 结构设计的内容 (105)
6.3.3 组织设计的原则 (110)

6.4 组织变革与创新 (111)
6.4.1 组织变革的含义与类型 (111)
6.4.2 组织变革的动因 (112)
6.4.3 组织变革的过程 (112)
6.4.4 组织变革的障碍与策略 (113)

6.4.5　组织创新 …………………………………………………… (115)

第7章　领　导 ……………………………………………………………… (119)

7.1　领导及其权力 …………………………………………………………… (120)
　　　7.1.1　领导的含义 …………………………………………………… (120)
　　　7.1.2　领导的权力 …………………………………………………… (121)
　　　7.1.3　领导的类型 …………………………………………………… (121)

7.2　领导理论 ……………………………………………………………… (122)
　　　7.2.1　领导特质理论 ………………………………………………… (122)
　　　7.2.2　领导方式理论 ………………………………………………… (125)
　　　7.2.3　领导权变理论 ………………………………………………… (129)

7.3　沟　通 ………………………………………………………………… (133)
　　　7.3.1　沟通的含义与作用 …………………………………………… (134)
　　　7.3.2　沟通的过程 …………………………………………………… (135)
　　　7.3.3　沟通的种类 …………………………………………………… (137)
　　　7.3.4　沟通的障碍与克服方法 ……………………………………… (139)

第8章　激　励 ……………………………………………………………… (144)

8.1　激励的基本概念 ………………………………………………………… (145)
　　　8.1.1　需要、动机与行为 …………………………………………… (145)
　　　8.1.2　激励的含义与作用 …………………………………………… (146)

8.2　人性假设理论 …………………………………………………………… (146)
　　　8.2.1　经济人假设 …………………………………………………… (146)
　　　8.2.2　社会人假设 …………………………………………………… (147)
　　　8.2.3　自我实现人假设 ……………………………………………… (147)
　　　8.2.4　复杂人假设 …………………………………………………… (148)

8.3　激励理论 ……………………………………………………………… (148)
　　　8.3.1　需要层次理论 ………………………………………………… (149)
　　　8.3.2　双因素理论 …………………………………………………… (150)
　　　8.3.3　期望理论 ……………………………………………………… (153)
　　　8.3.4　公平理论 ……………………………………………………… (155)
　　　8.3.5　强化理论 ……………………………………………………… (157)

8.4　激励的原则与方法 ……………………………………………………… (158)
　　　8.4.1　激励的原则 …………………………………………………… (158)
　　　8.4.2　激励的方法 …………………………………………………… (159)

第9章　控　制 ……………………………………………………………… (164)

9.1　控制概述 ……………………………………………………………… (165)
　　　9.1.1　控制的内涵 …………………………………………………… (165)

9.1.2　控制的基本原理与原则 …………………………………… (167)
　9.2　控制过程 ……………………………………………………………… (169)
　　9.2.1　控制的步骤 ………………………………………………… (169)
　　9.2.2　控制过程的要求 …………………………………………… (172)
　9.3　控制类型与经营控制方式 …………………………………………… (174)
　　9.3.1　控制类型的划分 …………………………………………… (174)
　　9.3.2　经营控制方式 ……………………………………………… (178)
　9.4　控制方法 ……………………………………………………………… (180)
　　9.4.1　预算控制 …………………………………………………… (181)
　　9.4.2　非预算控制 ………………………………………………… (183)
　9.5　影响控制选择的因素 ………………………………………………… (184)
　　9.5.1　组织内部因素 ……………………………………………… (184)
　　9.5.2　组织外部环境因素 ………………………………………… (186)
　　9.5.3　控制运行成本 ……………………………………………… (187)

第10章　绿色管理 …………………………………………………………… (189)
　10.1　绿色管理的内涵 …………………………………………………… (190)
　　10.1.1　绿色管理理念的兴起 …………………………………… (190)
　　10.1.2　绿色管理的含义 ………………………………………… (190)
　　10.1.3　企业绿色管理需要关注的问题 ………………………… (191)
　　10.1.4　绿色管理的特征 ………………………………………… (191)
　10.2　绿色管理的内容与类型 …………………………………………… (193)
　　10.2.1　绿色管理的内容 ………………………………………… (193)
　　10.2.2　绿色管理的分类 ………………………………………… (197)
　10.3　绿色管理的实施 …………………………………………………… (198)
　　10.3.1　绿色管理的方法 ………………………………………… (198)
　　10.3.2　绿色管理的过程 ………………………………………… (199)
　　10.3.3　绿色管理的要素 ………………………………………… (200)
　　10.3.4　绿色管理的步骤 ………………………………………… (201)
　　10.3.5　绿色管理的阻碍 ………………………………………… (203)
　10.4　绿色管理的评价 …………………………………………………… (204)
　　10.4.1　绿色管理评价的外部驱动 ……………………………… (204)
　　10.4.2　绿色管理评价的内部要因 ……………………………… (205)
　　10.4.3　绿色管理评价的框架安排 ……………………………… (206)

第11章　管理的未来 ………………………………………………………… (210)
　11.1　管理理论新发展 …………………………………………………… (211)
　　11.1.1　知识管理 ………………………………………………… (211)

11.1.2　学习型组织 ………………………………………………………… (213)
　　11.1.3　企业再造 …………………………………………………………… (215)
11.2　管理国际化 …………………………………………………………………… (217)
　　11.2.1　管理国际化的含义 ………………………………………………… (217)
　　11.2.2　跨文化管理模式 …………………………………………………… (218)
　　11.2.3　管理实践的国际比较 ……………………………………………… (222)
11.3　管理信息化 …………………………………………………………………… (224)
　　11.3.1　大数据时代 ………………………………………………………… (225)
　　11.3.2　大数据中的管理问题 ……………………………………………… (226)
　　11.3.3　"互联网+"时代特征 ……………………………………………… (228)
　　11.3.4　商业模式创新 ……………………………………………………… (230)

参考文献 ……………………………………………………………………………… (234)

第1章 绪 论

【引导案例】

能源业巨头神话的破灭

美国能源业巨头安然公司(Enron Corporation)成立于1985年,2001年12月公司拥有资产498亿美元,雇员达两万多人,其业务遍布欧洲、亚洲和世界其他地区。安然公司是美国最大的天然气采购商及出售商,更是利用因特网宽带进行能源交易的"领头羊"公司;2000年总收入超过1000亿美元,利润达10亿美元,公司股价最高达90美元;2000年《财富》500强排名第16位;连续四年获《财富》杂志"美国最具创新精神的公司"称号。然而,就是这样一个看起来坚不可摧的公司,在2001年12月2日向纽约破产法院申请了破产保护。安然公司在申请文件中所示的资产总额为498亿美元,创下了美国历史上申请破产的最高纪录。

神话的破灭始于2001年10月中旬。安然公司公布的季度财务报告亏损就高达6.38亿美元。随后,《华尔街日报》等媒体披露安然公司的合伙公司被安然公司用来转移账面资产,安然公司对外的巨额借款经常列入这些公司,没有反映在安然公司的资产负债表上。这样,投资者就不知道安然公司的巨额债务,而安然公司的财务主管等高管也从这些合伙公司中谋取私利。10月22日,美国证券交易委员会(SEC)介入安然事件进行调查;11月8日,安然公司承认对1997—2001年第二季度的财务报表重新编制时虚报盈利共计近6亿美元,隐瞒负债25.85亿美元。11月28日,与安然公司同在休斯敦的迪奈基公司取消了原定收购安然公司的计划,这进一步加速了安然公司的破产。

在安然事件当中,众多大金融机构深陷其中,他们在借出巨额资金之前显然没有进行充分的调查,其中仅是J.P摩根大通和花旗银行借给安然的款项就超过16亿美元之巨。更严重的是,安然案引发的冲击波还远远不止于美国境内。德国最大的银行集团德意志银行因此可能损失数千万美元;在伦敦,大多数银行股应声下跌;在日本,四大银行的股票有两家银行股价创下年度新低,另一家也下探年度次低价,原因是他们给安然公司的贷款可能超过600亿日元。这充分表明,这场由安然公司引起的冲击波影响深远。

安然公司失败的原因可能是错综复杂的,其经营中的指导思想和运行中的决策过程在之后一段不短的时期内都处于质疑和争论之中。除了安然公司与美国政治圈的不正常关系以及制度缺陷之外,还有不少管理学研究者从多种视角进行了剖析。有学者认为其主要原因是企业战略决策出了错误,由于战略决策的失误使安然公司进入了一种一轮比一轮起点更高的恶性循环中。也有学者认为安然公司破产的一大原因是其没有完全形成新的核心竞争能力或其核心竞争能力不足以支持其发展,虽然安然公司原来的核心竞争能力是世界一流的,但安然公司在后期发展新业务或开拓新市场时,并没有形成新的核心竞争能力,企业也就无法获得可持续发展的能力。还有学者认为导致破产的一个重要原因是公司治理系统的低效运作,董事会成员尤其是独立董事没有充分发挥对 CEO 的内部监控作用,作为外部审计机构的安达信会计公司信息披露失真。

(资料来源:肖华、熊波,《管理科学》,2003;曾显荣,《商业研究》,2002;侯向丽、罗仲伟,《经济管理》,2002)

对于美国安然公司经营失败这一典型案例,我们可以从公司战略决策、核心竞争力、公司治理等多种视角进行解析,从中也可以探析到企业运行的复杂性以及企业运行环境的易变性。在我们的生活中,成功企业和失败企业的例子不胜枚举,那么成功企业是如何运筹帷幄的,而失败企业又是如何走向衰落的?优秀的管理应该做什么,而低效的管理又是什么?通过管理学的学习,将帮助我们领会其中的奥秘。

1.1 管理实践的起源

管理实践的起源可以追溯到远古时代,应该说管理实践和人类的历史一样悠久。早在远古时代,晚期猿人面对稀少的生存资源和敌对的自然环境,常常不得不以集体的力量狩猎巨兽,在此过程中就要求有相当程度的计划、分工和协作活动,其中一个工种会发出信号来指挥他人相互配合,以达到群体成员的协调一致,提高获取猎物的可能性。公元前 3000 年至公元前 2500 年,举世闻名的埃及金字塔也表明,人类在几千年前就能完成规模浩大、成千上万人参加的大型工程,建造一座金字塔要动用 10 万以上的工人,不停地劳作 20 年;因此,必须有人来计划所有要完成的工作,组织人力和物力,确保工人完成工作,并施加控制来保证一切都按计划进行。从远古到现代,人类要实现预期的共同劳动目标,必须相互依存,通过管理来共享知识,进行分工合作。埃及金字塔、中国万里长城、巴比伦空中花园、巴黎埃菲尔铁塔等巨大工程,不仅反映了劳动人民丰富的管理思想、卓越的管理与组织才能,而且有一个共同的特点,即都离不开人类的共同劳动。因此,自从有了人类活动,人类的管理实践就从未停止过。

随着人类社会的不断进步,社会分工逐渐细致化,协作范围也不断扩展,对管理的要求不断提高。15 世纪,在威尼斯的兵工厂,军舰沿着运河,经过每一站都会有物料和索具添加到船上,这就像一辆车沿着装配流水线流过;此外,威尼斯人使用仓库和存货系统来记录物料,使用人力资源管理职能来管理工人队伍,以及使用会计系统来掌握收入和成本。18 世纪 80 年代至 19 世纪中叶的工业革命,可能是 20 世纪之前对管理产生影响的最为重要的事件,因为伴随工业时代到来的是公司的诞生;高效率的大型工厂不断生产产品,这时就需要有人来预测需求、确保足够的原料供应、给工人分配任务等,所有组织方面的问题解决(组织层级、控制、工作专业化等)都成为工作完成的一部分;管理已经成为确保企业取得成功的必要组成部分。

1776 年,亚当·斯密的《国富论》一书出版,书中指出"组织和社会将从劳动分工或是工作专业化中获得巨大经济利益,就是把工作拆分为小范围的、重复性的任务"。利用劳动分工,个人生产率能够得到很大提高;工作专业化也一直是组织决定如何完成工作的一种流行方式。20世纪初,以泰勒(F. W. Taylor)为代表的工程师们对管理进行了正规而又系统的研究,泰勒的科学管理理论的提出,揭开了管理研究的序幕。1954年,现代管理大师彼得·德鲁克《管理实践》一书的出版,则将管理学开创为一门学科。

虽然把管理作为一门学科进行系统研究是最近一二百年的事,但是管理实践却和人类历史一样悠久,至少可以追溯到几千年以前。尽管相对于数学、天文学、物理学、化学、哲学、文学和史学等学科,管理学还是一门非常年轻的学科,但其发展极为迅速,对人类社会的发展产生了非常巨大的影响。正如彼得·德鲁克所说:"在人类历史上,还很少有什么事比管理的出现和发展更为迅猛,对人类具有更为重大和更为激烈的影响。"

【管理案例】

中华圣贤"三驾马车":古中国的管理思想

(1) 半部《论语》治天下:孔子的管理思想

孔子,名丘,字仲尼,儒家思想的创始者。孔子的管理思想主要包括:和而不流,以求安人的管理目标;德礼之治,法制为辅的管理手段;荐举贤才,唯才是用的管理机制;以义取利,富国惠民的管理原则。这其中蕴涵着高超的管理艺术。其一,孔子认为管理思想的核心是"治人"。其二,孔子对组织有独到见解。在孔子看来,组织结构的建立简言之就是一个字"群",而实行分工的主要原因也是一个字"分",在实行分工的组织里,人与人之间合作的基础就是"义"。其三,孔子在管理上偏重于礼和义。利用"分"来进行分工,再用"礼"来规范,用"义"来协调,使组织高效运行。

(2) 修身平天下:孟子的管理思想

孟子,名轲,字子舆,儒家的主要代表人物之一。孟子的学说以性善论为出发点,主要管理思想包括:第一,争取民心,实施仁政。提出了"得民心者得天下,失民心者失天下"的著名论断。第二,劳心劳力的社会分工论。即认为"或劳心,或劳力;劳心者治人,劳力者治于人"。第三,执经达权。经与权大致可用原则性与灵活性来解释。第四,修身平天下。孟子从"修身"的角度论述管理者素质问题,作为一个管理者,要管理好天下国家、平治天下,其根本在于提高自身修养。

(3) 流传千古的《孙子兵法》:孙子的管理思想

孙子,名武,字长卿,兵家流派的代表人物。孙子在《孙子兵法》中提出的许多战略思想,对当代企业的运营与管理具有重大意义。第一,"全"的管理目标。在具体的管理过程中,要达到"全"的管理目标,一方面要做到"知己知彼",保证信息畅通;另一方面要做到"经事校计",全面谋略。第二,"分数"的组织管理。即按照严密的组织系统,实行层级管理,借助组织机构的力量,使"众"井然有序、协调一致。第三,"五德并举"的领导者修养。即"智、信、仁、勇、严"。第四,"主动权变,立于不败"的权变管理。形势之变、虚实之变、奇正之变共同组成了《孙子兵法》最博大精深的权变竞争思想体系。

(资料来源:熊勇清,《管理学100年》,2013)

1.2 管理概述

管理学是在长期管理实践的基础上产生的,18世纪中期的工业革命产生了工厂和企业,企业管理实践开始。在长期的企业管理实践基础上,一门以研究企业管理理论为主,对其他各种类型组织同样有指导意义的学科——管理学产生了。

1.2.1 管理的内涵

(1) 管理定义

亨利·法约尔(Henti Fayol)认为,管理是由计划、组织、指挥、协调及控制等职能为要素组成的活动过程。他的论点经过许多人多年的研究和实践,尽管由于时代的变迁,管理的内容、形式和方法发生了巨大的变化,但其观点基本上是正确的,并成为后来管理定义的基础。福莱特将管理定义为通过他人来完成的工作,这一定义包含了三层涵义:①管理必然涉及其他人;②管理是有目的的活动,管理的目的就是要通过其他人来完成工作;③管理的核心问题是管理者要处理好与其他人的关系,调动人的积极性,让他们来为你完成工作。德鲁克认为管理是一种实践,其本质不在于"知"而在于"行";其验证不在于逻辑,而在于成果;其唯一权威就是成就。德鲁克的思想充分反映了经验主义学派的观点,一再强调管理是实践的综合艺术,他认为无论是经济学、计量方法还是行为科学都只是管理人员的工具。西蒙认为管理就是决策,他把决策过程分为四个阶段,决策过程实际上是任何管理工作解决问题时所必经的过程。所以从这方面来看,说管理就是决策是符合管理实际的。孔茨和伟里克认为管理就是设计并保持一种良好环境,使人在群体里高效率地完成既定目标的过程。我们认为这一定义的真正闪光点,在于它首次提出了管理定义中包含了设计并保持一种良好环境。它满足了组织行为学和管理伦理学对管理提出的最基本的要求,也体现了管理对人的尊重和关怀。这正是时代进步的一种标志。琼斯强调管理是协调其他人的工作;管理应当有效率和有效果;管理是实现组织目标的过程,这一过程包括各项管理职能。他认为管理是通过协调其他人的工作有效率和有效果地实现组织目标的过程。

管理(management)是确定如何更好地使用一个组织的资源去生产产品或提供服务的工作方式。一个组织的资源包括员工、设备和资金等。为了完成这一工作,管理者需要进行一些基本活动,包括计划、组织、领导和控制。

虽然这个定义简单,但是管理工作是相当复杂的。管理必须做出好的决策,与人很好地沟通,布置工作任务,委派人员,制订计划,训练员工,激励员工以及表扬员工的工作表现。管理工作多样化使雇主的管理极其困难,然而管理的好坏对组织成功与否却是至关重要的。

(2) 管理的性质

管理工作具有的科学性和艺术性的双重特征,最能刻画出管理工作的本质特点。

管理工作首先要注重科学性。管理是一门科学,大量的学者和实业家在长期总结管理工作客观规律的基础上形成了一系列基本的管理原则和管理理论,管理人员如果运用这些原则或以管理理论为指导,并能够根据实际情况判断行事,就一定能够把管理工作做得更好。高级管理人员如不掌握管理科学,只能是碰运气,凭直觉,或者靠老经验,这就像不掌握医学的巫师。当然,在管理实践中,直觉和经验有时也能获得成功,而且很重要,但违背管理科学规律的直觉和经验就会出问题,至少是结果不理想。

在变化的环境中,科学性不仅仅意味着一种技术,更多地表现为遵守一种规范,管理过程中的一些重要的原则、程序是不可变的,而且越规范越好。如顾客服务的理念、注重职工发展、全面质量管理、决策的制定过程等管理理念和方法几乎已成为所有优秀公司基本的经营实践常识,是不可或缺的成功要素。这些管理之道没有现代和古代、东方和西方之分,是跨越国界的。不论在欧洲本土,还是在美洲、亚洲以及非洲的一些发展中国家,它们都是也应该是一样适用的。

不可否认,指导管理工作科学还相当粗糙,不够精确,这是因为管理人员要处理的许多变量是极其复杂的。美国管理学家弗雷德·卢桑斯(Fred Luthans)认为管理方法和环境之间存在如下函数关系:管理方法 = f(环境)。其中,环境是自变量,管理方法是因变量。这种函数关系可进一步解释为一种"如果—就要"的模式,即如果某种环境存在或发生,就要采用某种相应的管理方法和技术,以便更好地达到组织目标。所以,管理人员在注重管理工作科学性的同时,还必须要体现出很强的艺术性。

在管理实践中,管理工作的艺术性往往体现在:截然不同的管理方法会产生同样良好的效果,实施同样管理措施的结果却可能截然不同。管理工作是一种艺术性很强的工作,正如美国电话电报公司(AT&T)的一位管理人员所说,要管理就要领导,要领导他人就需引导他人的情绪,使之接受某种看法并成为自己的观点。如果这不是艺术,那么就没有什么东西算作艺术了。管理工作的艺术性特点要求管理人员在工作中能够做到随机应变,具有灵活性而且富于创新。

管理的科学性与艺术性并不互相排斥,而是相互补充的。不注重管理的科学性而只强调管理工作的艺术性,这种艺术性将会更多地表现为随意性;不重视管理工作的艺术性,管理科学将会是僵硬的教条。同时,管理工作的科学性和艺术性又体现为一种互相促进的关系。随着时间的推移,管理研究的不断深化,管理理论的不断繁荣,以及环境变化速度的日趋加快,管理工作的科学性和艺术性都将会不断增强。

除科学性和艺术性之外,管理学还包括以下特征:

管理学是一门软科学。软科学研究的是经济、科学、技术、管理、教育等社会环节之间内在的联系及发展规律,从而为它们的发展提供最优化的方案和决策。软科学研究的范围包括管理科学、系统分析、科学学、预测研究和科学技术论等学科,管理学是最早出现的一门软科学。

同时,管理学是一门边缘科学或称交叉科学。所谓边缘学科,是指在那些学科领域之间的交叉点、面上产生的新学科。管理学是20世纪发展起来的新兴学科,它的内容涉及政治经济学、生产力经济学、技术科学、数学、社会心理学、伦理学、电子计算机等多种学科的技术,管理学是这些学科交叉渗透的结果。例如,经营决策就涉及社会学、心理学、经济学、数学、法学等多种学科。企业的技术开发、生产过程组织、产品质量管理等都涉及许多专门的技术学科。

此外，管理学是一门应用科学。应用科学的特点是研究如何将基础理论和科学技术成就转化为社会生产力，转化为社会的有效财富。管理学是一门应用科学，其任务是合理地、有效地组织和利用人力、物力、财力、时间、信息等资源，运用管理方法和管理技术来管理这个转化过程，并在过程中起主导作用。管理学的应用性质不仅是管理原则、方法和技术的应用，更重要的是管理思想的应用。管理学来源于管理实践并反过来指导管理实践。

(3) 管理的对象

管理者负责控制的特定系统，包括人、财、物、信息、方法、时间等。尽管在不同的管理活动中，管理对象的内容和结构是不一样的，但总体而言，都有两种基本的管理对象，即作为自然界的管理对象和作为社会活动的管理对象。前者如农田建设、水力利用、地震防范等；后者如经济控制、政治领导、生产安排等。社会活动管理是主要的管理，而生产管理是社会管理最基本的形式。对生产管理的管理对象的研究很多，也相当充分，可用来作为分析管理对象的典型。在国外，一般把生产管理的对象分为七个要素，即人事、财务、方法、机器、材料、市场、士气。我国学者提出生产管理对象有九要素，即机构体制的设置，政策与法的制定，管理者积极性的发挥，信息的管理、运用与传递，对被管理者的组织和作用，财务活动的合理安排，材料、机器设备的合理应用，时间效益的提高及工作效率的提高等。总之，管理的对象，既是一个不可分割的整体，又是相对独立的不同部分的组合，既是有形的实体，又是无形的关系。在实际管理工作中，对人际关系的管理比对物的管理更为重要。

1.2.2 管理的职能

根据职能的观点，管理者需从事一定的活动以有效率和有效果地协调他人的工作。这些活动或职能是什么呢？20世纪早期，法国工业家亨利·法约尔第一次提出所有的管理者都在从事五种管理职能，即计划、组织、指挥、协调和控制。到20世纪50年代中期，管理学教科书中首次使用了计划、组织、人员配备、指导和控制职能作为框架。至今绝大多数管理教科书仍然按照基本的管理职能来组织内容，即今天所说的计划、组织、领导和控制。

(1) 计划(planning)

计划指选择任务和目标以及完成任务和目标的行动，根据事物发展的趋势制定的工作步骤，包括短期、中期、长期计划。（如预则立、不预则废）

(2) 组织(organizing)

组织指为了达成一个团体的目的，按照一定的原则建立的管理体系。它决定了管理人员的责任、管理人员的从属关系、管理幅度等。（如组织架构、岗位说明书）

(3) 领导(leading)

领导指管理者对员工完成任务应给予必要的指导，以确保组织目标的实现。管理者靠保持沟通渠道的畅通来领导员工。例如，定期举行员工大会，请员工对所进行的项目和责任提出问题及建议，就是一种好的领导方法。

(4) 控制(controlling)

控制指管理者应衡量组织的绩效，以保证组织的财务目标能够得以实现。控制职能需要管理者分析财务报表，在没达到财务标准时提出改进措施。

1.2.3 管理的分类

从人类的活动范围来讲，人类活动可以分为政治活动、军事活动、经济活动以及宗教活动，因此，相应的，也可以把管理划分为四种类型：国家管理、军事管理、经济管理和宗教管理。按历史的发展阶段分，有古代管理、传统管理、科学管理、现代管理。按管理的精度分，有定性管理和定量管理。按决策者的地位分，有高层管理、中层管理、底层管理。按决策主体分，有专制管理、民主管理。按信息传递分，有单向管理、双向管理。按管理的范围分，有开环管理、闭环管理。按管理领域分，有微观管理、宏观管理。上述管理分类不是孤立的，也不是互不相干的，而是相对的、动态的。

1.3 管理学的特点与方法

管理学是一门综合性学科，本节介绍管理学的相关特性，包括综合性、实践性、动态发展性；而研究管理学的方法也是多种多样，如历史研究法，比较研究法等。

1.3.1 管理学的特点

(1) 综合性

管理学的综合性特点可从三个方面来分析：一是从管理学自身的知识体系构成来看，它具有综合性。管理学的整个知识体系可分成三个层次，即管理的基本理论知识，管理技术、管理方法等工具性知识和专门领域的专业性管理知识。二是从管理学的学科体系结构分析，管理学是一个包括许多分支学科的综合性学科。因为在整个人类社会中，人们会按照专业化分工的原则从事各种各样的工作，社会也因此形成各种各样的部门或行业，这样也就有各个部门或行业的管理活动，也就形成了不同部门或行业的专业管理，包括经济、技术、教育、行政、军事等许多方面的专业管理，因而形成了众多分支学科，而每个分支学科又可以细分，如经济管理又可细分为宏观经济管理、中观经济管理和微观经济管理。三是从管理的知识来源和构成方面分析，它吸收了许多自然科学和社会科学的知识，如哲学、数学、政治经济学、生产技术学、社会学、心理学、行为科学、信息学、仿真学，等等。也就是说管理学与社会科学、自然科学两大领域的多种学科有着广泛而密切的联系，并且它需要综合利用社会科学和自然科学的成果，才能发挥自身的作用。因此，管理学是一门综合性学科。

(2) 实践性

管理理论与方法是人们通过对各种管理实践活动（特别是企业的管理活动）的深入分析、总结、升华而得到的，反过来它又被用来指导人们的管理实践活动。由于管理过程的复杂性和管理环境的多变性，管理知识在运用时具有较大的技巧性、创造性与灵活性，很难用陈规或原理定义固定下来，因此，管理具有很强的实践性。管理学科的实践性决定了学校是培养不出"成品"管理者的。要成为一名合格的管理者，除了掌握管理学基本知识以外，更重要的是要在管理实践中不断地磨炼，积累管理经验，干学结合。

(3) 动态发展性

管理学是社会实践和历史发展的产物。管理学是对前人管理实践、经验和管理思想、理论的总结、扬弃和发展。尽管管理实践像人类历史一样久远，管理思想及各种管理理论也层出不穷，但真正发展成为一门学科，还只是近代的事。1911年美国工程师弗里德里克·W·泰勒出版《科学管理原理》，标志着管理学正式诞生。由于从管理学正式诞生到现在也不过一百多年的时间，因此，管理学是一门年轻的学科。从19世纪20年代科学管理真正产生以来，伴随着科学技术的进步与发展，管理理论已跨越科学管理、行为科学、管理科学、信息管理阶段。例如，20世纪七八十年代的组织文化，90年代的业务流程再造、即时化制造、敏捷制造、全面质量管理，到21世纪的供应链管理、企业资源规划。

科学技术的发展，特别是计算机和网络技术的广泛应用，对企业的组织形式、运营方式和管理手段产生了巨大的影响。例如，信息高速传递的实现，使企业的许多中间结构失去了存在的必要，因而出现了企业组织的扁平化；网络技术的广泛应用，促成了虚拟企业的出现；企业为了充分发挥自身的优势并增强市场竞争力，由供求关系而形成企业供应链结构；电子商务的出现，对企业的商业模式产生了巨大的影响。由此也产生了许多新的管理问题，需要人们去研究、解决，而所产生的新的管理理论和方法将会大大推动管理学理论体系的更新和扩展。因此，管理学是一门动态发展中的学科。

1.3.2 管理学的研究方法

(1) 历史研究法

历史研究法就是按照管理学历史发展的自然进程，分析和揭示其本质及运动规律的方法。任何管理活动和管理现象都不是孤立的，都有它产生的历史背景及发生、发展的过程。因此，对管理学中的某一理论、某一定义、某一规律的研究，都应该放在一定历史条件下，从其发生、发展的过程中去研究，才能掌握它的来龙去脉，了解它的本质。运用历史的方法研究管理学，要求研究者全面地、发展地看待一切管理思想和流派，既要挖掘它的历史渊源，又要看到它的发展变化。同时，在分析和研究某种管理理论或管理流派时，一方面必须注意其所反映的普遍性、共性的问题；另一方面必须注意其思想所代表的是哪种生产关系主体的利益。这是由管理学的社会属性所决定的。

(2) 比较研究法

所谓比较研究法，就是对国内外有某种联系的管理现象加以对比，确定研究对象之间异同的方法。进行比较研究有利于洋为中用、古为今用。对管理学的研究，不仅需要纵向的历史考察，还需要横向的中外比较。通过对管理组织、管理制度、管理方法、管理经验进行全面的比较分析，寻求异同，博采众长，为我所用。比较分析法一般可分为类比法和对比法。前者主要研究对象之间的相同点，后者主要研究对象之间的不同点。

(3) 案例研究法

案例研究法是指对有代表性的案例进行剖析，从中发现可以借鉴的经验、方法和原则，从而加强对管理理论的理解与方法的运用，这是管理学研究和学习的重要方法。哈佛商学院因其成功的案例教学，培养出了大批的优秀企业家。管理学的案例研究法，是当代管理科学比较发达的国家在管理学教学中广为推行的学习研究方法，效果甚佳。学习研究管理学，必须掌握案例研究法，将自己置身于模拟的管理情景中，运用所学的管理原理、原则和方法去指导管理实践。

(4) 调查研究法

调查研究法是指人们在科学方法论的指导下，运用一定的科学手段和方法，对管理活动进行有目的、有系统的考察，搜集大量的调查数据和调查资料，在此基础上对搜集到的研究资料进行分析与研究，以达到了解事物内部结构及其相互关系和发展变化趋势的目的。管理学的应用性、实践性很强，与一般的以逻辑推理为主的学科不同，必须通过直接或间接的方式调查获取大量的材料，以数据或材料反映管理活动的本质规律。运用调查研究法针对不同的研究目的、研究对象以及研究对象的性质采取相应的调查方法，如普遍调查、典型调查、抽样调查等。在选取调查对象时，一个根本的要求是所选样本要有代表性。根据"大数定律"，调查的数据要有一定的数量才能反映事物的本质，样本太小不能反映事物的本质。最后要对调查数据、资料进行全面、系统的分析，从中找到规律性的东西，并在此后进行实证研究，以对调查研究结果进行验证。

(5) 实验研究法

实验研究的方法是指有目的地在设定的环境下认真观察研究对象的行为特征，并有计划地变动实验条件，反复考察管理对象的行为特征，从而揭示出管理的规律、原则和艺术的方法。例如，在管理学发展史上，泰勒就是基于"时间—动作"的实验性研究提出了科学管理原理；著名的"霍桑实验"正是运用实验研究方法研究管理学的成功典范。

1.3.3 管理学的学习

(1) 为何学习管理学

随着人类社会生产的不断发展，科学技术的不断进步，以及人类社会生活的日益复杂化，无论个人、组织、社会还是国家都需要管理，时代也对管理不断提出新的要求。对于个人而言，首先，我们每天的生活都与管理息息相关，了解管理可以使我们对组织的各个方面进行更深入的洞察。如果在机动车管理部门花了几个小时来更新驾照，你不觉得很沮丧吗？这么一件小事怎么会花那么久的时间？倘若你从没想到某家知名企业会破产，可是它却突然宣布破产了，整个产业都要靠政府出钱来经济援助才能在变化的环境中求得一线生机，你不感到惊讶吗？通过学习管理学，可以帮助我们意识到什么是低效的管理，也会帮助我们了解优秀的管理者应该做什么。其次，出于现实的考虑，大部分人一旦毕业开始了自己的职业生涯，要么是管理者，要么是被管理者。对致力于管理生涯的有志者来说，对管理学知识的学习和了解可以构成掌握管理技能的基础；对于不认为自己能走上管理岗位的人来说，仍可能要与管理者共事，而且在一个组织中工作，即使你不是一名管理者，你也将担负一些管理责任。通过学习管理学，可以帮助我们对上级、同事的行为以及组织的运行，获得大量深入的洞察，帮助我们的事业更加和顺。

(2) 如何学习管理学

管理学作为一门科学，具有综合性、社会科学和自然科学相互渗透的特点。管理学涉及的学科面之广是少见的。它不仅与经济学、哲学、社会学、法学、心理学等有紧密的联系，而且还用到数学、统计学、预测学等学科的相关知识。同时，还以系统论、控制论、信息论等学科作为方法论的基础。从某种意义上说，管理学是上述科学知识在管理中的综合运用。学习和研究一门科学，就应该根据该门学科的特点，选择适当的观念和方法。在学习管理学时应秉持以下几种观念或方法：

①理论联系实际　管理理论来自管理实践，管理学的学习和研究应以实践为基础，坚持理论联系实际原则。具体而言，可以是案例的调查和分析、边学习边实践、带着问题学习等多种方式。通过上述方式，有助于提高学习者运用管理的基本理论和方法去发现问题、分析问题和解决问题的能力。同时，由于管理学是一门生命力很强的建设中的学科，因而，还应当以探讨研究的态度来学习，通过理论与实践的结合，使管理理论在实践中不断地加以检验，从而深化认识，发展理论。此外，理论联系实际还有另一层含义，就是在学习和研究管理学时，要从我国国情出发加以取舍和改造，既要吸收发达国家管理中科学的内容，又要去其糟粕；既要避免盲目照搬，又要克服全盘否定；要有分析、有选择地学习和吸收。

②辩证观　对管理学的学习和研究，一定要反对非此即彼的形而上学的思维，而要坚持联系和发展的观念。为此，必须坚持实事求是的态度，深入管理实践，进行调查研究，总结实践经验并用判断和推理的方法，使管理实践上升为理论；同时还要认识到一切现象都是互相联系和相互制约的，一切事物也都是不断发展变化的，必须运用全面的、历史的观念，通过纵观管理的发展历史和吸纳国际上的管理经验，从中探索并概括出对管理实践活动具有真正指导意义的管理原理和管理规律。

③系统观　要进行有效的管理活动，必须对影响管理过程中的各种因素及相互之间的关系，进行总体的、系统的分析研究，才能形成管理的可行的基本理论和合理的决策活动。总体的、系统的研究和学习方法，就是用系统的观点来分析、研究和学习管理的原理和管理活动。所谓系统就是指由相互作用和相互依赖的若干组成部分结合成的、具有特定功能的有机整体。学习和研究管理学应该从系统的观念出发，着重从管理系统与其组成的各要素之间、管理系统与外部环境之间的联系和相互作用的关系中，综合地、精确地考察管理客体，从中探索、寻找最佳的管理思想与管理方法。

【管理案例】

管理思维：六顶帽子思维方法

六顶帽子思维方法(Six Thinking Hats)是法国学者爱德华·德·博诺(Edward de Bono)博士开发的一种思维训练模式。它提供了"平行思维"的工具。强调的是寻求一条向前发展的路，而不是争论谁对谁错。每一种思考方式用一顶具有鲜明比喻色彩的帽子来代表，白、黑、黄、红、绿和蓝六种颜色的帽子，分别代表了六种思考方法。

(1) 白色帽子思考法的主要特点是细致，客观，注重细节和沟通。它强调的是事实本身而不是解释，其行为要点最重要的是事实。

(2) 红色帽子思考法是情绪化、感情化、非理性的。此外，红色帽子思考法不光是正面的，也包括负面的，只要是非理性的想法都归在红色帽子里面。

(3) 黑色帽子思考法的特点是否定的、怀疑的、悲观的。它的行为要点是合乎逻辑的。同时，在运用这种方法时，要避免辩论、避免沉溺于攻击他人的快感之中。

（4）黄色帽子思考法的特点是积极的、乐观的。它与黑色帽子思考法恰好相反，一个是朝最坏的可能情况去思考，一个是朝最好的可能情况去思考。

（5）绿色帽子思考法最大的特点是：新、变。要用创新的、变化的想法，集中所有人的精力去创新；要清楚认识到这种创新可能是没有结果的，但是这不妨碍在这方面付出心智去考虑各种各样的可能性。

（6）蓝色帽子思考法，作为控制者和组织者，其最主要的责任就是控制、组织、指挥和协调整个思考过程，使思考过程程序化、清晰化、条理化。蓝色帽子还要在思考的过程中不断做摘要、概括、总结，维持思考的秩序，使思考集中到一个方向，不断地从一个台阶走上另一个台阶，不断前进。

仅从经验角度来讲，有效率的思维顺序是：红、白、黄、黑、绿、蓝。但是从实际应用顺序来看是：白、绿、黄、黑、红、蓝。把思维方法分成六个不同的颜色，其关键在于使用者用何种方式去排列帽子的顺序，也就是组织思考的流程。六项帽子思维方法的应用步骤是：①陈述问题（白帽）；②提出解决问题的方案（绿帽）；③评估该方案的优点（黄帽）；④列举该方案的缺点（黑帽）；⑤对该方案进行直觉判断（红帽）；⑥总结陈述，做出决策（蓝帽）。

（资料来源：黄东梅、李红梅，《管理学》，2013）

▲ 思考题

1. 对于管理的概念，为什么不存在唯一的定义？你对管理是怎样理解的？
2. 管理的基本职能有哪些？相互之间是什么关系？
3. 如何理解管理工作的科学性和艺术性？
4. 讨论分析管理者的技能模型，并举例说明概念性、人际关系和技术性技能。
5. 由于管理理论体系比较庞杂，人们往往按照不同的思路梳理管理理论产生与发展的基本脉络，其中，按照时间的先后顺序梳理的做法比较常见，这样做的优缺点是什么？
6. 为什么会产生孔茨教授所说的管理丛林现象？

▲ 百家争鸣

管理职能

一家饭店的老板为了在与当地竞争对手的竞争过程中占据优势，决定推出新的服务项目。他与饭店的一线管理人员讨论后，决定上一项新的早餐项目，并利用六个月的时间进行试验和完善。做出决定后，老板组织了一个特别任务小组来开发这个新项目。具有不同技能的人员被安排在这个小组中，包括预算人员、领班、负责设备的人员等，其中一个人被任命为这个小组的头头，直接受饭店老板的指挥。在第一次小组会议中，老板向大家解释了目标，回答了大家提出的问题，并强调了新项目对饭店的重要性。会议结束前，老板鼓励大家要富有热情并全力以赴完成任务。之后大家按计划努力工作，当预定结束日期临近时，老板又为这个小组增加了人员，并在预算上适当予以放松。项目按原定的时间完成了，在饭店推出这项新的早餐项目的那一天，所有参与该项目开发任务的人员都被请到了现场。

（资料来源：张玉利，《管理学》，2013）

讨论：
1. 你能从上面的情境中识别出各种管理职能吗？
2. 各种管理职能之间是递进的关系吗？请说明理由。
3. 如何让管理职能与管理实践更好地实现互动？

第 2 章 管理学理论的沿革

【引导案例】

顺丰速运快递崛起

顺丰速运 1993 年成立，初期业务为顺德与香港之间的即日速递业务，随着客户需求的增加，顺丰的服务网络延伸至中山、番禺、江门和佛山等地，1996 年将网点扩大到广东省以外的城市。

顺丰以"成就客户，推动经济，发展民族速递业"为自己的使命，积极探索客户需求，为客户的产品提供快速、安全的流通渠道，顺丰速运网络全部采用自建、自营的方式。除顺德外，顺丰新建的快递网点多数采用合作和代理的方式。每建一个点，就注册一个新公司，分公司归当地加盟商所有，互相连成一个网络，顺丰各地网点的负责人是公司的中坚力量。1999 年顺丰将分公司产权全部回购，经过两年的"整顿"，顺丰的架构和各分公司的产权明晰起来。2002 年总部成立，王卫成为顺丰的领导核心。

随着管理进入正轨，王卫的目标从自发复制，转向主动铺开一张全国性的立体网络。2002 年年底到 2003 年上半年，对于快递行业来说，SARS 更像是一个机遇。王卫的精明又一次体现出来。2003 年年初，借航空运价大跌之际，顺丰顺势与扬子江快运签下合同，成为国内第一家（也是唯一一家）使用全货运专机的民营速递企业。顺丰还与多家航空公司签订协议，利用国内 230 多条航线的专用腹舱，负责快件在全国各个城市之间的运送。到 2006 年，顺丰拥有 6 万多名员工和 4000 多台自有营运车辆，30 多家一级分公司，2000 多个自建的营业网点，服务网络覆盖 20 多个省（自治区、直辖市）和香港、台湾地区，100 多个地级市。

由于采用分成的管理模式，业务扩展的速度是飞快的。为避免出现片区负责人把业务带走的问题，王卫的办法很简单，就是增加顺丰对客户的黏性。别人承诺 48 小时到，我能做到 36 小时。今天别人也做到了 36 小时，我就把速度缩短到 24 小时。这种优势的背后是强大的后台支持系统。

2015 年 2 月 1 日，顺丰正式发布《2015 年顺丰速运新版价格通知》，调整主要涉及 25 个省份的标准快件长距离配送，首重提价 1~2 元。2015 年 5 月在环渤海、长三角、珠三角经济圈中的七个城市推出"顺丰次晨"服务，两月后，覆盖全国 16 个省份 37 个城市。2016 年 5 月 23 日，顺丰股权置换欲借壳上市，资产作价 433 亿元。2017 年 2 月 24 日，顺丰控股在深交所举行重组更名暨上市仪式，正式登陆 A 股。总市值达 2310 亿元，成为深圳第一大市值公司。

（资料来源：顺丰涨价一到两元．网易科技．2015-01-26；顺丰次晨追赶时间的快递．21cn财经．2015-06-30；顺丰股权置换欲借壳资产作价433亿元．腾讯网．2016-05-24；顺丰控股A股首秀涨停王卫携被打快递小哥敲钟．搜狐2017-02-24）

顺丰速运作为一家主要经营国际、国内快递业务的港资快递企业，经历二十几年的发展，从顺德辐射全国、东南亚乃至世界各地，为给客户提供更优质的快递服务，顺丰仍然不断投入巨资加强公司的基础建设，提高设备和系统的科技含量，不断提升员工的业务技能、自身素质和服务意识，以最全的网络、最快的速度、最优的服务打造核心竞争优势，塑造"顺丰"这一优秀的民族品牌。是什么力量推动顺丰不断更新管理模式，重组融资渠道，优化业务范围，立志成为"最值得信赖和尊重的速运公司"？我们从管理学演进历程中寻找答案。

2.1 早期的管理实践与管理思想

早期管理思想实际上是管理理论的萌芽，中外早期管理思想各自具有自己"民族的精神标记"，早期管理思想的提出有当时的历史背景，到了近代，人们对这些理论不断进行提炼和总结，我们有必要了解、分析早期管理理论的思想性根源，了解中国早期管理理论的形成和发展。梳理、比较和分析中外早期管理思想，为当今的管理活动提供有益的借鉴。

2.1.1 中国古代管理思想

中国数千年的文明史，曾经推动和成就了世界上最富饶、最强盛的华夏帝国，形成了丰富的、独具特色的中国古代管理思想。追溯它所形成的历史轨迹，是中国古代管理思想现代价值研究的基础。中国古代管理思想归纳为宏观管理的治国学和微观管理的治生学[①]，治国学为适应中央集权的封建国家的需要而产生，治生学则是在生产发展和经济运行的基础上通过官、民的实践逐步积累起来的。作为管理国家和经营性事业的指导思想和主要原则，经典的有儒家、道家、法家、墨家、兵家、阴阳家，下面分析其中几个要点。

（1）儒家

儒家的管理思想主要观点是"内圣外王，仁者爱人"，孔子提倡"礼之用，和为贵"，孔子强调"中庸之为德也，其至矣乎！"意思是说，中庸作为促进人际和谐、实现良好道德的一种法则，是再好不过的了！其本意是无论做人、处世还是办事都不能过分，要"执其两端用其中于民"。孔子提倡中庸，是反对在处理问题时走极端，防止片面性。适中办事才是"正"道，才符合事物常理。"和"既是管理的目的，也是管理的方法。孔子强调："君子和而不同，小人同而不和。"他主张在无关原则的小事上，要讲协调、重和睦，不要小题大做，闹不团结；凡事关原则性的大问题，则要坚持原则，不应苟同，孔子提倡守信："人而无信，不知其可也。""君子信而后劳其民。"《荀子·王霸篇》载："农夫朴力而寡能，

[①] 赵瀚清．中外早期管理思想比较与借鉴[J]．社会科学战线，2011（1）：281–282．

则上不失天时，下不失地利，中得人和而百事不废。"荀子所指的"天时"指适合作战的时令、气候，"地利"指有利于作战的地形，"人和"是指得人心，上下团结。孟子从政治的角度指出，能否得到众人的支持是政权巩固与否的关键，高度强调"人治"管理的重要，提出"民贵君轻"。"民本"思想指出重视人才方能统治天下。《孟子·公孙丑下》载："天时不如地利，地利不如人和。"推崇"内仁外礼，以礼治国"的管理思想。

（2）道家

道家的管理思想主要观点是"无为而治"。"道"在汉语中有多种含义，其中的一个解释是指方向，比如志同道合，方向性一致。在这里的"道"是指客观规律，"顺道"就是指管理要顺应客观规律。道家反对主观人为的管理。老子认为"道法自然"，主张顺应自然，说"辅万物之自然"，一年中的四季是没有办法变更顺序的；庄子继承和发展了老子"道法自然"的观点，认为"道"在时间和空间上都是无限的物质实体，是一切事物存在的基础。他否认有神的主宰，认为万物的生长和发展是按照客观规律进行的，自然界本身就有它的规律，不以人的意志为转移。庄子认为"道"是客观真实的存在，把"道"视为宇宙万物的本源。他说："道之真以修身，其绪余以为国家，其土苴以为天下。"（《庄子·让王篇》）意思是，大道的真髓、精华用以修身，它的余绪用以治理国家，它的糟粕用以教化天下。道家把管理称为"天治主义"，道家历来都主张简政放权；治理国家要顺应民意，重视民心所向的思想，重人心向背，重人才归离。一旦重视人，曾经离开你的人也会重新向你靠拢，反对你的人和曾经误解你的人，都会走到你的麾下，"得道多助失道寡助""得民心者得天下"。

（3）法家

法家对研究国家治理方式的主要观点是"富国强兵、以法治国"的思想。法家学派在政治上、理论上，一般说来都是主张变法革新，要求加强君权，提倡以"法治"代替"礼治"，积极发展封建经济，鼓励"耕战"，力求做到"富国强兵"，以达到加强和巩固统治阶级专政的目的。韩非子主张"法治"，他认为管理国家必须用法，法治才是治国的根本，一切实务都应该依法办事，由此而总结了完整的法治管理思想，认为"王子犯法与庶民同罪"，不能"游意于法之外"，管理者必须要惩罚分明、革新政风，必须要体现在法律面前人人平等，如此管理就能够保证王朝长治久安。商鞅主张学习法令和对耕战有用的实际知识，他强调："法令者民之命也，为治之本也。"（《字分》）明确指出"法"是统治阶级的生命，治理国家的根本，因此对民众必须加强"法治"的教育。"言不中法者，不听也；行不中法者，不高也；事不中法者，不为也。"（《君臣》）管子强调"上下不和，虽安必危"，特别强调要"不行不可复"，管理者只有以自己的诚信才能换来群众中的威信，这就是"以信换信"。

（4）墨家

墨家管理思想的主要观点体现在"重利贵义；民为政首；尚贤使能"。墨家在其治国理论基础上形成了"兼相爱，交相利"的管理伦理，"强本节用"的经济管理思想，"尚贤使能"的人力资源管理思想[①]。墨家的管理思想，主要体现在管理社会的十论方面，"十论"

---

① 管斌，何似龙. 墨家古代管理思想初探[J]. 商场现代化，2009（4月上旬刊）：64-66.

包括：尚贤、尚同、节葬、节用、非乐、非命、尊天、事鬼、兼爱和非攻。《墨子·鲁问》载："子墨子游，魏越曰：'既得见四方之君，子则将先语？'子墨子曰：'凡入国，必择务而从事焉。国家昏乱，则语之尚贤、尚同；国家贫，则语之节用、节葬；国家憙音湛湎，则语之非乐、非命；国家滛僻无礼，则语之尊天、事鬼；国家务夺侵凌，即语之兼爱、非攻，故曰择务而从事焉。'"墨家以兴天下之利为己任，主张通过积极有为的管理措施，为天下百姓谋衣食住行等实际利益，使各层民众能安居乐业，实现"便宁无忧"的社会理想。墨子在《天志中》里表达了这样的管理旨归："则刑政治，万民和，国家富，财用足，百姓皆得暖衣饱食，便宁无忧。"他在《兼爱中》里进一步描述了所追求的理想的社会状态："天下之人皆相爱，强不执弱，众不劫寡，富不侮贫，贵不傲贱，诈不欺愚。"墨家所追求的最高管理目的是建立一个民众衣食无忧、和谐安宁的理想社会。墨子主张"天下兼相爱则治，交相恶则乱"。

(5) 兵家

"兵法经营"是兵家的管理思想，《孙子兵法》管理思想丰富、系统、精深、独特，深得中外管理思想者的赞许，其以"谋略"或"运筹"为中心，强调"人谋"，要求"谋定而动"。《孙子兵法》指出了"道"的重要性，将其视为将帅必知的"五经"之首。五经包括道、天、地、将、法。孙子进一步阐明"道"的核心是人，强烈推崇民本精神，认为领导者应该以道为心，要求管理者必须把国家和人民的利益作为根本的指导思想，只有这样才能实现上下同心的管理目标。《孙子兵法》提出"令之以文，齐之以武"的管理原则和方法，所谓"文"，就是"仁"，即反复对被管理者进行思想道义教育，包括怀柔和重赏，使之亲附；所谓"武"，就是"法"，即用法纪手段约束被管理者，包括强迫和严刑，使之畏服。管理者采用文武兼施、刑赏并重的原则治理军队，就能使"上下同欲"。《孙子兵法》强调："善用兵者，屈人之兵而非战也；拔人之城而非攻也；毁人之国而非久也。必以全争于天下，顾兵不顿而利可全，此谋攻之法也。"孙武说："知己知彼，百战不殆；不知彼而知己，一胜一负。不知彼，不知己，每战必殆。"孙武认为用兵的上策是以谋略胜敌，其次是通过外交手段取胜，再次是使用武力战胜敌人，最下策是攻城。

(6) 阴阳家

阴阳家的管理思想观点强调"四时之序"与"天人感应"，保留了太多的神权政治色彩，阴阳家的"阴阳五行"思想，和谐管理和整体管理是其管理智慧的突出特点[①]。"阴""阳"概念的首次出现是在西周末年："阳伏而不能出，阴迫而不能蒸，于是有地震。"阴阳家认为，五行按一定顺序，相生相克，金、木、水、火、土"五行"相互配合，才能产生世间的万物。阴阳家的代表人物邹衍的"五德终始"，就是从整体角度来分析个别事物，就是把"阴阳五行"原则作为理论基石。《周易》所包含的"太极说"，董仲舒的《春秋繁露》以及东汉的官方哲学著作《白虎通义》，其思想的基本架构在于凭借阴阳五行的原理，来建立人文秩序的种种原则。董仲舒把阴阳五行的原理视为"天道"，这可解释为一种"自然秩序"或形上秩序。整个理论强调人文秩序要符合天道或形而上的秩序，具有"天人感应"特征的"天人合一"的基本意义。阴阳五行学说自创始以来，就具有整体观方法论的特征，即要求

---

① 王哲. 阴阳家管理智慧探赜[J]. 经济与社会发展, 2012(10): 56-58.

人们在认识事物时要从宏观上去把握。阴阳家在中国古代思想发展史上占有重要一席，但他们对中国管理思想发展的实际影响却是有限的。

随着社会的发展进步，儒、法、道、墨四家在中国古代社会管理实践中，发挥过重要作用，是中国古代管理思想的主体部分。形成以"儒学为主、道法相辅"的儒道法为主干的中国古代管理思想，主张"援道入儒、无为而治"和"阳儒阴法、德主刑辅"的"内圣外王"的治国理念，并成为历代统治者基本固定的管理模式。中国早期管理理论先于西方出现，然而时至今日仍未形成有中国特色的管理理论，值得深思。

【管理案例】

儒家的管理思想

儒家文化在伦理道德方面建立了相当完整的思想体系，其特点是关心人生、社会问题，蕴涵着丰富的政治管理和人事管理思想。

其一，修己安人的管理目标。在儒家看来，治国首先是人的管理，而人的管理又可分为"修己"的自我管理和"安人"的社会管理两大部分。首先，"修己"的自我管理强调管理者只有不断提高自身个人修养与人格魅力，才能赢得部下的尊重与信任，管理过程才能有效地开展。提醒管理者一定要重视自身的品行修养，必须做到安人先正己。其次，"安人"的社会管理是立足于自我修身的基础之上，其内容包括齐家、治国、平天下，即天下之本在于国，国之本在于家，家之本在于身的道理。儒家学说把政治与伦理相结合，把国家、家庭和个人联系起来，构成了社会管理系统。从管理角度看，要把天下治理好，就得使国家安定；为使国家安定，就需要人人从自己做起。

其二，贵和中庸的管理方法。在儒家文化中，无论做人、处世还是办事都不能过分，要"执其两端用其中于民"。孔子提倡中庸，是反对在处理问题时走极端，防止片面性。适中办事才是"正"道，才符合事物常理。这就是"执两端而用其中于民"的中庸之道。

（资料来源：张康之、李传军，《一般管理学原理》，2008；贺竞择，《理论界》，2009）

2.1.2 西方早期管理思想[①]

管理思想的发展既是一个文化形成的过程，又是文化的产物，是受到特定文化价值准则的影响，符合特定历史时期的生产方式准则。雷恩引入经济、社会、政治三个方面的影响，根据文化环境来研究管理思想的演变，对管理思想的演变做了全面的梳理，将西方管理思想的演变划分为四个阶段：第一阶段是工业化以前的早期管理思想；第二阶段是从工业对效率的迫切需要中产生和发展的科学管理时代；第三阶段是社会人时代；第四阶段是现代，即孔茨所说的"丛林"时代。

工业化之前，人们都被封建制度紧紧地束缚在土地上，管理是统治阶级凭借其统治地位和"君权神授"的思想对被统治阶级进行的，管理就是对被管理人的一种硬生生地控制。西方早期的管理实践和思想主要体现在指挥军队作战、治国施政和管理教会等活动之中，

---

① 周三多，等. 管理学原理[M]. 南京：南京大学出版社，2010；张明玉，等. 管理学[M]. 北京：科学出版社，2005.

实际上管理理论的萌芽,是以调整人与人之间的关系,以及辅佐君主取得政治上的统治地位,并以此取得统治者恩宠为主要目的。人们逐步开始通过有组织的努力设法满足自己的需求,从而使管理作为一种活动开始兴起,但由于经济、社会、政治等各方面因素使得这一时期的管理并未摆脱小生产方式的影响,管理者主要靠自己的主观经验和直观判断来组织管理生产活动,没有形成一套科学系统的管理理论和管理方法[①]。进入18世纪60年代后,以英国为代表的西方国家开始了第一次工业革命,生产力有了很大发展。在一个工业化的社会中,工商企业本身的管理就已经成为专门分析的主题。正是在这个时候,从事管理的人们开始估计把科学思想运用到管理过程中的可能性,开始通过写文章来交换和了解彼此的见解。随着欧洲新生文化的影响和资本主义工厂制度的建立,管理哲学开始出现巨大的发展。这个时期出现了一批卓有贡献的思想家、经济学家,即开始了所谓的传统管理阶段。

传统管理阶段(18世纪末~19世纪末)的代表人物有亚当·斯密、查尔斯·巴贝奇和罗伯特·欧文。

① 亚当·斯密的劳动分工观点和经济人观点　亚当·斯密在1776年发表了《国富论》一书,系统阐述了其政治经济学观点,认为劳动分工能带来劳动生产率的提高。亚当·斯密认为,分工的起源是由于人的才能具有自然差异,那是起因于人类独有的交换与易货倾向,交换及易货系属私利行为,其利益决定于分工,假定个人乐于专业化及提高生产力,经由剩余产品的交换行为,促使个人增加财富,此等过程将扩大社会生产,促进社会繁荣,并达私利与公益之调和。并列举制针业来说明:"如果他们各自独立工作,不专习一种特殊业务,那么他们不论是谁,绝对不能一日制造二十枚针,说不定一天连一枚也制造不出来。他们不但不能制出今日由适当分工合作而制成的数量的二百四十分之一,就连这数量的四千八百分之一,恐怕也制造不出来。"此外,斯密提出了经济人观点。他认为,人们在经济行为中,追求的完全是私人利益。

② 查尔斯·巴贝奇的作业研究和报酬制度　查尔斯·巴贝奇1832年出版了《论机器与制造业的经济》一书,指出:"我在过去10年中曾被吸引去访问英国和欧洲大陆的许多工场和工厂,以便熟悉其机械工艺,在这过程中,我不由自主地把我在其他研究中自然形成的各种一般化原则应用到这些工场和工厂中去。"他认为要提高工作效率,必须仔细研究工作方法;提出了在科学分析的基础上的可能测定出企业管理的一般原则。查尔斯·巴贝奇进一步发展了亚当·斯密关于劳动分工的利益的思想,分析了分工能提高劳动生产率的原因,由于经常重复同一操作,技术熟练,工作速度可以加快。分工后注意力集中于比较单纯的作业,能改进工具和机器,设计出更精致合用的工具和机器,从而提高劳动生产率。同时还提出了一种工资加利润的分配制度,在劳资关系方面,他强调劳资协作,强调工人要认识到工厂制度对他们有利的方面,为现代劳动工资制度的发展和完善做出了重要贡献。

③ 罗伯特·欧文的人事管理　罗伯特·欧文是19世纪初最有成就的实业家之一,是一位杰出的管理先驱者。欧文于1800—1828年间在苏格兰自己的几个纺织厂内进行了空

---

① 斯蒂芬·P·罗宾斯. 管理学原理与实践[M]. 北京:机械工业出版社,2010.

前的试验，提出要摒弃过去那种把工人当作工具的做法，着力改善工人劳动条件，诸如提高童工参加劳动的最低年龄；缩短雇员的劳动时间；为雇员提供厂内膳食；设立按成本向雇员出售生活必需品的模式，提高工资、改善住房，从而改善当地整个社会状况。其改革试验证明：重视人的作用、尊重人的地位，可以使工厂获得更大利润。欧文的哲理是：良好的人从事管理会给雇主带来收益，因而这是每个主管人员的一项重要工作。欧文在给其属下的一个指示中宣称："你们中有许多人从长期的生产经营中体验到了结构坚固而且设计精致、制造完美的机器的好处。如果说，对无生命的机器给予细心照顾尚能产生有利的效果，那么如果你们以同样的精力去关心构造奇妙得多的有生命的机器，那么还会有什么事办不成呢？"从一定程度上可以说，欧文是人事管理的创始者，欧文的思想在许多方面都具有伟大的历史意义。

在传统管理阶段，管理学基本上处于积累实际经验的阶段，这为后来泰勒等人创立科学管理体系打下了良好的基础，开始了从经验管理向科学管理的过渡。

2.2 古典管理理论

19世纪末20世纪初，在工业革命的带动下，西方国家的工厂制度日益普及，生产规模不断扩大且生产技术日益复杂，生产专业化程度日益提高，先前那种建立在经验和主观臆断基础上的企业管理方式，已经越来越不适应企业发展的需要，人们迫切需要改进企业管理方式，提高劳动生产率，当时的主要特征是使企业在市场中获得生存和发展，把企业获得最大利润作为最终目的。最终以组织为整体，以企业的利润最大化作为管理的基本指导思想，形成了比较系统的管理理论，代表性的理论有科学管理理论、管理过程理论以及行政组织体系理论等，这个阶段所形成的管理理论称为"古典管理理论"。主要代表人物是泰勒、法约尔、马克斯·韦伯。

2.2.1 泰勒的科学管理理论

19世纪后半叶，劳动生产率问题是这一时期企业迫切需要解决的、具有普遍价值的问题，以泰勒为代表的科学管理运动为这一时期的企业发展做出了巨大贡献。

费雷德理克·W·泰勒（Frederick Winslow Taylor，1856—1915）：出生在费城律师家庭。18岁通过哈佛法学院的入学考试，因严重眼疾未入学，到水泵制造厂当徒工。四年后到米德维尔钢铁公司，当过技工、工长、总机械师、总绘图师，28岁升总工程师，获得机械工程学位。30岁参加美国机械工程师协会，40岁选为主席。42岁独立开业，从事工厂管理咨询工作。1910年54岁时第一次使用"科学管理"名称，被赞誉为"整个科学管理运动的灵魂"。泰勒通过一系列的试验和调查研究，在深入分析和总结19世纪美、英等国管理实践的基础上，提出了一整套管理理论，即"科学管理—泰勒制"。主要著作有：《计件工资制》（1895）、《工场管理》（1903）和《科学管理原理》（1911）。

作为19世纪末重要的领路人，泰勒具有很多可贵的品质，他具有探索精神和敏锐的洞察力，并且以一种理性的科学精神与严谨的科学态度进行孜孜不倦的调查、试验、分析。他富有创新精神，喜欢思考和钻研问题，致力于寻找"最好的方法"。泰勒还是一位实践活动家，重视实践，到处演讲，还担任许多公司的顾问；泰勒的兴趣爱好非常广泛，他不仅获得了机械工程师学位，而且是美国业余网球锦标赛的冠军，还拥有高超的高尔夫球技。毫无疑问泰勒是一位天才，他是管理思想发展过程中的一位核心人物，被尊称为"科学管理之父"。

(1) 泰勒科学管理的主要观点

科学管理，是指在管理实践和管理问题研究中采用观察、记录、调查、试验等近代科学分析方法。泰勒在意见听证会上指出，"科学管理的实质是伟大的心理革命"，工人和雇主都应当来一次"精神革命"。泰勒所创立的科学管理理论有以下主要观点：科学管理的根本目的是谋求最高工作效率。最高工作效率是共同富裕的基础，没有雇员的富裕，雇主的富裕是不会长久的。达到最高工作效率的重要手段，是用科学的管理方法代替经验管理。实施科学管理的核心问题，是要求管理人员和工人双方在精神上和思想上来一场彻底变革。劳资双方变革思想，变对抗为合作、帮助，从盈利的分配转变为增加盈利数量。

(2) 泰勒制的主要内容

① 制定科学的劳动定额　泰勒在钢铁公司调查发现最大时弊是"磨洋工"，工人只干正常工作日活计的三分之一至二分之一。分析其原因：一是工人天性趋于轻松随便的"本性磨洋工"。二是错综复杂的关系和重重顾虑引起的"故意磨洋工"。三是雇主发现能够完成更多，就会迫使其他工人干同样多的活，却不增加工人报酬。泰勒采用现场观察、实际测定的方法，通过"搬运铁块试验"和"铁锹试验"制定出工作定额的研究：观察熟练工人劳动过程，归纳去除"错误的""缓慢的"和"无用的"动作，用最短时间完成每项工作的"最优工作方法"；用秒表测定每个必要动作所需时间和"合理"休息时间的办法，制定出合理的工作定额。

② 差别计件工资制　在超额或未完成定额时，按照不同的工资率计算其所完成的全部工作(包括定额内和超定额部分)的报酬。任务和奖金，是构成科学管理最重要的因素。在工资制度上实行差别计件制，对完成和超额的工人，以较高的工资率计件支付工资，对完不成定额的工人，则按较低的工资率计件支付工资。

③ 标准化原理　根据工人不同素质进行培训与提高，按照工人能力和体力给予最适当的工作。对工人提出科学的操作方法，以便合理利用工时，提高工效；对工人进行科学的选择、培训和提高，发挥他们的能力，工作程序由工人凭经验改变为按科学规律。工具"合理"化的研究中发现：采用同一把铁锹铲运不同的物品是不合理的，工人铲煤与铲铁矿石负载量不同。对第一流铲工的试验确定，每一锹的合理负载量应为21磅。为使每锹负载量大体上都不少于或多于这一标准，他提出应准备10~15种大小规格不同的铁锹，形成工具使用"标准"：铁矿石用小锹；煤屑容易滑动，大锹为宜。

④ 明确划分计划职能和执行职能　管理职能与实际操作分离，管理人员实行专业分工，并订立一些必要的规章制度和准则，区分管理人员和工人之间的工作职责。如编制计划、填写卡片、发出书面指示、统计产品时耗、进行成本研究、制定生产纪律等多项工作，由不同专业的管理人员承担；而按照"书面指示"进行实际操作，则是工人的任务。明确职能工长制，提高了工长的管理专业化水平，为以后职能部门的设立奠定了基础。计划职能归属管理当局，工长、工人则从事执行职能。

⑤例外原则 上级管理人员把一般的日常事务授权给下级管理人员去处理，自己只保留例外事项的决策和监督权。

(3) 对泰勒制的评价

泰勒制以生产实践为基础，采用科学的方法对管理问题进行深入的理论研究，打破凭经验和个人判断管理企业的传统观念，为科学管理奠定了基础。强调实践对理论的巨大作用，强调在实践中运用管理技术和管理方法，强调根据经济效果决定管理方法。

泰勒制冲破了传统经验管理办法，创立了一套具体的科学管理办法，标志着现代管理学的诞生。极大地提高了生产效率，推动了社会生产力的发展。将管理和执行职能分离，使专业管理人员出现，为管理理论的发展奠定了基础。但泰勒主要解决的是现场工人的操作、监督、控制问题，涉及的管理问题较窄，企业的销售、供应、人事等方面基本没有涉及。同时，他提出的"经济人"假设，强调通过满足人在经济和物质方面的需求来调动工人的积极性，没有认识到人的主观能动作用，忽视了工人在社会和心理方面的需求。

泰勒制主要关心的是作业方面的问题，注意的是车间管理和科学方法的运用，同时泰勒希望工人与雇主保持密切合作，共同完成所规定的工作任务。双方注意力从"盈余分配"转到"增加盈余"，如何分配盈余的争论是不必要的，对立情绪和敌对态度变为"兄弟般的合作"。他还实行一种成本会计法，这种方法遭到他所在的伯利恒钢铁公司高层的强烈反对，最后泰勒不得不离开公司。当然，正如泰勒在听证会上所说，劳资双方应变对立为合作，共同为提高劳动生产率而努力。

(4) 泰勒制的支持者

泰勒是科学管理时代的领路人，之后有越来越多杰出的人才加入到运用、传播、发展科学管理思想的行列。拥有数学天赋的巴斯忠诚贯彻了泰勒的正统思想；"甘特图"的创制人亨利·甘特创设新的任务与奖金制度且使用图表帮助管理，做出了重要贡献；同时，他和第一位心理学女博士哈林顿·埃默森提出"十二条效率原则"：砌砖动作由18个简化为5个，使每小时的砌砖量由175块提高到300块；叠布的动作由20~30个简化为10~12个，叠布匹数比原来增加了将近1.7倍。贴鞋油盒商标的女工动作改进，贴24盒鞋商标的时间由40秒缩短到20秒；吉尔布雷思夫妇扩大了疲劳研究的范围，还特别强调了科学管理中的心理学。其中，莉莲·吉尔布雷思——"管理学第一夫人"，格外令人钦佩，不仅仅是因为她的卓越成就（她是工业心理学的首创者，并且把人的因素带进科学管理），还在于她惊人的毅力和勇气，在于她能在"男人的世界里"冲破世俗与偏见的束缚不断探索①。

【管理案例】

科学管理的实质：思想革命

泰勒曾说："科学管理的实质是在一切企业或机构中的工人们的一次完全的思想革命——也就是这些工人，在对待他们的工作责任，对待他们的同事，对待他们的雇主上的一次完全的思想革命。同时，也是管理方面的工长、厂长、雇主、董事会，在对他们的同

---

① 陈传明，周小虎. 管理学原理[M]. 北京：机械工业出版社，2016；徐国华，张德，赵平. 管理学[M]. 北京：清华大学出版社，2006.

事、他们的工人和对所有的日常工作问题责任上的一次完全的思想革命。没有工人与管理人员双方在思想上的一次完全的革命，科学管理就不会存在。这个伟大的思想革命就是科学管理的实质。"这正是被我们忽略的闪光点和瑰宝所在。长期以来，我们认为泰勒是个效率主义者，他的管理思想本质是一种物本管理，泰勒仅仅把人当作机器或当成了机器的一部分；后来虽然意识到泰勒的人本管理思想，但总体评价是"物本管理思想的顶峰，人本管理思想的萌芽"，还有人认为泰勒前期管理思想体现的是一个效率中心主义者，泰勒中后期思想开始从以效率为中心转向重视人在管理和生产中的作用；最后明确"人本管理"是泰勒科学管理的实质。所谓"思想革命"就是要用"新的看法、新的观点来代替老的看法、老的观点""如果这种新观点不能成为双方的指导思想，如果不能用合作与和平的新见解来代替旧的对立与斗争的观点，那么就谈不上科学管理"。

（资料来源：刘铁明，《湖南财政经济学院学报》，2012；李燕梅，《法制与社会》，2008）

2.2.2 法约尔的一般管理理论

欧洲最伟大的管理学先驱亨利·法约尔认为管理并不仅仅是设计制度和方法以提高生产的速度（正如科学管理所倡导的），而是要井井有条地安排整个组织的生产、销售、财务以及会计各项职能实现一体化。法约尔提出的管理要素提供了管理过程的概念理论，是行政管理理论的开创者之一。

亨利·法约尔（Henry Fayel，1841—1925），出生在法国小资产阶级家庭。19 岁毕业于法国采矿学院，被聘任为采矿工程师，25 岁开始担任矿井经理，31 岁担任煤矿总经理，47 岁起担任矿冶公司总经理。77 岁退休创办了法国管理研究中心，兼任商业学院教授。1888 年他开始担任公司总经理时，公司濒于破产境地，当他退休时，该公司成为管理制度先进、经济实力强大的矿冶公司，其管理卓越驰名于国内外。法约尔管理学论著有：《论管理的一般原则》（1908）、《管理职能在指导营业中的重要性》（1917）、《论工业的积极管理》（1918）、《国家在管理上的无能——邮电与电讯》（1921）、《国家管理理论》（1923）。法约尔的代表作《工业管理与一般管理》于 1916 年问世，1929 年由日内瓦国际管理学院出版了该书的英译本。

（1）管理的 14 条原则

法约尔根据自己在大企业的管理经验，提出了组织经营的 14 条原则，这些原则是：

①劳动分工　实行劳动的专门化，可提高雇员的效率，从而增加产出。

②权责相当　管理者必须拥有权力以发布命令，但权力必须与责任相当。

③纪律严明　雇员必须服从和尊重组织规定，领导以身作则、管理者和雇员对规章有明确的理解和公平的奖惩对于保证纪律的有效性非常重要。

④统一指挥　一个下属人员只应接受一个上级的命令，并向这个上级汇报自己的工作。

⑤统一领导　从事同种工作的任何部门应该由同一个管理者按一个统一的计划来加以领导。

⑥个人利益服从整体利益　个人和小集体的利益不能超越组织整体的利益。

⑦报酬　必须给工作和服务以公平合理的报酬。

⑧集权　集权的程度应该适合于该企业的实际情况和所属环境。
⑨等级层次　表现为从最高权力机构直至低层管理人员的领导系列，上下层次之间和横向部门之间应保持灵敏的信息沟通。
⑩秩序　企业成员和物品都应各得其位、各得其用。
⑪公平　管理者应该友善和公正地对待下属。
⑫人员稳定　减少不必要的流动，以保证所属人员能很好地完成工作。
⑬主动性　鼓励员工发表建议和增强执行任务的自觉性和积极性。
⑭团结精神　任何分裂对企业都是非常有害的，所以要注意协作、协调、沟通、配合，甚至包括必要的妥协。

(2) 管理工作的基本职能

法约尔把企业所从事的一切活动分为六类，即技术活动、商业活动、财务活动、安全活动、会计活动及管理活动。他集中分析了第六类活动，并提出了管理的5项职能：

①计划职能　就是探索未来，制订行动计划，设计行动方案，使企业达到目标。
②组织职能　就是建立企业物质和社会的双重结构，合理安排人力、物力去实现目标。
③指挥职能　就是使人发挥作用，指挥下级的行动。
④协调职能　就是连接、联合、调动所有的活动及力量，使组织内的资源与活动能够相互配合。
⑤控制职能　就是注意是否一切都已按已制定的规章和下达的命令进行，保证实际工作结果与计划拟定的标准相一致。

此外，法约尔还提出了对管理者的素质和知识的要求，即管理者必须具备必要的身体素质、智力素质、道德素质、文化知识、专业知识和经验。法约尔提出的上述管理理论要素和原则，对以后管理学理论的发展产生了重大影响，很多方面直到今天仍然为管理工作者所采用。

(3) 对法约尔一般管理的评价

法约尔从高层管理人员经常碰到的组织经营问题出发，对管理过程、管理职能进行了开创性的研究，被称为"现代经营管理之父"。他的许多思想成为管理学的基础，他的管理理念是可以被学习、传授、实践的，是管理思想史上的里程碑。

法约尔研究有关管理者干什么以及怎样才能干好等更一般的管理问题，关注整个组织，即注重管理者用于协调组织内部各项活动的基本原则的研究。法约尔坚持认为他的观点与泰勒的观点是相互补充的，泰勒与法约尔都是管理学大师，他们思想的异同背后是两人人生经历的差异。泰勒是在新教徒伦理与开放的美国文化环境中成长的，法约尔则身处较为封闭的法国社会。泰勒从普通工人做起，通过自己的艰苦努力发迹，他首先在工厂实践自己的观点，然后从中归纳一般性的结论。法约尔一开始就进入了管理者的行列，从经理的观点提出自己的一般管理理论。泰勒英年早逝，他的著作引起了社会的强烈反响，其中不乏指责和争议，法约尔活的时间很长，但他的巨著《工业管理与一般管理》在他在世时并没有受到关注和重视。

法约尔的主要贡献在于提出了关于管理的五大要素或五大职能——即计划、组织、指挥、协调和控制，这一思想已成为认识管理职能和管理过程的一般性框架。法约尔认为，管理不同于经营，它只是整个经营活动的组成部分。企业经营的全部活动，应包括六个方面：技术活动、商业活动、财务活动、安全活动、会计活动、管理活动。法约尔提出了14条管理原则，这些原则至今仍有重要的实践指导意义。法约尔对管理理论的突出贡献是：从理论上概括出了一般管理的原理、要素和原则，把管理科学提到一个新的高度，使管理科学不仅在工商业界受到重视，而且对其他领域也产生了重要影响[①]。

2.2.3 韦伯的行政组织理论

马克斯·韦伯创立了行政管理理论，其主要观点是：企业组织的管理应该是理性化的。韦伯被称为"组织管理之父"。韦伯的行政管理理论也称为"科层制"或"官僚制"，它的贡献在于将个人与权力分离，是理性精神、合理化精神的体现，顺应工业革命以来大型企业组织的需要。韦伯的行政管理理论指出，行政组织的内在要求是稳定、严密、有效、精确，采取的最优方法是科层制。

(1) 理想的行政组织体系

行政组织体系又被称为官僚政治或官僚主义，与汉语的字面意思不同，它并不带有贬义。韦伯的原意是通过职务或职位而不是通过个人或世袭地位来管理。要使行政组织发挥作用，管理应以知识为依据进行控制，管理者应有胜任工作的能力，应该依据客观事实而不是凭主观意志来领导，因而这是一个有关集体活动理性化的社会学概念。

韦伯的理想行政组织结构可分为3层，其中最高领导层相当于组织的高级管理阶层，行政官员相当于中级管理阶层，一般工作人员相当于基层管理阶层。企业无论采用何种组织结构，都具有这三层基本的原始框架。

韦伯指出，现代的行政组织存在着一种正式的管辖范围的原则，这种管辖范围一般是由规则（即法律或行政规定）来确定的。这意味着：按行政方式控制的机构，目标所要求的日常活动是作为正式职责来分配的；执行这些职责所需要的权力是按一种稳定的方式来授予的，并且由官员通过肉体的、宗教的或其他的强制手段来严格地加以限制；对于正常而持续地履行职责和行使相应权利的方法应有所规定，只有按一般规定符合条件的人才会被雇佣。这三项要素在国家范围构成一个行政组织体系的机关，在经济领域则构成一个行政组织体系的企业。

"理想的行政组织体系"中所谓"理想的"，并不是指最合乎需要的，而是指组织"纯粹的"形态。在实际生活中，可能出现各种组织形态的结合或混合，但韦伯为了进行理论分析，需要描绘出一种理想的形态。规范典型的理想的行政组织体系，有助于说明从小规模的创业性管理向大规模的职业性管理的过渡。

韦伯认为，合法型统治是官僚组织结构理论的基础，因其同时为管理的连续性提供了基础。担任管理职务的人员是按照他对工作的胜任能力来挑选的，具有合理性；领导人具有行使权力的法律手段；所有的权力都有明确的规定，任职者不能滥用其正式权力。合法

---

① 陈传明，周小虎. 管理学原理[M]. 北京：机械工业出版社，2016；徐国华，张德，赵平. 管理学[M]. 北京：清华大学出版社，2006.

型统治是以一种对正规形式的"法律性"以及对那些升上掌权地位者根据条例发布命令的权力的信任作为基础的。这种组织的管理制度不仅具有合法的公认权威性，并且具有"理性"，即能够实现最佳管理目标①。

（2）权力的分类

韦伯指出，任何一种组织都必须以某种形式的权力为基础，才能实现其目标，只有权力才能使组织变混乱为有序。如果没有这种形式的权力，其组织的生存都是非常危险的，就更谈不上实现组织的目标了，权力可以消除组织的混乱，使得组织的运行有秩序地进行。

韦伯把这种权力划分为三种类型。第一种是理性的、法定的权力。指的是依法任命，并赋予行政命令的权力，对这种权力的服从是依法建立的一套等级制度，这是对确认职务或职位的权力的服从。第二种是传统的权力。它是古老的、传统的、不可侵犯的，并以执行这种权力的人的地位正统性为依据。第三种是超凡的权力。这种权力是建立在对个人的崇拜和迷信的基础上的。

韦伯认为，这三种纯粹形态的权力中，传统权力的效率较差，因为其领导人不是按能力来挑选的，仅是单纯为了保存过去的传统而行事。超凡权力带强烈的感情色彩并且是非理性的。不是依据规章制度而是依据神秘或神圣的启示，这两种权力都不宜作为行政组织体系的基础。只有理性和法律的权力（合法权力）才能作为行政组织的基础。理性的合法权力具有较多的优点，如明确的职权领域、执行等级系列、可避免职权的滥用、权力行使的多样性等。这样就能保证经营管理的连续性和合理性，能按照人的才干来选拔人才，并按照法定的程序来行使权力，因而是保证组织健康发展的最好的权力形式。

（3）理想的行政组织管理制度

韦伯认为，管理意味着以知识和事实为依据来进行控制。"领导者应在能力上胜任，应该依据事实而不是随意地来领导。"他指出最纯粹的应用法定权力的形态是将其应用于一个行政组织管理机构。只有这个组织的最高领导由于占有、被选或被指定而接任权力职位，才能真正发挥其领导作用，每一个官员都应按准则被任命和行使职能。

韦伯认为，在所有的领域里（国家、教会、军队、政党、经济企业、利益集团、协会、基金会等），"现代的"团体形式发展一般是与官僚体制的行政管理的发展和不断增强相一致的。人们只能在行政管理的"官僚体制化"和"外行化"之间进行选择，而实现官僚体制化行政管理优越性的强大手段是：专业知识，这是它所固有的特别合理的基本性质。把"职务"工作和"私人"活动区分开来，是典型的官僚体制的现象，而且企业越大情况越是如此，政党和官僚体制的军队的运作，也毫不逊色。在官僚体制中，专业业务资格的范围在日益扩大，即使政党和工会的官员也需要专业的知识。为实现其目标所需要的全部活动都被划分为各种基本的专业，作为任务分配给组织中的各个成员。组织规定每一个成员的职权范围和协作形式，以使得各成员能正确行使职权，减少冲突，从而使它在精确性、稳定性、纪律性和可靠性方面都优于其他组织形式。

---

① 陈传明，周小虎. 管理学原理[M]. 北京：机械工业出版社，2016；徐国华，张德，赵平. 管理学[M]. 北京：清华大学出版社，2006.

以上古典管理理论有一些共同的特点，就是它们都建立在亚当·斯密的"经济人"的假设上，都有较为严密的理论，把人当作谋取经济利益的工具，以追求效率为主要目的，在管理中具有较大的硬性。

2.3 人际关系学说与行为科学的建立

科学管理出现以后，管理思想便有了飞快的发展，古典管理理论在提高劳动生产率方面虽然取得了显著的成绩，却激起了工人，特别是工会的反抗，使得欧美等国的统治阶级感到单纯用科学管理等传统的管理理论和方法已不能有效地控制工人，不能达到提高生产率和利润的目的，必须有新的企业管理理论来缓和矛盾，促进生产率的提高。在这种情况下，行为科学理论应运而生。

2.3.1 霍桑实验与人际关系学说

行为科学开始于20世纪20年代末至30年代初的霍桑试验，创始人是美国哈佛大学教授、管理学家梅奥，梅奥从其著名的霍桑实验中得出人是"社会人"的观点，向以"经济人"假设为基础的古典管理理论提出了挑战。

(1) 霍桑实验

霍桑实验是1924年美国国家科学院的全国科学委员会在西方电气公司所属的霍桑工厂进行的一项实验。目的是弄清照明的质量对生产效率的影响，但未取得实质性进展。1927年梅奥和哈佛大学的同事应邀参加霍桑实验和研究，这一系列在美国芝加哥西部电器公司所属的霍桑工厂进行的心理学研究由哈佛大学心理学教授梅奥主持。霍桑实验(1924—1932年)历时近九年，分为工厂照明实验、继电器装配实验、访谈实验、接线板接线实验四个阶段。

第一阶段：照明实验

1924年11月，霍桑工厂的研究人员在继电器车间开展了厂房照明条件与生产效率关系的实验研究，目的是探讨工作环境、工作条件对工作效率的影响。具体结果是：当实验组照明度增大时，实验组和控制组都增产；当实验组照明度减弱时，两组依然都增产，甚至实验组的照明度减至0.06烛光时，其产量亦无明显下降；直至照明减至如月光一般、实在看不清时，产量才急剧降下来。结果表明，"照明强度与生产效率之间并不存在直接的因果关系"，不论增加或减少照明强度都可以提高效率，研究人员所提出的"在一定范围内，生产效率会随照明强度的增加而增加"的假设无法得到证实。随后，研究人员又进行了不同的工资报酬、福利条件、工作与休息的时间比率等对生产效率影响的试验，但都没有取得预期效果，实验一度陷入僵局。从1927年起，以梅奥教授为首的一批哈佛大学心理学工作者将实验工作接管下来，并组成了专门的研究小组继续进行实验，提出了关于影响效率的因素的几点假说：①改进物质条件和工作方法可使产量提高；②工间休息可解除疲乏；③工间休息可减少工作的单调性；④实行计件工资制可提高产量；⑤改善人际关系可以改善工人的工作态度并进而提高产量。

第二阶段：继电器装配实验

继电器装配测试室研究的一个阶段，时间是从 1927 年 4 月至 1929 年 6 月。实验目的总体来说是查明福利待遇的变化与生产效率的关系。但经过两年多的实验发现，不管福利待遇如何改变（包括工资支付办法的改变、优惠措施的增减、休息时间的增减等），都不影响产量的持续上升，甚至工人自己也说不清楚生产效率提高的原因。后经进一步的分析发现，导致生产效率上升的主要原因如下：第一，参加实验的光荣感。实验开始时六名参加实验的女工曾被召进部长办公室谈话，她们认为这是莫大的荣誉。这说明被重视的自豪感对人的积极性有明显的促进作用。第二，成员间良好的相互关系。

第三阶段：访谈实验

研究者在工厂中开始了访谈计划。此计划的最初想法是要工人就管理当局的规划和政策、工头的态度和工作条件等问题做出回答，但这种规定好的访谈计划在进行过程中却大出意料之外，得到意想不到的效果。工人想就工作提纲以外的事情进行交谈，工人认为重要的事情并不是公司或调查者认为意义重大的那些事。访谈者了解到这一点，及时把访谈计划改为事先未规定的内容，每次访谈的平均时间从 30 分钟延长到 1~1.5 个小时，多听少说，详细记录工人的不满和意见。访谈计划持续了两年多，工人的产量大幅提高。工人们长期以来对工厂的各项管理制度和方法存在许多不满，无处发泄，访谈计划的实行恰恰为他们提供了发泄机会。发泄过后心情舒畅，士气提高，使产量得到提高。

第四阶段：绕线实验与非正式组织提出

梅奥等人在这个实验中选择了 14 名工人在单独的房间里从事绕线、焊接和检验工作。对这个班组实行特殊的工人计件工资制度。实验者原来设想，实行这套奖励办法会使工人更加努力工作，以便得到更多的报酬。但观察的结果发现，产量只保持在中等水平上，每个工人的日产量平均都差不多，而且工人并不如实地报告产量。深入的调查发现，这个班组为了维护他们群体的利益，自发地形成了一些规范。进一步调查发现，工人们之所以维持中等水平的产量，是担心产量提高，管理当局会改变现行奖励制度，或裁减人员，使部分工人失业，或者会使干得慢的伙伴受到惩罚。实验表明，为了维护班组内部的团结，可以放弃物质利益的引诱。由此提出"非正式组织"的概念，认为在正式的组织中存在着自发形成的小团体——非正式组织，这种群体有自己的特殊行为规范，对人的行为起着调节和控制作用。同时，加强了内部的协作关系。

研究小组在霍桑工厂进行的四个阶段的试验，获得了大量的第一手资料，为人际关系理论的形成及行为科学的发展打下基础[①]。

(2) 霍桑实验及人际关系学说

霍桑实验的研究结果否定了古典管理理论对于人的假设，试验表明工人不是被动的、孤立的个体，其行为不仅仅受工资的影响，影响生产效率的最重要因素不是待遇和工作条件，而是工作中的人际关系。霍桑访谈实验中，梅奥注意到亲善的沟通方式不仅可以了解到员工的需求，更可以改善上下级之间的关系，使员工更加自愿地努力工作。倾听是一种

---

① 陈传明，周小虎. 管理学原理[M]. 北京：机械工业出版社，2016；徐国华，张德，赵平. 管理学[M]. 北京：清华大学出版社，2006.

有效的沟通方式，具有成熟智慧的管理者认为倾听别人的意见比表现自己渊博的知识更重要。善于聆听别人的意见，激发他们的创造性思维，不仅可以使员工增强对管理者的信任感，还可以使管理者从中获取有用的信息，更有效地组织工作。在公开的场合对有贡献的员工给予恰当的称赞，会使员工增强自信心和使命感，从而努力创造更佳的业绩。采用"与人为善"的管理方式，不仅有助于营造和谐的工作气氛，而且可以提高员工的满意度，使其能继续坚持不懈地为实现企业目标而努力。

①工人是"社会人"而不是"经济人"　早期的古典管理理论学家泰勒、法约尔、韦伯等人都把人只看成是"经济人"，即工人只是为了追求最高工资的人。梅奥认为，工人是复杂的社会系统的成员，工人不仅仅是经济人，还是社会人，他们除了追求经济收入，还有其他的需要，影响工人生产积极性的因素，除了物质方面的以外，还有社会、心理等方面的需要，如在工作中人与人之间的友情、安全感、归属感、受人尊敬等。要提高工人劳动生产率还有必要从社会心理等方面着手，管理不仅是对物质生产力的管理，更重要的是对有思想、有感情的人的管理。

②企业中存在着非正式组织　发现非正式组织的存在是梅奥人际关系理论的重要贡献，作为企业的管理者，应对此有所重视。员工不是作为一个孤立的个体而存在，而是生活在集体中的一员，他们的行为很大程度上是受到集体中其他个体的影响。梅奥认为，人具有社会性，在企业的共同工作中，由于共同的地理位置关系、亲戚朋友关系、情趣爱好关系等，人们相互联系，这种联系会让彼此之间更加了解，自然而然会形成一种相对稳定的非正式组织。非正式组织可以保护工人减少因内部成员疏忽和非正式组织以外的管理人员干涉所造成的损失，非正式组织施加于员工身上的负面影响是管理者必须正视的一个问题。

③新的领导能力在于提高工人的满意度　在实验过程中，梅奥等人以研究人员代替传统的工厂监工行使监督职能，尽管实验人员在实验室受到的监督实际上比在车间工作受到的监督更为彻底，但研究人员不像监工那样对实验人员发号施令，而是与他们协商，向他们提出建议，因此新的监督方式使实验人员感觉不到沉重的压力，原来的管理与被管理的关系转变为自由、愉快的合作关系。并且，在实验过程中，高层管理人员频繁地与实验人员接触，同他们进行交流和沟通，并征求他们的意见和建议，使实验人员感到受到了极大的重视和尊重。梅奥在霍桑实验的基础上认为，工作条件、工资报酬并不是决定生产效率高低的首要因素，首要因素是工人的士气，而工人的士气又同满意度有关，满意度越高，工人的士气就越高，生产效率也就越高，新型的管理者的管理能力在于提高职工的满意度，以鼓舞职工的士气，提高劳动生产率。

(3) 梅奥人际关系学说的贡献

梅奥的这一理论在当时被称为人际关系学说，也就是早期的行为科学，对管理理论有相当大的贡献：让工人了解自己并非全然是机械的延伸；引发产业界与学术界开展一系列的相关措施与研究；为管理学打开了一扇通往社会科学领域的门；令研究者检讨调查不能与标的物太接近，否则会影响实验的结果（后人称之为"霍桑效应"，指由于受到额外的关注而引起绩效或努力上升的情况）。

霍桑实验对古典管理理论进行了大胆的突破，第一次把管理研究的重点从工作上和从物的因素上转到人的因素上来，不仅在理论上对古典管理理论做了修正和补充，还开辟了管理研究的新理论，随后，许多社会学家、人类学家、心理学家、管理学家都从事行为科学的研究，先后发表了大量优秀著作，提出了许多很有见地的新理论，逐步完善了人际关系理论，为现代行为科学的发展奠定了基础，而且对管理实践产生了深远的影响。

(4) 梅奥人际关系学说的局限

①对"经济人"假设的过分否定 过分否定工作标准、外部监督和经济报酬对生产效率的影响。人际关系理论认为，工人的士气是提高企业生产效率的关键，这种士气主要同工人各种社会需要的满足有关。但实际上只有工人的某些无法满足的需要，才能刺激他们为满足这些需要而采取相应的行动。因此，经济报酬、工作标准和外部监督等因素在人们行为中仍然起着一定作用。

②对非正式组织的过分倚重 过分强调情感和非正式组织对工人的影响，似乎工人的行为主要是受情感和关系的支配。人际关系理论过于强调工人的情感满足问题，并认为非正式组织强烈地影响着组织内人群的行为。然而在实际生活中，非正式组织并非经常地对每个人的行为有决定性影响，组织中的每个人也并非都会按照非正式组织的准则行事。人际关系理论并没有在正式组织和非正式组织之间找到它们共同遵循的价值参照系，也没能从"人性"本质上理解正式组织和非正式组织的目标一致性。事实上，在管理实践中经常起作用的仍然是正式组织，个人的行为也主要还是受正式组织的影响和制约，非正式组织只是为了满足工人的情感需要而产生的。

③对感情逻辑的过分强调 过分强调人的社会情感需求，否定经济利益需求对人具有刺激作用。人际关系理论在管理实践中将经济刺激置于无足轻重的地位，忽视工人的经济利益需求，既不符合管理实际，也是不全面的。在企业的经营管理中，不将工资奖励置于提高生产效率的重要位置，而仅仅依靠人际关系的协调和每个人情感需求的满足来提高生产率，这是不符合管理实践要求的。实际上，经济刺激对生产效率的提高仍然具有重要的作用，应该对其足够重视，并摆在正确的位置上。

【管理案例】

谷歌公司的人本管理

在众多科技公司中，谷歌公司向来以独特的办公环境而著称，谷歌欧洲总部位于都柏林 Docklands 地区，一共由四栋建筑物构成，员工以销售、市场和财务人员为主。在这个建筑群中，最高的有 14 层，每一栋建筑内的地板都采用了不同的主题进行铺设。建筑内除了常用办公区域以外，还设计了 5 个餐厅、42 个厨房区、棋牌室、健身房以及 400 多个会议室。

谷歌公司关注到工作的成就感可以使员工感觉到自身的重要性，人性化生活社区的建设，可以使员工对企业具有高度的归属感。生活社区大到员工的住宿生活区，小到员工休息室、茶水间，主要指员工在暂时放下手头工作后，所处的休息生活的公共区域。企业在这一区域的投入，看似难以和回报有所联系，但各种人性化的设计和设施会让员工有一种被企业高度重视的感觉。谷歌公司各地的办公室虽然装修不同，功能不一，但是为员工提供最好的生活氛围，是一贯坚持的。除了在休息室常备各种点心饮料、娱乐设备，还为员工提供按摩放松服务，员工甚至可以带自己的宠物去办公室上班，这些除了硬件上的投入，更多是一种对员工发自内心的关心，而员工对其的回馈就是更高效、更愉快地工作。谷歌模式虽然不一定适用于所有企业，但参照它的成功经验，在员工的生活区域进行一些特别的人性化设计，往往就能使员工感受到自己被企业重视，是这个大家庭的一员。

（资料来源：魏圣军，《提高企业人本管理有效性的思路探析》；聂语岐，《谷歌欧洲总部办公环境令人叹为观止》）

2.3.2 行为科学的建立

霍桑试验后，其结论及影响随着时间的推移而不断扩大，之后的几十年，人际关系学说及其观点逐步地渗入企业管理的各个方面，人际关系学说为行为科学的建立和发展做了充足的思想准备。"社会人"认为物质利益并非人的主要追求，个人的自我实现和自我发展比物质的满足更能激励员工的积极性，人的因素得到了前所未有的重视。1949年在美国芝加哥召开的一次跨学科的会议上，首先提出了行为科学这一名称。1956年，美国出版了第一期《行为科学》杂志。行为科学以人的行为及其产生的原因作为研究对象。它主要是从人的需要、欲望、动机、目的等心理因素的角度研究人的行为规律，特别是研究人与人之间的关系、个人与集体之间的关系，并借助于这种规律性的认识来预测和控制人的行为，以提高工作效率，达成组织的目标。其研究的主要内容包括个体行为、群体行为、领导行为和组织行为四个方面。

①个体行为　主要是对人的行为进行微观的考察和研究。它是从个体的层次上考虑影响人的行为的各种心理因素，包括人的思维方法、归因过程、动机、个性、态度、情感、能力、价值观等方面。马斯洛的需求层次论、赫茨伯格双因素理论、弗鲁姆期望理论等，所有这些与实际活动中的需要、兴趣、行为等有着密切的关系。

②群体行为　主要研究群体行为的特征、作用、意义、群体内部的心理与行为、群体之间的心理与行为、群体中的人际关系、信息传递方式、群体对个体的影响、个人与组织的相互作用等。

③领导行为　包括领导职责与领导素质论、领导行为理论、领导权变理论等，它把领导者、被领导者及周围环境作为一个整体进行研究。

④组织行为　研究组织变革的策略与原则、变革的力量及其成就衡量方法等，对变革进行目标管理。同时还研究工作生活质量，工作的扩大化与丰富化，人和环境诸因素的合理安排，各种行为的测评方法。

行为科学本身并不是完全独立的学科，而是心理学、社会学、人类文化学等研究人类行为的各种学科互相结合的一门边缘性学科。如马斯洛需求层次理论（包括自我实现的需要、尊重的需要、情感的需要、安全的需要、生理的需要五个层次）和赫茨伯格的双因素理论（激励—保健理论）等有深远影响的理论。行为科学的研究和应用，是通过把握人的心理和行为的发展变化规律，来提高对其个体、群体、组织心理及行为预测、引导、控制能力，及时协调个人、群体、组织之间的相互关系和其与外部环境的关系，从而调动人的积极性、主动性和创造性。行为科学管理理论之所以发展成管理学的重要分支，梅奥及其霍桑试验对人性的探索有着不可磨灭的贡献。行为科学的相关理论将在后面章节详细介绍。

2.4 现代管理理论

第二次世界大战后科学技术的巨大进步，极大地促进了生产社会化程度的提高，这就在客观上向人们提出了多方面深入探索提高劳动生产率新途径的要求。管理在经济领域中的作用越来越为人们所重视，吸引了许多专家和学者运用不同的方法对管理理论进行研究。管理理论出现了空前的繁荣，各种流派如社会系统学派、管理过程学派和权变学派脱颖而出，出现了美国管理学家孔茨所称的"管理理论丛林"时期；雷恩、卡斯特和罗森茨韦克以及芮明杰等将第二次世界大战以后或20世纪80年代以来的管理理论称为现代管理理论。美国管理学家哈罗德·孔茨（Harold Koontz，1908—1984年）1961年将各种管理理论分为六大主要学派：管理过程学派、经验主义学派、人类行为学派、社会系统学派、决策理论学派、数理学派。1980年发表了《再论管理理论丛林》，孔茨把各种管理理论增至11个学派（增加了群体行为学派、社会技术系统学派、系统学派、权变管理学派、管理角色学派）。我们对其中的主要管理思想的科学性进行简要分析[①]。

2.4.1 社会系统学派

社会系统学派以美国的巴纳德为主要代表。他最重要的著作是1938年出版的《经理人员的职能》一书，这是管理学领域的经典著作。社会系统学派认为，社会的各级组织，小至一个企业的各个部门，大至整个社会，都是一个协作的系统，是由相互进行协作的个人组成的系统。这些协作系统是正式组织，它包含着三个要素：协作的意愿，共同的目标，信息联系。

在整个协作系统中，非正式组织也起着重要的作用，它同正式组织互相创造条件，在某些方面对正式组织具有积极的影响。个人可以选择是否参加某一协作系统，这种选择是以他们的目标、愿望、内在推动力为基础的。由于个人的目标与组织的目标不尽一致，因此一个协作系统生存能力的高低就取决于它在满足个人动机和愿望的同时，使系统目标得以实现的能力的大小，也就是把组织的目标与个人的愿望相结合的能力的大小。个人之所以对共同目标的实现付出努力，是因为他知道共同目标的实现有助于个人愿望的实现。通过教育和宣传，可以使更多的人了解和明确组织与个人的这种内在联系。组织中的管理人员的重要职责，就是要起到上述作用，在实践中克服组织目标与个人愿望相背离的情况。组织中的经理人员是整个协作系统相互联系的中心，主要任务是努力协调各方面的关系，以保证所在组织及系统的正常运转。组织还必须随着环境的变化而相应地调整自己的目标，使之更加符合实际，以增强自己的生存和发展能力。经营管理的过程，就是要掌握作为一个整体的组织和与之密切相关的全部形势，就是要在兼顾外部条件的基础上处理好组织内部的各种关系，既要保持组织内部的平衡，又要保持整个组织与外部环境的平衡。实质上这是从社会系统的角度揭示了经营管理的方法和艺术，很有管理哲学的味道。

---

① 陈传明，周小虎. 管理学原理[M]. 北京：机械工业出版社，2016；徐国华，张德，赵平. 管理学[M]. 北京：清华大学出版社，2006.

2.4.2 经验主义学派

经验主义学派的代表人物是美国的德鲁克、戴尔、斯隆等。这一学派认为，传统的管理思想和行为科学都不能完全适应企业发展的实际需要，有关企业管理的科学应该从企业管理的实际出发，以大企业的管理经验为主要研究对象，把它进行概括和理论化，然后再传授给企业的管理人员和学生，向他们提供实际的建议。

经验主义学派认为企业管理就是经营管理一个企业的技巧和方法，由经营管理一个企业的理论和实践的原则构成。作为企业主要管理人员的经理，有两项专门的任务：一是要创造一个"生产的统一体"，为此要消除企业中所有的弱点，并使各种资源，特别是使人力资源得到充分的利用和发挥。同时要注意做好各部门的协调工作，既要考虑到企业的整体，又要照顾到所有特殊的个体。二是在做出每个决策和采取每项行动时，要把当前利益和长远利益协调起来，这对于企业的发展是十分重要的。企业中的管理人员应该担负起四项基本职能：①确立目标，并在此基础上制订为达到这些目标的行动方案；②建立机构，确定相关人员，做好各方面的组织工作；③对各方面的工作进行评价，主要是对行动方案的评价；④为广大职工创造接受教育和不断发展的条件。对于规模较大的企业，不仅管理工作的重要性突出，而且其管理问题具有明显典型性。

从这一角度出发去研究管理，可以解决企业管理环节的全面性和管理方法的规范性问题，并且这些环节和方法都是从企业管理的实际中总结出来的，因此具有较强的实用性、可操作性和普遍的指导作用。

经验主义学派的这一研究方法对于科学管理思想的产生和发展具有重要的启示作用。对实践经验的概括和总结是科学理论产生的正确途径，同时，科学理论的普及和发展同样不能离开实践，这是保证管理思想科学性的重要条件。另外，这一学派对企业中管理人员基本职能的总结，尤其是以确立具体目标为核心的具体方法，在实践中不仅推动了企业的发展，而且也推动了管理思想科学性的进一步发展。

2.4.3 决策理论学派

决策理论学派是从社会系统学派中发展出来的。代表人物是美国的西蒙和马奇等。这一学派是在第二次世界大战以后，在吸收了行为科学、系统理论、运筹学、计算机程序等学科内容的基础上发展起来的。他们认为，决策贯穿管理的全过程，管理就是决策。组织是由作为决策者的个人所组成的系统。组织的任何一个成员的第一个决策就是参加或者不参加这个组织。这个决策的根据是个人对组织的付出与组织对个人的回报之比。如果个人认为付出大于回报，那么他就可能做出不参加组织的决策。反之，他就可能做出参加组织的决策。一个人参加组织以后，他的个人目标就逐渐退居第二位，要从属于组织的共同目标，组织要把成员的某些决策权加以吸收，变成组织的决策权，以达到从组织的整体方面加以衡量的高度统一和客观合理。所以，要了解一个组织的结构和职能，了解其管理的全过程，就必须着眼于组织中成员的决策和行为，研究他们的决策和行为受组织影响的程度，研究影响人们行为的复杂的决策网状结构。

决策理论学派认为决策贯穿于管理的全过程，管理就是决策的思想，揭示了管理自身的本质，阐明了决策在管理中的重要作用。这对于我们正确认识管理活动的本质，正确衡量管理者的实际能力具有重要的作用。从表面上看，管理活动是比较复杂的，不仅涉及的面广，而且涉及的环节也很多。但无论如何，管理活动都是与决策相联系的，管理人员不是在制定决策，就是在执行决策，这就可以从复杂的管理活动中理出一条主线，正确地认识管理活动。同时，一个管理者的能力也是表现在许多方面的，但由于我们掌握了管理的本质是决策，所以我们就应该把决策能力作为衡量管理者能力的主要标准。这对于我们科学地选聘和考核管理者的工作业绩都是很有帮助的。这一学派对于个人与组织的关系的论述也具有实质性的意义。一个人是否参加一个组织，实际上是由相互间的利益关系所决定的。参加了组织以后，就要让渡出一定的权利，这也是一个人从组织中获得利益的基本条件。这对于我们正确地处理组织与个人之间的相互关系具有指导作用。

2.4.4　管理过程学派

管理过程学派是由法国的管理学家法约尔创立的，现代的代表人物主要有戴维斯、纽曼、孔茨等。这一学派把管理看成是一种普遍而实际的过程。对这一过程进行研究，从理论上概括出一般性的管理原则，并在此基础上建立起管理理论。这种管理理论对于其他管理领域也是普遍适用的。

他们的具体研究方法是对管理过程进行分析，分两步对管理过程加以研究。第一步是研究管理者在管理过程中是"做什么"的。通过这方面的研究，可以确定管理的基本职能。他们都认为管理者的管理活动是对各种管理职能的重复执行，但对于这些基本职能都包括哪些方面的内容，看法却不尽一致。第二步是研究管理者是"怎么做"的。通过这方面的研究，可以提出一些实用的原则和管理技巧。孔茨认为，在研究过程中按下述问题所包含的要点，对职能进行分类和分析是较为合适的：一是该职能的特质是什么？二是该职能的目的是什么？三是该职能的结构是什么？四是该职能的过程是什么？他还认为，应该在管理过程学派的框架上建立统一的管理理论，即使是最新的管理思想也能纳入这个框架之内。

从管理过程这个角度来研究管理活动，可以抛开管理活动的具体内容，分析管理过程的一般情况，这种具有一定程度的抽象研究所带来的原则和方法，对各个领域的管理活动具有普遍的指导意义。这也使我们对管理活动的研究超出了原有的领域，对于管理实践和管理思想的科学性来说，都是非常重要的。

2.4.5　管理科学学派

管理科学学派又叫作数量学派或运筹学派，以伯法为代表。管理科学学派把各种不同学科的知识用于研究和有效地解决一个问题，把管理视为计量工具和方法，并以此来帮助管理人员对复杂的生产和作业问题做出决策。管理科学学派认为，只要管理、组织、计划、决策等是一个具有逻辑的过程，就能够用数学符号和运算关系予以表示，运用数学模型就能够把问题的基本关系和所选定的目标表示出来，通过求解代表系统的数学模型来解决管理问题。在战争中，为了解决军队中的一些复杂的操作问题，许多不同学科的科学家被组成作业研究小组，探求各种可能的行动方案的不同结果。他们一般遵循这样几个步骤：①系统的观察；②建立模型；③利用模型来推导；④检验模型。由于这种方法在解决军队中的操作问题获得了成功,所以第二次世界大战后不少企业家也把这种方法应用于企业管理的实践之中。到 20 世纪 50 年代中期,这种方法在解决企业问题中取得了巨大的成功。它的重大价值为越来越多的人所认识,这样,对于它在各种不同领域的进一步应用要根据组织所处的具体条件随机应变,没有什么一成不变、普遍适用的"最好的"管理理论和方法。在具体操作中,他们试图把所有的条件和状况归纳为几个基本类型,给每一类型找出一种解决的模型,以保证各种不同的管理方法都有成功的机会。其基本假设是,尽管不存在为所有组织解决所有管理问题的最好方法,但是必然存在为某个组织解决给定的管理问题的最好方法。

管理科学学派在第二次世界大战后得到迅速的发展,主要是因为他们解决问题的方法是在许多不同学科的科学家相互配合的基础上,利用计算机和数学模型,全方位地寻找解决问题的途径,这不仅可以尽快求得复杂问题的解决方法,而且可以应用经济假设的方法来进行特定的决策。这些特点对于企业来说是非常适用的。因为企业所面临的问题有时很复杂,但同时又必须尽快地解决,这就需要在较短的时间内尽量全面地考虑到解决问题所涉及的各种因素。在诸多方法中,数量学派所运用的方法是合适的。这种科学的方法在保证企业决策的质量和提高企业的效率方面,作用比较突出。

2.4.6 权变理论学派

权变理论学派最早的研究者是英国的伍德沃德女士,主要代表人物是美国的莫尔斯和洛希。所谓权变就是权宜应变的意思。权变理论学派从系统论的角度出发,在事物的相互联系和相互影响中来考察事物的存在和发展,符合唯物辩证法的基本要求,与社会系统学派相比,进一步明确了客观事物发展中内外因之间的辩证关系,并把这种辩证关系具体化为一种函数关系。这一学派以开放系统论作为理论基础,强调每个组织的环境和内部各子系统都各有其特点,并直接影响组织的设计和管理。他们的指导思想是所谓的"超 Y 理论"。具体的论点是:第一,人们是出于各自不同的需要加入工作组织的,人们的需要有不同的类型,而其中共同的和最主要的需要就是"实现胜任感"。第二,组织的形式和管理方法要适应工作的性质和人们的需要。第三,组织机构和管理层次的划分、职工的培训和工作的分配、工资报酬和控制幅度的安排等,都要随工作的性质、工作的目标、员工的素质、人际关系等因素而定。第四,当一个目标达到以后,可以继续激起职工的胜任感,使之为达到新的、更高的目标而努力。在具体操作中,他们试图把所有的条件和状况归纳为几个基本类型,给每一类型找出一种解决的模型,以保证各种不同的管理方法都有成功的机会。把管理看成是因变量,把环境看成是自变量,认为两者之间存在着一种函数关系。对于环境这个自变量,权变理论学派认为主要包括六方面的内容:一是组织的规模;二是相互联系和影响程度;三是组织成员的个性;四是目标的一致性;五是决策层次的高低;六是组织目标的实现程度。

权变理论学派不仅提出环境因素中应该注意的六个方面,而且把环境的状况分为两类进行具体考察和分析,从而确定在管理中依据不同的情况所应采用的不同组织结构形式,对于在实践中具体应该采用哪一种组织系统形式,权变理论学派从两种情况进行分析。第一种情况:环境相对稳定和确定;目标明确而持久;技术相对统一而稳定;按照常规活动且生产率是主要目标；决策可以程序化，协调和控制过程倾向于采用严密结构等级的机械式组织结构。第二种情况：环境相对不稳定和不确定；目标多样化并不断变化；技术复杂和易变；具有许多非常规活动，在这些活动中创造性和革新性很重要；运用探索式决策过程，而协调与控制常出现相互调整，系统等级层次少，具有较大灵活性的有机式组织结构。更为重要的是，我们从权变理论学派的基本思想中，可以看到它对管理思想的开放式的阐述，在思想的深邃性和概括性方面超过了其他学派，包含着管理哲学的基本思想的萌芽，这也是管理思想的科学性历史地、逻辑地发展之必然结果。

【管理案例】

华为的管理

华为成立于1988年，通信产业正处于开始替代PC产业，成为全球经济新的龙头产业的阶段，华为面临的市场环境是中国通信市场正处于高速发展时期，占据中国市场的国际巨头如朗讯、爱立信、西门子，都是实力异常强大的跨国公司。华为的老板任正非，是如何领导这个无人知道的小民营企业，来打败这些国际巨头，占领中国市场的呢？

第一阶段(1988—1995年)草创阶段。在创业之初任正非就给华为定下了明确目标：发展民族工业，立足于自己的科研开发，紧跟世界先进技术，目标是占领中国市场，开拓海外市场，与国外同行抗衡。任正非管理华为的主要模式是所谓的"三高"：高效率、高压力、高工资。任正非为了贯彻高效率、高压力而提出了著名的狼文化："企业就是要发展一批狼。狼有三大特性：一是敏锐的嗅觉；二是不屈不挠、奋不顾身的进攻精神；三是群体奋斗的意识。"任正非给员工树立了一个学习的榜样——狼，好处很明显：直观，简单，易懂。弊端也很明显，人怎么能向狼学呢？其实任正非自己也很清楚狼文化的效用非常有限。

第二阶段(1995—1998年)基本法阶段。随着华为的扩张，人员规模的扩大，华为面临的组织管理问题越来越复杂，光靠狼文化这样简单的概念已经无法解决华为面临的问题，办事处主任必须领导大批手下去干，干的是一个领导者的角色。狼文化仅仅提出一个群体奋斗的意识，不能告诉办事处主任如何才能带好这支狼队伍。华为扩大后，上下级之间、部门之间、员工之间的冲突越来越多，为了协调他们的矛盾，如何在华为建立起自己的企业文化，包括愿景、使命、价值观等，出台了《华为基本法》，《华为基本法》是对任正非个人的价值取向和思考结果做的一次梳理和总结。

第三阶段(1998年至今)管理西化阶段。由于《华为基本法》达不到预期的效果，而华为的人员规模、销售额更加庞大，同时华为开始大规模进军海外市场，试图成为一家国际化公司，任正非急于找到能够帮助华为提升管理能力、培养管理人才的办法。任正非把目光投向了海外，耗费巨资，先后通过与包括IBM在内的世界知名企业如丹麦家具品牌HAY(人力资源管理)、普华永道国际会计事务所(财物管理)、德国弗劳恩霍夫协会FHG(生产管理及品质管理)合作，学习和引进西方企业管理模式。西方企业管理的效用在哪里？华为学习的效果如何？我们继续关注。

(资料来源：http://www.yjbys.com/bbs/193662.html)

🔺 思考题

1. 泰勒的科学管理的主要内容是什么？
2. 法约尔的一般管理的原则与职能有哪些主要内容？
3. 韦伯的理想行政体系的主要内容有哪些？
4. 梅奥人群关系理论有哪些主要内容？
5. 巴纳德组织理论的主要内容有哪些？
6. 现代管理有哪些学派？

🔺 百家争鸣

通用电气公司的百年历程

美国通用电气公司（GE）的历史可追溯到托马斯·爱迪生，他于1878年创立了爱迪生电灯公司。1892年，爱迪生电灯公司和汤姆森-休斯敦电气公司合并，成立了通用电气公司。GE是自道·琼斯工业指数1896年设立以来唯一至今仍在指数榜上的公司，其在创立后的80多年中，以各种方式吞并了国内外许多企业，攫取了许多企业的股份，1939年国内所辖工厂只有三十几家，到1947年就增加到125家，1976年底在国内35个州共拥有224家制造厂。在国外，它逐步合并了意大利、法国、德国、比利时、瑞士、英国、西班牙等国的电工企业。1972年该公司在国外的子公司计有：欧洲33家、加拿大10家、拉丁美洲24家、亚洲11家、澳大利亚3家、非洲1家。到1976年年底，它在24个国家共拥有113家制造厂，成为一个庞大的跨国公司。旗下公司有：GE资本、GE航空金融服务、GE商业金融、GE能源金融服务、GE金融、GE基金、GE技术设施、GE航空、GE企业解决方案、GE医疗、GE交通、GE能源设施、GE水处理、GE油气、GE能源、GE消费者与工业、GE器材、GE照明、GE电力配送。7个发展引擎产生85%的利润，包括消费者金融集团、商务融资集团、能源集团、医疗集团、基础设施集团、NBC环球、交通运输集团。

GE的品牌口号是"梦想启动未来"（imagination at work）。GE公司致力于不断创新、发明和再创造，将创意转化为领先的产品和服务。GE的四个全球研发中心吸引着世界上最出色的技术人才，超过3000名研究人员正努力创造新一代的技术创新。1960年，杰克·韦尔奇加盟GE，并成为马萨诸塞州皮茨菲尔德的一位初级工程师。一年后，他痛感公司的官僚主义体制的人窒息，欲辞职另谋他就，在他的告别聚会即将举行之际，他年轻的上司鲁本·古托夫极力挽留他，条件是他将不受公司官僚作风的滞碍。古托夫此举为GE留下了他们历史上最伟大的领袖之一。1968年韦尔奇成为通用电气公司最年轻的总经理。37岁时，韦尔奇成为集团行政主管，1979年担任副董事长。1981年经过九年的考评，韦尔奇接替雷吉·琼斯就任通用电气公司第八任总裁。从1981年韦尔奇就任总裁到1998年，GE各项主要指标一直保持着两位数的增长。在此期间，GE的年收益从250亿美元增长到1005亿美元，净利润从15亿美元上升为93亿美元，而员工则从40万人削减至30万人。到1998年年底，GE的市场价值超过了2800亿美元，已连续多年名列财富世界500强前列。1998年，GE股票每股的总回报率高达41%；而在过去18年中，GE给予股东的年均回报率为24%。18年来，韦尔奇始终领导着通用电气公司，创造了收入和收益的一个又一个奇迹。

杰夫·伊梅尔特先生自2001年9月7日起接替杰克·韦尔奇担任GE的董事长及首席执行官。2015年，杰夫·伊梅尔特宣布成立"通用电气数字部门"（GE Digital），将公司内部的所有数字职能整合到一个部门，更好地将软件和分析技术融合到工业产品中去。通用电气公司预计，公司将实现软件和分析应收60亿美元，并计划在2020年跻身全球十大软件公司。同时将缩减金融业务，重新回归"制造为主业"

的工业公司，计划到 2018 年，将金融产业的比例减少到 10%。2016 年 1 月 15 日，海尔集团与美国通用电气在美国签署了合作谅解备忘录。

（资料来源：胡耀杰，《海尔集团与通用电气签署备忘录开展全球战略合作》；段小缨，《加速本土化是 GE 中国战略》）

讨论：

1. 运用管理理论，分析通用电气公司在复杂多变的全球市场中持续发展的动力是什么？
2. 通用电气公司的积极改革表现在哪些方面？公司总经理韦尔奇的管理特色有哪些？
3. 根据通用电气公司的案例，如何看待管理理论与实践的结合？

第 3 章　管理者与管理环境

【引导案例】

忙碌的王厂长

　　王厂长是光明食品公司江南分厂的厂长。今天到达工厂的时间是 7∶15，还在走廊上，就被会计小赵给拦住了。小赵告诉他负责工资表制作的小张昨天没有将工资表交上来，今天实在没办法按时向总部上报这个月的工资表了。王厂长做了记录，打算与工厂的总会计师交换一下意见，并将情况报告他的上司——公司副总裁。

　　王厂长来到办公室里，打开计算机，查看了有关信息，他发现只有一项需要立即处理。他的助手已经草拟了下一年度工厂全部管理者和专业人员的假期时间表，它必须经王厂长审阅和批准。

　　接下来要办的事是资本设备预算。王厂长在他的电脑工作表程序上，开始计算工厂需要什么设备以及每项的成本是多少。这项工作刚进行了 1/3，王厂长便接到工厂副厂长打来的电话。电话中说在夜班期间，三台主要的输送机有一台坏了，维修资金没有列入支出预算，王厂长知道，他已经用完了本年度的资本预算。于是他在 10∶00 安排了一个会议研究这个问题。

　　王厂长又回到他的工作表程序上，这时工厂运输主任突然闯入他的办公室，他在铁路货车调度计划方面遇到了困难，经过 20 分钟的讨论，两个人找到了解决办法。突然，王厂长发现到 10∶00 了，总会计师和副厂长已经在他办公室外面等候。13∶45，王厂长返回他的办公室，工厂工长已经在那里等着他。两个人仔细检查了工厂布置的调整方案以及周边环境的绿化等工作要求。15∶35 王厂长和工厂副厂长穿过大厅来到会议厅。这次会议持续了三个多小时，当王厂长回到他的办公室时，他已经精疲力竭了。但是，他不明白是不是所有管理者的工作都经常被打断和忙于救火，他能有时间用于计划和防止意外事件发生吗？

　　在企业的日常运营过程中，管理者必须对自身扮演角色有一个清晰的定位，从案例中我们可以看出，王厂长忙碌的一天中，始终在不停地变换自身扮演的角色，只有合理地进行角色转换，才能保证管理者能够以恰当的身份做出正确的决策。

3.1 管理者角色

3.1.1 管理者角色的内涵

亨利·明茨伯格(Henry Mintzberg)是位杰出的管理研究者，他研究了管理者所从事的工作并得出结论，管理者做什么可以通过考察管理者在工作中所扮演的 10 种不同但高度相关的角色来进行恰当地描述。所谓管理者角色(management roles)，是指特定的管理行为类型(设想一下你所扮演的不同角色以及你所期望的不同行为，这些角色诸如学生、兄弟姐妹、雇员、志愿者以及其他等)。见表 3-1 所列，明茨伯格的 10 种管理行为可以被进一步归结为人际关系、信息传递和决策制定三大类。

表 3-1 明茨伯格的管理角色理论[①]

角色	描述	特征活动
人际关系		
1. 挂名首脑	象征性首脑；必须履行许多法律性或社会性的例行义务	迎接来访者；签署法律文件
2. 领导者	负责激励下属；承担人员配备、培训以及相关的职责	实际上从事所有的有下级参与的活动
3. 联络者	维护自行发展起来的外部关系和消息来源，从中得到帮助和信息	发感谢信；从事外部委员会的工作；从事其他有外部人员参加的活动
信息传递		
4. 监听者	寻求和获取各种内部和外部的信息，以便透彻地理解组织与环境	阅读期刊和报告；与有关人员保持私人接触
5. 传播者	将从外部人员和下级那里获取的信息传递给组织的其他成员	举行信息交流会；用打电话的方式转达信息
6. 发言人	向外界发布组织的计划、政策、行动、结果等	召开董事会；向媒体发布信息
决策制定		
7. 企业家	寻求组织和环境中的机会，制定"改进方案"以发起变革	组织战略制定和检查会议，以开发新项目
8. 混乱驾驭者	当组织面临重大的、意外的混乱时，负责采取纠正行动	组织应对混乱和危机的战略制定和检查会议
9. 资源分配者	负责分配组织的各种资源，制定和批准所有有关的组织决策	调度、授权、开展预算活动，安排下级的工作
10. 谈判者	在主要的谈判中作为组织的代表	参加与工会的合同谈判

人际关系角色(interpersonal roles)，指涉及人与人(下级和组织外的人)的关系以及其他具有礼仪性和象征性职责的角色。人际关系角色包括挂名首脑、领导者和联络者。

信息传递角色(informational roles)涉及接受、收集和传播信息。三种信息传递角色包

[①] Henry Mintzberg. The Nature of Managerial Work [M]. Haper &Row Publishers, Inc, 1973.

括监听者、传播者和发言人。

决策制定角色(decisional roles)负责做出组织决策,它包括四种决策制定角色,即企业家、混乱驾驭者、资源分配者和谈判者。

鉴于管理者扮演着不同的角色,明茨伯格认为,他们的工作实际上就是与他人、组织、组织外部环境进行相互交流。他还提出,当管理者扮演这些角色时,他们的工作包括思考(周密的想法)和行动(实际的做法)。思考时,他们反复斟酌;行动时,他们采取一定措施,并积极参与执行。大量的后续研究在不同的组织中和不同的管理层次上检验了明茨伯格角色分类的有效性,研究证据一般都支持管理者角色的概念——无论是在何种类型的组织中还是组织的哪一个层次上——管理者都在履行着类似的角色。不过研究表明,管理者角色的强调重点会随着组织层次不同而发生变化,特别是像信息传播者、挂名首脑、谈判者、联络者和发言人的角色更多地表现在组织的高层,而领导者的角色(按明茨伯格的定义)常常会在低层管理者身上表现得更加明显。

3.1.2 管理者角色与管理职能

管理者的管理工作可通过其职能方式和角色方式描述,其中,职能方式能够代表将管理者职责概念化的有用途径。并为管理者所从事的大量活动提供了清晰的和分离的分类的方法①。尽管采用管理职能的方法来描述,但是并不意味着明茨伯格的角色分类是无效的,因为他清晰地给出了一种对管理者所从事工作的理解。许多明茨伯格确定的角色可以大体上归类在一个或多个职能中。例如,资源分配角色就是计划职能的一部分,企业家角色和人际关系中所有的三个角色是领导职能的一部分。当然,并不是所有角色都能这样。职能理论和角色理论的差别可以由这样的事实得到解释,即管理者所从事的某些工作并非纯粹是管理②。

3.1.3 管理者如何进入角色

首先是角色认知。管理者必须要全身心地进入角色,进入角色的前提是角色认知。所谓角色认知,就是你对这个角色的认识程度、了解程度以及如何去认知。其次是角色移情。即当管理者从事这个职业的时候,应把对于家庭的情感,或者对自己爱人的情感,转移到对待职业这个角色上来,管理者应该有这个移情的过程,应该像对待至亲至爱的人一样,热爱自己的工作和职位。最后是行为操作。需要决定生存,动机产生行为。在行为操作上,管理者要根据动机是否强烈和需求大小,给自己设计一套操作行为方式,以便更好地达到目标。

---

① S. J. CARROLL, D. A. Gillen. Are the Classical Management Functions Useful in Describing Managerial Work? [J]. Academy of Management Review, January 1987, p. 48.

② S. J. CARROLL, D. A. Gillen. Are the Classical Management Functions Useful in Describing Managerial Work? [J]. Academy of Management Review, January 1987, p. 48. Commentary on the Management Theory Jungle—Nearly Two Decades Later. in H. Koontz, C. O'Donnell, and H. Weihrich(eds.), Management A Book of Readings, 6th ed. (New York: McGraw-Hill, 1984).

3.1.4 管理者角色的社会期待

当管理者进入角色的时候,别人就会对管理者产生期待。通常而言,社会对管理者有三种期待。一是情景期待。在企业中,员工对所有的管理者都存在着期待,如期待奖金的提高;而作为中层干部,他们的期待一般是自己的工作得到企业的肯定与嘉奖,获得晋升的机会,在社会上有一定的地位,这就是企业员工对企业管理者的一种情景期待。二是伙伴期待。管理者的工作伙伴期待管理者能很好地把握职位,把角色扮演得非常出色,从而为他的工作带来一些方便。例如,在足球场上,当一名球员得到球的时候,其他球员就会产生期待,如期待把球递给自己,因为自己的位置非常好;或者是告诉他,你的位置非常好,赶紧临门一脚,这就是伙伴期待。三是观众期待。任何一个企业在从事经营活动的过程中,最大的观众就是客户,他们期待着企业发展得越来越好,能够生产出更多物美价廉的产品。

【管理案例】

你不只是管理者

某跨国技术企业经过一番重组大动作后,一位身居要职的经理人遇到了全球经理人都日益需要解决的那类挑战。重组前,她管理分驻不同地区的销售人员;重组后,给她指派的新工作是,管理由销售、营销和技术服务人员组成的新的跨职能群体。

她说:"公司以前一直根据个人贡献进行业绩管理。现在,我必须结合公司、群体和个人的目标来管理下属的业绩。"

这位经理人协助新群体的成员,互相支持,共渡难关,并在工作中不断取得进展。"对我来说,最大的考验是学习如何辅助别人开展工作,并相信他们能做好。"她所领导的群体在企业重组后第一年就实现了收益目标,这在该公司实属少数。

对许多经理人来说,协助各种群体完成工作并改进他们的合作方式,这是一项新职责。这一新的角色被称作"辅助者"(facilitator)。角色不同,职责也不同。管理者是要正确地做事,领导者是做正确的事,而辅助者则是协助他人做事。

但是,哪个角色最适合哪种场合?如果是给某个群体设定方向,领导者最为适合。如果是界定工作范围、授权或制定最后期限,应选择管理者角色。如果任务较复杂,需要多人协助完成,做辅助者是上佳的选择。

把握何时扮演辅助者角色至关重要,而知晓如何当好辅助者也同样关键。辅助模型(图3-1),为成功履行辅助者的职责打下了基础。它指出辅助者每天必须做的实际工作,以得到人们想要和需要的结果。

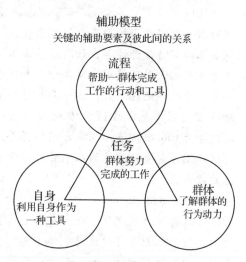

图3-1 辅助模型示意图

3.2 管理环境

组织是人类社会活动的平台与载体，在当今人类社会面临全球化交往、物质、资本、人力资源全球配置的宏观背景下，如何配合组织的全球战略、创新管理、流程重组重新定位，如何在全球化导致的强势环境和弱势环境之间实现融合和选择，要求组织对未来的生存和发展环境具有清晰的判断和适时把握。组织环境是一个组织生存的外部条件，它在影响一个组织的管理业绩方面有着极其重要的影响。由于全球化的影响，组织赖以生存的外部环境越来越趋于多变、剧变，因此，管理者必须非常重视对环境因素的了解和认识。

组织环境(organizational environment)是指所有潜在影响组织运行和组织绩效的因素或力量。对组织产生影响的因素一般可划分为外部环境和内部环境两大类。外部环境是指组织之外对组织行动可能产生影响的力量和条件，包括外部一般环境(又称宏观环境)和外部任务环境(又称竞争环境)，即组织所处的场域、组织所处的社会及其制度和文化、组织所面临的社区和自然环境。内部环境是指组织内部的物质环境和文化环境，即组织文化、组织政治、组织的正式结构和非正式结构，它决定组织的运行效率和变革。组织所处的场域，包括组织的供应商、消费者、竞争者、合作者等，决定组织的直接地位和战略选择；组织所处的社会及其制度和文化，包括政府政策、法规、社会文化和习俗等，影响到组织的内部环境；组织所面临的社区和自然环境，直接决定企业的社会责任、合法地位、社会声誉等。任何组织的存在都与所处环境产生着深刻的交互影响，并在一定的内外部条件影响与制约中发展起来[1]。

【管理案例】

华为云管理园区平台

2017年3月，在华为"云管理网络重构商业模式"生态伙伴大会上，各领域的合作伙伴对云管理网络市场均报以积极态度，但什么样的公有云平台才能真正满足企业需求，降低成本的同时提升效率，让网络真正为企业业务服务呢？华为CloudCampus云管理园区解决方案利用云管理技术实现集中化和多租户的管理，集成在云平台上的自动化网络规划、部署、运维、巡检工具，让一天开通一个网络，一个人同时管理数十个网络变成现实。移动APP运维工具帮助IT人员便捷地实时掌控网络情况，减少IT人员的专业化要求。同时，华为CloudCampus解决方案提供全面的云管理产品(Wi-Fi、交换机、防火墙等)。所有网络设备都支持传统的本地管理和云管理，可以在这两种管理模式之间无缝切换，保护客户投资。

华为CloudCampus云管理园区平台还支持丰富的开放接口和大数据分析功能。例如，学校可以通过终端定位对校园安全进行监控；商场可以通过Wi-Fi客流分析对商业营销行为做出指导；酒店可以通过数据分析为顾客提供个性化的服务等，让网络更好地为人服务。基于华为CloudCampus云管理园区方案，合作伙伴不仅可以迎合企业用户云化的需

---

[1] 斯蒂芬·P·罗宾斯. 管理学原理与实践[M]. 北京：机械工业出版社，2010.

求，开辟蓝海市场，同时也可以通过提供代维代建的服务实现自身增值。通过云端的网络运维方式，企业可以将网络托管给 MSP(管理服务提供商)，同时 MSP 也可以通过将不同地方的网络数据结合起来进行关联分析，并通过云管理平台的开放 API(应用程序编程接口)，来为企业提供可运营的 SaaS 服务，充分挖掘 Wi-Fi 大数据价值，提升企业客户体验和业务竞争力，实现双赢，真正迈向转型之路。天翔睿翼科技有限公司是一家专业的 Wi-Fi 网络建设和运营公司，总经理牛增辉说："云管理方案的快速部署和'口袋运维'对我们的创新能力和核心竞争力都有很大帮助。而且随着公司规模的不断扩大，我们也考虑建设自己的增值运营业务。华为云管理园区方案的商业模式匹配了我们的战略方向，节约了我们的成本，这让我们对未来的合作充满希望。"新经济全球化的管理环境中，华为云管理园区方案为企业组织环境管理提出的挑战是什么？

(资料来源：http://smb.zol.com.cn/631/6310956.html. 华为云管理园区方案重构商业模式)

3.2.1 组织外部环境

(1) 外部一般环境

外部一般环境是指组织所处的大环境，主要包括以下要素：

①政治及法律环境　是指一个国家所奉行的政策，国民对待政治的观点、思想以及整个社会的价值观。随着民主化、法制化和多元化进程的深入，影响企业运作的政策法规的制定将不再是政府决策者独享的权力，企业不会被动地等待法律法规和政策的出台并受其约束，而是会通过各种合法的手段在政府政策与法规形成的过程中施加影响，从而为本企业创造一个有利的市场环境。企业影响政府政策制定过程的行为运用得是否成功，直接关系到企业的经营业绩以及企业竞争力。企业为谋求有利于自己的市场环境而影响政府政策和法规制定过程的行为，称为企业政治行为。政治环境对组织的影响是极其深刻的，政治局面是否安定、政治制度及经济管理体制状况、法律及政策状况等都是企业极其关注的环境因素。如海湾危机不仅使许多位于伊拉克境内的外国企业停止了经营活动，还使土耳其、约旦、沙特阿拉伯等国的企业忧心忡忡，美国、日本及西欧的股票价格暴跌，石油价格上涨所影响的企业就更不计其数。而在政局情况基本相同的情况下，企业更愿意去为企业发展提供的环境条件较宽松和优惠的地区，这也是包括中国在内的许多发展中国家为吸引外资纷纷出台各种优惠政策和优惠措施的主要原因。

②经济环境　是指人们为了生存和发展而进行各种活动的物质基础。包括宏观经济环境、中观经济环境、微观经济环境。其中，宏观经济环境指国民收入和国民生产总值及其变化(国民生产总值是指一个国家在一个财政年度内全部最终产品和劳务的市场价值，国内生产总值是指在国民生产总值的基础上加上外国人在本国的投资和劳务收入减去本国人在外国的投资和劳务收入)。中观经济环境指部门经济，如工业经济、商业经济、农业经济、林业经济等。微观经济环境指企业所在地区或所需服务地区的消费者收入水平、消费偏好、储蓄水平、就业等。不同的经济状况会影响人们的生活水平和形成不同的态度、目标、价值观。企业外部环境中的这一因素，对组织和个人都有决定性影响。经济环境的主要因素是市场状况、经济状况以及竞争势态等，市场因素是商品经济条件下企业最为关注

的环境因素。市场容量越大，越有利于扩大生产规模、采用自动化技术而降低成本；市场竞争越激烈，企业提高质量、增加品种、降低成本、改进服务的压力也越大。经济的繁荣状况对企业有重大影响，经济全球化使得各个国家的经济相互渗透、相互依存，各国经济与世界经济联系越来越紧密。跨国公司频繁的经济活动，在异地进行研发、生产和销售的需求，需要有强大的通信网络和服务来支撑，芯片、卫星、光导纤维和因特网的出现，使得跨国企业在全球范围内进行贸易变得轻而易举。

③社会文化环境 主要是指教育、科技、道德、心理习惯以及人们的价值观与道德水准等影响组织系统的各种文化条件的总和。作为意识形态的文化，社会文化是一定社会的政治和经济的反映，但又具有巨大的反作用。社会文化可以定义为一系列可以塑造行为，培育人们对世界感知的传统、价值观、规则、仪式象征等的集合。一个国家和地区的社会文化状况和传统、宗教信仰、习俗、价值观等，对组织和个人的影响作用非常大。例如，价值观念会影响人对组织目标、组织活动及组织存在本身的认可，审美观点则影响人们对组织活动内容、活动方式及成果的态度。

④技术环境 是指科学技术的发展和传播，不仅影响组织的发展与变革，而且也影响组织结构和社会心理。比如因特网近年来的飞速发展就对组织的运作方式和个人的生活方式产生了重大影响。进入21世纪以来，全球一体化趋势加快，通信技术的飞速进展成为现代经济发展的重要推动因素，各个国家都把通信产业的发展作为带动本国经济增长，提高企业竞争力的"火车头"。通信产业的飞速发展，促使了经济模式的改变，通信成本的下降为经济全球化的加速创造了有利条件。经济全球化带来的全球通信的大量需求促进了通信全球化趋势。经济全球化既是通信全球化的原因，又是通信全球化的结果。

⑤自然环境 是组织存在和发展的各种自然条件的总和，包括矿产、空气、水等自然资源，以及地理位置、地质地貌、气候等因素。自然环境是自然界的一个特定部分，从这点上说，它是独立于人的客观存在。但是作为组织的自然环境，它又总是与人的某种社会活动相联系，是人类各种社会活动，特别是生产活动的物质基础和物质资料的来源。在劳动过程中，人和自然是同时起作用的，随着社会生产力和科学技术的进步，越来越多的自然物进入了人的实践活动范围，成为组织管理的环境因素。自然环境主要决定组织的资源优势或劣势，组织可以根据自然环境的特点，趋于利而避其劣，如海湾国家的石油资源优势。自然环境不仅对矿业公司、农场、水运企业至关重要，而且对某些制造业及服务业也很重要。

(2) 外部任务环境

组织的外部任务环境也被称作特殊环境或竞争环境，按照著名战略管理权威迈克尔·波特教授对竞争环境分析并依此构建的"五种力量模型"，一个行业中的竞争，存在着五种基本的竞争力量。

①现有竞争者的抗衡 现有企业间的竞争是指产业内各个企业之间的竞争关系和程度。不同产业竞争的激烈程度是不同的。如果一个产业内主要竞争对手基本上势均力敌，无论产业内企业数目多少，产业内部的竞争必然激烈。在这种情况下，某个企业要想成为产业的领先企业或保持原有的高收益水平，就要付出较高的代价；反之，如果产业只有少数几个大的竞争者，形成半垄断状态，企业间的竞争便趋于缓和，企业的获利能力就会

增大。

②购买者讨价还价的能力　作为买方(顾客、用户)必然希望所购产业的产品物美价廉，服务周到，且从产业现有企业之间的竞争中获利。因此，他们总是为压低价格，要求提高产品质量和服务水平，而同该产业内的企业讨价还价，使得产业内的企业相互竞争残杀，导致产业利润下降。

③供应者讨价还价的能力　供方是指企业从事生产经营活动所需要的各种资源、配件等的供应单位。他们往往通过提高价格或降低质量及服务的手段，向产业链的下游企业施加压力，以此来榨取尽可能多的产业利润。企业寻找其他优秀供应商的可能性越小，现有供应商的议价能力就越强。

④潜在的进入者的威胁　潜在竞争对手即潜在进入者，是指产业外随时可能进入某行业的成为竞争者的企业。由于潜在进入者的加入会带来新的生产能力和物质资源，并要求取得一定的市场份额，因此对本产业的现有企业构成威胁，这种威胁称为进入威胁。进入威胁的大小主要取决于进入壁垒的高低以及现有企业的反应程度。

⑤替代者的威胁　替代品是指那些与本企业产品具有相同功能或类似功能的产品。如糖精在具有甜味的功能上可以成为糖的替代品，飞机在提供远距离运输的功能上是火车的替代品。通常低成本或低价格的替代品能够对高成本或高价格的产品造成威胁。

在组织外部环境分析中对利益相关者的影响做出相应判断，政府机构以及企业的股东、债权人、工会组织等其他利益相关者群体对产业竞争的性质与获利能力也有着直接的影响。政府机构作为社会经济管理者，对企业的经营行为需要从全社会利益角度进行必要的调节，特殊利益团体也会对企业经营行为产生某种影响和制约。

3.2.2　组织内部环境

组织的运行受到组织内外环境的双重影响，组织内部环境是指组织内部的文化环境和物质环境，主要包括组织文化和组织结构，组织技术资源和组织运行的人、财、物资源等。

(1) 组织文化

组织都是由相似的价值观、共同的信念、相似的经验以及同样的处世原则构成的动态系统。这些要素的结合使一个组织具有特色，这就是组织文化。组织的高层管理者为组织文化搭建基本的框架，管理人员确立与规定了这个组织的价值取向和行为准则。组织文化的具体部分会由其他员工去填充，他们将按照自己的标准确定接受管理者定义的文化的程度，并把自己的价值观和行为准则等一并带入组织。在众多元素汇入原有的组织文化后，其中为大家普遍接受认可的得以保留与继承。

组织文化的衍生品之一是组织氛围。成功的组织常拥有开放的组织氛围，能够有效地激发个体的斗志和创新意识，并吸引员工广泛地参与到组织经营中。在这种组织中员工被充分地授权，即使员工大胆尝试自己想法而结果是失败的，组织也会宽容地接受并继续予以支持和鼓励。员工会很自然地产生主人翁意识，将自己作为组织系统中不可缺少的组成部分，为组织而奋斗。

(2) 组织结构

一个组织的正式结构是内部环境的组成部分，它决定着组织决策是如何被执行的。组织的三个不同层次的管理层——高层管理者、中层管理者、一线管理者,分别组成不同的团队来完成诸如设计、生产、市场营销、财政、人力资源管理等不同的工作。组织结构还决定了权利和沟通的流动方向:由管理层到基层。组织结构的不同因每个组织的不同而不同,因管理者的期望而不同,因各种外部因素而不同。现代的组织结构越来越倾向于扁平化形式,包括被充分授权的个体、被充分授权的团队以及风险小组等。这种组织结构使组织更快更灵活地对市场需求做出反应,大大降低了市场风险。

(3) 组织技术资源

组织技术资源表现为组织的核心竞争力,对于一个组织来说,成功与否的关键因素之一便是该组织能否认识到并有效地利用核心竞争力。核心竞争力与其他一些无形的因素构成了组织的智力资源。智力资源包括丰富的经验、智慧、知识储备和专业技术。智力资源深含在组织的人事技能以及组织成员的实践中,它包括了一个组织现实存在的价值与未来的发展前景,只有充分有效地意识到组织的核心竞争力并整合组织资源对其加以利用,才能在竞争中彰显出自身的特色。组织的技术能力是组织配置资源、发挥其生产和竞争作用的能力,是组织各种资源组合的结果,组织的技术能力由研发、生产管理、营销、财务、组织管理等组成。

(4) 组织人、财、物资源

组织资源是组织所拥有或控制的有效因素的总和,包括有形、无形、人力资源,分析的目的是识别组织的资源状况及其所表现出来的优势和劣势,以及对制定组织的战略目标的影响。一个组织最基本也是最重要的资源便是组织当中的人,但是为完成目标达到特定的效果,还必须依赖于其他一些资源。这些资源是对组织系统的投入,它们的获得、传递以及应用影响着组织内部环境,包括信息、工具、基础设施、设备、原料供给和财政等。

在每个组织中都存在着随时间演变的价值观、信条、仪式、神话及实践的体系或模式,这些共有的价值观在很大程度上决定了雇员的看法以及对周围世界的反应,当遇到问题时,组织通过对内部环境分析,有效把握制定生产经营决策,提高管理效率,从而增强组织的竞争力,赢得市场[1]。

3.2.3 组织环境分析

组织生存同环境发生作用,并受环境的影响。环境的复杂变化限制了管理者的选择及决定自身命运的自由。目前组织或企业之间的竞争已经从本地化、国际化进入到全球化时代,与企业或组织相关的各种环境因素大大地增多,多因素而非单因素同时影响企业的情况随处可见。企业更需要对其面对的外部环境进行透彻分析,及时发现企业内部自身的发展机会并察觉到可能的威胁,以明确今后的发展方向,资金、人力等资源的投资方向。常用的企业所处宏观环境分析模型为 PEST 分析法,其中 P 代表 political(政治),E 代表 economic(经济),S 代表 social(社会),T 代表 technological(科技)。

组织环境分析是指通过对企业采取各种方法,对自身所处的内外环境进行充分认识和

---

[1] 陈传明,周小虎. 管理学原理[M]. 北京:机械工业出版社,2016;王金凤,张炎亮. 管理学[M]. 北京:机械工业出版社,2012.

评价，以便发现市场机会和威胁，确定企业自身的优势和劣势，从而为战略管理过程提供指导的一系列活动。对企业面临的外部环境因素进行归纳和描述，对组织内部的优势和劣势进行核查和审视，及时调整组织发展策略，有效应对企业未来发展可能面对的不确定因素。分析企业或组织内外部环境因素的一般程序为：找出影响组织发展的关键因素——对关键因素的变化进行预测——运用适当的方法模型对关键因素进行比较。常用的对组织内外部环境进行分析的方法之一是 SWOT 分析法，其中，S 代表 strength（优势），W 代表 weakness（劣势），O 代表 opportunity（机会），T 代表 threat（威胁）。

(1) SWOT 分析要素

SWOT 分析方法是一种企业或组织战略分析方法，即根据企业自身的既定内在条件进行分析，找出企业的优势、劣势及核心竞争力之所在。其中，S、W 是内部因素，O、T 是外部因素。按照企业竞争战略的完整概念，战略应是一个企业"能够做的"（即组织的强项和弱项）和"可能做的"（即环境的机会和威胁）之间的有机组合。并据此确定企业的战略定位，最大限度地利用内部优势和外部机会，使企业劣势与威胁降低到最低。

① 优势　企业或组织的优势主要包括企业的资源、技术等，反映企业的核心竞争力。企业形象、规模、在市场上的领导地位，与顾客和供应商的长期稳定关系，低成本、高质量等有利于企业的竞争优势地位的建立和维持。

② 劣势　劣势是严重影响企业经营绩效的资源、技术、人才及市场等方面的限制。企业的生产工艺、设施和设备、管理能力、营销手段等都是可以成为造成企业处于劣势的原因，如果企业不能根据环境变化及时进行自身变革，就可能导致企业在竞争中处于劣势地位。

③ 机会　机会是指企业经营面临的重大有利环境。组织环境的变化、竞争结构的变化、政府调控的方向转变、新技术的出现及市场供求关系改善等都可以视为一种机会。企业应该抓住对自身有利的环境，调整业务结构或经营策略，进一步扩大规模发展业务。

④ 威胁　威胁是指企业经营面临的重大不利因素。与机会是相对的概念，环境的改变既可能是机会，也可能是威胁。如果环境的变化给企业发展造成障碍，甚至迫使企业转变业务结构或停止经营，企业就面临很大的威胁和挑战。

(2) SWOT 分析组合

优势与劣势分析主要是着眼于企业自身的实力及其与竞争对手的比较，而机会和威胁分析将注意力放在外部环境的变化及对企业的可能影响上。在分析时，应把所有的内部因素（即优势、劣势）集中在一起，然后用外部的力量来对这些因素进行评估。首先，分析企业的内部优势、劣势。它们既可以是相对企业目标而言的，也可以是相对竞争对手而言的。其次，分析企业面临的外部机会与威胁，可能来自于与竞争无关的外环境因素的变化，也可能来自于竞争对手力量与因素变化，或二者兼有，但关键性的外部机会与威胁应予以确认。最后，将外部机会和威胁与企业内部优势和弱点进行匹配，形成可行的战略。

SWOT 分析有四种不同类型的组合：优势—机会（SO）组合、劣势—机会（WO）组合、优势—威胁（ST）组合和劣势—威胁（WT）组合。

优势—机会（SO）战略是一种发展企业内部优势与利用外部机会的战略，是一种理想的战略模式。当企业具有特定方面的优势，而外部环境又为发挥这种优势提供有利机会时，可以采取该战略。如良好的产品市场前景、供应商规模扩大和竞争对手有财务危机等外部条件，配以企业市场份额提高等内在优势，可成为企业收购竞争对手、扩大生产规模的有利条件。

劣势—机会(WO)战略是利用外部机会来弥补内部弱点，使企业改劣势而获取优势的战略。存在外部机会，但由于企业存在一些内部弱点而妨碍其利用机会，可采取措施先克服这些弱点。例如，若企业弱点是原材料供应不足和生产能力不够，从成本角度看，前者会导致开工不足、生产能力闲置、单位成本上升，而加班加点会导致一些附加费用。在产品市场前景看好的前提下，企业可利用供应商扩大规模、新技术设备降价、竞争对手财务危机等机会，实现纵向整合战略，重构企业价值链，以保证原材料供应，同时可考虑购置生产线来克服生产能力不足及设备老化等缺点。通过克服这些弱点，企业可能进一步利用各种外部机会，降低成本，取得成本优势，最终赢得竞争优势。

劣势—威胁(WT)战略是一种旨在减少内部弱点，回避外部环境威胁的防御性战术。当企业存在内忧外患时，往往面临生存危机，降低成本也许成为改变劣势的主要措施。当企业成本状况恶化，原材料供应不足，生产能力不够，无法实现规模效益，且设备老化，使企业在成本方面难以有大作为，这时将迫使企业采取目标聚集战略或差异化战略，以回避成本方面的劣势，并回避成本原因带来的威胁。SWOT分析运用于企业成本战略分析可发挥企业优势，利用机会克服弱点，回避风险，获取或维护成本优势，将企业成本控制战略建立在对内外部因素分析及对竞争势态的判断等基础上。而若要充分认识企业的优势、机会、弱点及正在面临或即将面临的风险，价值链分析和标杆分析等均能为其提供方法与途径。

优势—威胁(ST)战略是指企业利用自身优势，回避或减轻外部威胁所造成的影响。如竞争对手利用新技术大幅度降低成本，给企业很大成本压力；同时材料供应紧张，其价格可能上涨；消费者要求大幅度提高产品质量；企业要支付高额环保成本，等等，这些都会导致企业成本状况进一步恶化，使之在竞争中处于非常不利的地位。但若企业拥有充足的现金、熟练的技术工人和较强的产品开发能力，便可利用这些优势开发新工艺，简化生产工艺过程，提高原材料利用率，从而降低材料消耗和生产成本。另外，开发新技术产品也是企业可选择的战略。新技术、新材料和新工艺的开发与应用是最具潜力的成本降低措施，同时它可提高产品质量，从而回避外部威胁影响。

【管理案例】

唯品会的闪购

唯品会是一家专门做特卖的网站，由沈亚和洪晓波于2008年联手创立，在当时沈亚有18年的国内和海外电子产品销售经验，还担任过NEM进出口公司董事长。唯品会于2012年在纽交所挂牌上市，主营业务是服饰，随着发展，现在的业务领域已经拓展到母婴、美妆、居家、旅游以及海淘，甚至已经涉及汽车电商领域。

唯品会主打的闪购模式是其最主要的特点，闪购即商品打折，以极低或较低的市场价格，在规定时间内限时购买。唯品会主打南方的二、三、四线城市，一线城市并不是主要战场，而用户又主要针对20~40岁中高收入女性用户，这部分用户群具有对品牌有一定需求，但辨别能力不高，对价格敏感的特点。而随着发展，现唯品会覆盖区域大有向北上广深等一线城市渗透的趋势。在唯品会主营的服饰行业，国内大量的服饰企业需要处理尾货和库存过季产品，积压严重，如何"优雅"地处理这些货物成为了商家的痛点之一。除唯品会外，当当的尾品汇、京东的闪购也是国内闪购模式平台。

唯品会的核心竞争力之一是拥有一个近千人的专业时尚买手团队，对商家的尾货进行筛选，选择优质的货品进行精美再包装，在消费者层面为消费者的选择进行初步选择，提高了商品品位，吸引了大量消费者关注。

对唯品会进行 SWOT 分析：

内部优势 S：
1. 现有国内最大闪购平台
2. 买手团形成竞争壁垒
3. 奢侈品超低折扣价，保证正品
4. 付款方式多样，突显规模效益

外部机会 O：
1. 移动互联网发展迅猛
2. 市场需求不断增加，有用户基础
3. 大数据技术得以发展及应用

内部劣势 W：
1. 特卖模式单一
2. 形成针对女性用户的印象
3. 品牌商代理权难获得
4. 品牌不全

外部威胁 T：
1. 各大电商竞争者跟进闪购行业
2. 商业信用物流体系限制其发展
3. 竞争日益加剧

SWOT 分析后得出四种战略组合：

优势机会组合（S+O 增长型战略）——发力移动互联网与大数据挖掘，优化服务好 1 亿用户，再跑马圈地，圈住更多用户，进一步扩大目标市场与用户的差距。

劣势机会组合（W+O 扭转型战略）——移动互联网及大数据领域的发展，对市场的挖掘更科学化，可能在挖掘中发现新的可切入市场，进而扩大自身经营范围。

优势威胁组合（S+T 多经营战略）——各大巨头均以各自的方式进入目标市场，除正面对抗之外，是否存在合作引入庞大用户数量的可能，形成双赢局面？

劣势威胁组合（W+T 防御型战略）——力求在现有市场深耕，提供精细化服务，服务好现有用户，避免用户流失来应对威胁。

在国内电商还在烧钱的时代，唯品会异军突起，上市后市值暴涨，实现盈利并且每年保持 100% 的盈利增长，跻身国内五大互联网公司行列，不容小觑。而随着唯品会收购乐蜂网，可以看到唯品会扩张的野心，资本市场也给予更高的股价评级，这些利好因素我们期待唯品会创造更好的成绩。

（资料来源：http：//www.chinaz.com/manage；http：//biyelunwen.yjbys.com/fanwen）

3.3 社会责任与管理道德

20 世纪初，一些学者首先提出企业应该承担社会责任的理念，企业社会责任的理论与实践发展已经历经近百年的历程，成为融合经济学、管理学、伦理学、法学等众多学科的重要研究领域。大量学者对这一领域开展了卓有成效的开创性研究，积累了丰富的研究成果。最近几年，随着世界经济、政治、社会和技术的发展以及企业社会责任实践的创新，企业社会责任的理论研究更加受到重视，企业社会责任领域涌现出一些新概念和新思想，日益成为研究主流。

3.3.1 社会责任

责任是现代社会道德感受的一个至关重要的概念，企业作为一个组织，在经营决策过程中，受各种因素的影响，经历复杂的过程，其作为责任主体是无法回避的。企业不但具备道德选择的客观可能性，而且具有选择行为的意志自由，应被理解成为一个道德行为者，承担其经营行为的道德责任。"企业社会责任"的概念起源于欧洲，当时的企业是以赢利为目的的生产经营单位，利润最大化是其永恒的主题，企业只要不违法，并没有履行社会责任的义务。这种过分狭窄的企业经营目标，虽然推动了经济的高速发展，但是随之而来的是环境污染严重、损害消费者利益等社会公害。这便引起了西方国家和公众对企业履行社会责任的重视及思考。

企业社会责任（corporate social responsibility），是企业应当承担经济、法律、伦理和慈善责任在内的各类行动，从而为社会贡献更多的价值，实现企业的可持续成长。企业不能仅仅将最大限度地为所有者赚钱作为自己的唯一存在目的，而是应当最大限度地关怀和增进所有者利益之外的其他所有社会利益，包括消费者利益、员工利益、债权人利益、中小竞争者利益、当地社区利益、环境利益、社会弱者利益及整个社会公共利益等内容，既包括自然人的人权尤其是社会权，也包括法人和非法人组织的权利和利益。

所有的企业其社会责任一般可以划分为四个部分，即经济责任、法律责任、伦理责任、环境责任。企业履行社会责任是对企业基本的管理伦理要求，企业作为一个社会组织单位，首先必须是一个经济主体，这并不意味着企业就应该以赢利为唯一目的。企业在履行社会经济职能之外，还是一个社会性实体。企业不但要对自己的经济赢利负责，还要对社会全体负责。企业不能自觉地承担社会责任，回避甚至逃避社会责任都将为社会所不容，这样的企业也是不会有发展前景的。社会责任必须被纳入到企业管理伦理的视野当中，在企业管理的全过程都必须体现一定伦理维度的社会责任要求，企业的社会责任是企业管理的伦理诉求。

在当前经济全球化的背景下，构建基于社会责任的企业管理伦理是增强企业核心竞争力的重要途径。市场经济从本质上说是竞争经济，企业作为一个经济主体，要在市场当中生存，就必须具备自身特有的核心竞争能力。这和企业自身营造的企业文化密切相关，它牵涉到企业的核心经营理念及企业的经营文化价值观念。而这种在企业文化基础上建立的企业核心竞争能力就集中体现着企业对社会责任的道义承诺。卓越的企业往往在理性竞争当中不会仅仅停留在对企业赢利的单纯目的追求，而是表现为对一般性社会责任的自觉承担，甚至是为了人类更加自由美好的社会生活而奉献。企业自觉肩负社会责任，不但有利于企业管理伦理和企业文化的成熟构建，而且有利于企业形成良好的社会声誉，形成自身独特的核心竞争力，获得全面的可持续发展。

3.3.2 管理道德

管理道德作为一种特殊的职业道德，是从事管理工作的管理者的行为准则与规范的总和，是特殊的职业道德规范，是对管理者提出的道德要求。对管理者自身而言，可以说是管理者的立身之本、行为之基、发展之源；对企业而言，是对企业进行管理价值导向，是企业健康持续发展所需的一种重要资源，是企业提高经济效益、提升综合竞争力的源泉。可以说管理道德是管理者与企业的精神财富。原则是指个人的道德原则，它们可以与社会的准则和法律一致，也可以不一致。这种管理道德观强调个性和个人英雄主义，认为人如果压抑自己，不充分施展和发展自我，违背自己内心的是非观，是不道德的。

企业经营管理者的道德境界和诚信意识，是企业诚信建立的必要条件。一方面，企业经营管理者的诚信对企业诚信的建立具有巨大的示范和导向作用。正如美国著名的管理与组织伦理专家林恩·夏普·佩因所分析的："由组织领导首先示范很可能是建立和维持组织信誉最重要的因素。显然，企业雇员会首先观察传达组织伦理标准的直接上级所做的示范。通常，拥有大量权利的个体行为对塑造公司的伦理姿态关系重大，因为他们的行为能够传递的信息比写在公司伦理声明中的信息要明确得多。"另一方面，在企业的经营管理中，企业各项制度、政策中体现着经营管理者的道德观，并把它融入企业组织结构之中，从而确保组织员工有足够的机会、能力和动机进行负责的活动。同时，企业经营管理者是企业的代言人，他们的诚信行为直接关系着企业的诚信形象。

企业的发展前景有赖于管理层对公众不断变化的期望的满足程度，管理者必须从利益相关者的角度来看待企业，只有这样才能获得持续的发展。无数中外管理的实践证明，企业的成功离不开利益相关者，利益相关者也同样需要企业，管理伦理应该是企业履行与利益相关者长期隐形契约的内在要求。企业必须以社会道德伦理规范为依据，认真处理好与利益相关者的关系，实行利益相关者的管理。

管理者是管理道德的主体，管理道德是对管理者行为的规范和制约，一个合格的管理者也必然是一个有道德的管理者，做有道德的管理者，应该是每一个管理者的职业准则。在当今时代，管理者和企业应注重开展和加强管理道德培育，提高管理者的管理道德，使管理者有所为、有所不为。养成良好的管理道德行为，才能有效地提升企业管理水平，获取更大的效益，实现长效发展。

【管理案例】

管理者的道德行为直接影响企业诚信形象

位于得克萨斯州的 Radio Shack 公司，其定位的品牌口号是"您有了问题，我们帮您解决"。2006 年 2 月初发生的事件起源于一则新闻，"公司 CEO 埃德蒙森声称获得了两个学位，但未经官方认可"。文章还报道，经调查显示，埃德蒙森两次被指控酒后驾车，但并没有定罪。此外，文章还说他被任命为 CEO 后不久，就因为第三次酒后驾车被逮捕了。

1994 年埃德蒙森加盟 Radio Shack 后，公司开始一步步上升，1998 年成为了一名高层管理者。在 2000 年他被任命为公司的总裁。2005 年 1 月，Radio Shack 的董事会宣布，埃德蒙森担任公司的最高职位。在他担任 CEO 的 13 个月中，公司一直在努力改变销售不畅和股价低迷的状况。新闻报道刊登后三天，埃德蒙森在与投资商的电话会议中做出了两次道歉：一次是为公司的绩效，另一次是因为他隐瞒了自己的教育背景。随后，他宣布公司的一项计划，包括关闭公司7000家店中的400~700家，减少存货中滞销的产品。他也重申，他会继续留任公司的CEO，而股票市场中Radio Shack的股票价格跌至三年来的低点。在那天稍后的电话新闻发布会上，埃德蒙森在被问及关于公司是否解雇了其他简历作假的员工的问题时，他说："我不想对此发表评论。"他拒绝就其行为是否违反公司的道德标准发表意见。在这个时候，Radio Shack的董事会仍然表示支持他们的CEO。但是，2016年2月21日，埃德蒙森辞职了。董事长罗伯茨宣布了埃德蒙森的辞职，声明这是一个艰难的抉择，是董事会和埃德蒙森共同协商的结果。他说："当公司的信誉依赖于个人的时候，是时候进行变革了。"尽管Radio Shack的情况似乎已成定局，但之后又爆发了有关埃德蒙森离职金的新问题。按照有关文件的规定，除了应支付的工资外，埃德蒙森至少会获得103万美元的现金。Radio Shack公司没有披露离职金的总价值，但它包括四个月的保险金以及行使股票期权和股票奖励的权利。作为一个企业，最重要的事情之一就是要诚实和信任，管理者的道德准则直接影响到公司的利益相关者。

（资料来源：http://baike.baidu.com）

3.3.3　社会责任与经济绩效

组织是个相对独立的开放系统，在与外界环境的相互作用中，很重要的一条是需要予以强调的，即社会责任和管理道德。对社会责任的强调要求企业改变以往单纯生产产品和提供服务的功能，要主动承担一定的社会责任，不能单纯地追逐经济绩效。对管理道德的关注则提出高层管理者有责任去创造一个能使个人和组织都更好地尽其社会责任的气氛。经济全球化促使世界各国之间的商品和生产要素，包括技术、劳动力、资本、信息等在全球范围内自由流通和配置。全球化的实践主体是企业，随着经济交往的深入，中西企业在道德伦理上的冲突是不可避免的。

经济责任是企业最根本的存在价值。企业之所以存在，是为了与市场一起更好地实现经济责任。对于企业来说，努力提高经济效益、创造财富，促进国家和地方经济发展，有效率地提供合格产品和服务，实现可持续发展和强调继续与创新是企业的主要使命。企业经济责任完成得好坏，一方面决定了企业自身的经济收益；另一方面也对国家和地方经济发展、财富的积累发挥重要作用。企业的盈利目的与国家财富积累是一致的，因此，企业在这些方面的经济责任是消费者充分认可的。企业发展的过程中，出于成本的考虑，可能会出现产品质量和服务质量低下的情况，这虽然可能会导致消费者对企业的信任产生危机，从而影响企业的可持续发展，但由于企业与消费者之间的信息不对称，有些企业仍然会选择短期利益最大化的做法，通过不道德地降低产品和服务质量的方式节约成本，影响消费者的利益。这种问题在目前受到公众和企业的充分重视，而且企业尤其是品牌企业也日益意识到提供合格和高质量的产品及服务有利于自身的可持续发展，从而更加致力于提高产品和服务的质量，并通过创新来提高企业绩效，获取消费者的认可。

企业在经济责任的各方面努力中，给消费者留下了较深刻的印象。企业实现经济责任的努力越大，其消费者可见性越强。同时，企业经济责任行动的合理性也受到广大公众的认可,虽然部分企业的非道德行为导致过分追逐经济利益的行为被消费者所批评,但是随着社会的发展,企业道德发展也呈现良性发展的趋势,因此企业经济责任行动的努力越大,其合理性也会越受到消费者的认可。企业对于其经济责任的持续追求也是被广泛认可的,因此企业经济责任行为越多,消费者对其适时性的评价越高。从企业经济责任努力的适度性评价来说,虽然目前有些企业家认为过度的经济发展会带来企业管理能力的不匹配,导致企业不能可持续增长,但是在日益激烈的市场竞争中,企业唯有不断努力,才能使自身立于不败之地。

经济全球化对我国传统企业的道德规范、道德意识以及企业家精神都产生了不同程度的冲击,企业员工也面临"义与利"等问题的困惑。当然,面对这些无法回避的冲突,我们应该积极应对,争取主动,构建符合中国特色的企业管理伦理,使我们的企业在全球化经济浪潮中立于不败之地。

▲ 思考题

1. 管理者角色的内涵是什么?
2. 如何适应组织管理者角色的需要?
3. 什么是组织环境?
4. 企业的组织环境分哪几类?各类环境构成要素有哪些?
5. 何谓组织文化?简述组织文化的功能。
6. 简述企业社会责任。
7. 举例说明管理道德对企业或组织持续发展的影响。

▲ 百家争鸣

星巴克的转变

星巴克咖啡是1971年4月由 J. Baldwin, G. Bowker, Z. Sieg 三人共同出资成立的,其前身仅仅是一家位于美国西雅图派克地市场的销售咖啡豆、茶叶以及香料的小型零售店。1983年,现任的星巴克总裁霍华德·舒尔茨,当时是星巴克的一名销售管理人员,他在一次欧洲之旅后,决定将意大利式咖啡馆的饮品以及相关经营模式引入美国。但其经营理念与星巴克高层发生冲突,舒尔茨于1985年离开了星巴克,自立门户开了一家意式的每日咖啡馆,使用星巴克烘焙的咖啡豆来制作意大利式咖啡。1987年,星巴克发生财政危机出售,舒尔茨筹资购买了星巴克,并且将其改名为星巴克公司(Starbucks Corporation)。从这个时候开始,星巴克才逐渐从西雅图的小咖啡烘焙兼零售商,逐渐发展为目前全美最大的咖啡连锁店。

星巴克在短短30多年的时间中创造了世界上最具价值的品牌之一,是世界领先的特种咖啡的零售商和品牌拥有者。目前公司已在北美、拉丁美洲、欧洲、中东和太平洋沿岸等地区拥有超过16 000多家咖啡店,拥有员工超过150 000人。长期以来,星巴克一直致力于向顾客提供最优质的咖啡和服务,营造独特的"星巴克体验",让全球各地的星巴克店成为人们除了工作场所和生活居所之外温馨舒适的"第三生活空间"。星巴克的崛起在于其添加在咖啡豆中的一种特殊的配料:人情味儿。星巴克自始至终都贯彻着这一核心价值。这种核心价值观起源并围绕于人与人之间的"关系"的构建,以此来积累品牌资产。霍华德·舒尔茨相信,最强大、最持久的品牌是在顾客和合伙人心中建立的。品牌说到底是一种公司内外(合伙人之间,合伙人与顾客之间)形成的一种精神联盟和一损俱损、一荣俱荣的利益共同体。

星巴克负责饮品的副总裁米歇尔·加斯说："我们的文化以情感关系为导向，以信任为基础，我们所说的伙伴关系涵盖了这个词所有的层面。这种情感关系非常有价值，应该被视为一个公司的核心资产即公司的客户、供货商、联盟伙伴和员工网络的价值。"从咖啡馆到咖啡王国，星巴克证明了与客户的良好关系和看得见的资产一样重要。星巴克要打造的不仅是一家为顾客创造新体验的公司，更是一家高度重视员工情感与员工价值的公司。霍华德·舒尔茨将公司的成功在很大程度上归功于企业与员工之间的"伙伴关系"。他说："如果说有一种令我在星巴克感到最自豪的成就，那就是我们在公司工作的员工中间建立起的这种信任和自信的关系。"星巴克的关系模式也向供应链上游延伸到供货商们，包括咖啡种植园的农场、面包厂、纸杯加工厂等。星巴克对供应商的挑选、评估等程序相当严格，星巴克花费大量人力、物力、财力来开发供应商，能够力保与供应商保持长期稳定关系，这样一方面可节约转换成本，另一方面可避免供应商调整给业务带来的冲击。副总裁 john yamin 说："失去一个供应商就像失去我们的员工——我们花了许多时间和资金培训他们。"公司不断地通过各种体现企业社会责任的活动回馈社会，改善环境，回报合作伙伴和咖啡产区农民。鉴于星巴克独特的企业文化和理念，公司连续多年被美国财富杂志评为"最受尊敬的企业"。

（资料来源：https://www.starbucks.com.cn）

讨论：
1. 星巴克咖啡从美国到欧洲再进入全球市场的独特之处表现在哪里？
2. 星巴克咖啡在创造品牌过程中如何体现企业社会责任？
3. 星巴克独特的企业文化和改善环境回馈社会的理念给我们哪些启示？

第4章 计划

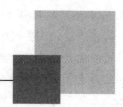

【引导案例】

海尔公司战略计划的演变

从1984年创业至今,海尔经历了五个发展战略阶段:名牌战略阶段、多元化战略阶段、国际化战略阶段、全球化品牌战略阶段、网络化战略阶段。

第一阶段(1984—1991年):名牌战略阶段

在名牌战略阶段,海尔抓住改革开放的机遇,改变员工的质量观念,提高员工的质管素质,以过硬的质量创出冰箱行业第一个中国名牌。

1985年,海尔还处在中国经济的短缺时代,电冰箱市场"爆炸式增长",但仍然供不应求,很多厂家没有动力提高品质,注重产量但不注重质量。别的企业年产量都已经百万台了,海尔才不到十万台。海尔大胆提出"要么不干,要干就要争第一"的理念,以为用户提供高质量产品为目标。

第二阶段(1991—1998年):多元化战略阶段

1991年开始,海尔进入多元化战略阶段。借着邓小平南行讲话的机遇,海尔兼并了18家亏损企业,从只生产冰箱一种产品发展到多元化产品,包括洗衣机、空调、热水器等。

海尔冰箱已做到第一,在管理、企业文化方面有了可移植的模式。海尔的兼并与众不同,并不去投入资金和技术,而是输入管理理念和企业文化,用无形资产盘活有形资产,以海尔文化激活"休克鱼"。这样,海尔在中国家电行业奠定了领导地位。

第三阶段(1998—2005年):国际化战略阶段

20世纪90年代末,海尔进入国际化战略阶段时正值中国加入WTO,很多企业响应中央号召走出去,但出去之后非常困难,又退回来继续做品牌。海尔认为"国门之内无名牌""不是出口创汇,而是出口创牌"。首先进入发达国家创名牌,再以高屋建瓴之势进入发展中国家。这样,海尔逐渐在国际上树立品牌,成为中国品牌走向全球的代表。

第四阶段(2005—2012年):全球化品牌战略阶段

从2005年开始,海尔进入全球化品牌战略阶段,全球化与国际化相比,主要不同在于其核心是本土化。海尔创立自主品牌,在海外建立本土化设计、本土化制造、本土化营销的"三位一体"中心,员工都是当地人,更了解当地用户的个性化需求。

这个阶段的标志事件是2012年海尔收购三洋公司在日本的电机,在东南亚的洗衣机、冰箱等多项业务,成功实现了跨文化融合。之后,海尔还成功并购新西兰高端家电品牌斐雪派克(Fisher & Paykel)。

第五阶段(2012—2019年)：网络化战略阶段

网络化战略阶段，海尔从传统制造家电产品的企业转型为面向全社会孵化创客的平台，致力于成为互联网企业，颠覆传统企业自成体系的封闭系统，将其变成网络互联中的节点，互联互通各种资源，打造共创共赢新平台，实现攸关各方的共赢增值。

为此，海尔在战略、组织、员工、用户、薪酬和管理六个方面进行了颠覆性探索，打造出一个动态循环体系，加速推进互联网转型。

(资料来源：http://www.haier.net/cn/about_haier/strategy)

海尔公司根据外部环境的变化，以及内部资源和能力的变化，每隔六年左右的时间，就会调整组织的目标以及实现目标的战略。目标和战略引领组织不断地发展和壮大。确定目标和战略是计划职能之所在。计划职能是管理的首要职能，很重要。因此，本章主要介绍计划职能的相关理论、拟定计划的主要工具和技术，以及介绍战略管理的相关理论。

4.1 计划概述

要理解和掌握计划的理论体系，首先需要认识什么是计划、计划在管理学中的地位及其主要类型，本节介绍这些最基本的内容。

4.1.1 计划的含义

计划有名词(plan or plans)、动名词(planning)、动词(plan)之分。

第一，作为名词，计划有多种解释。计划是指人们决定要实现的目标，即计划与目标同义。例如，小米公司的计划是要做顶级的智能手机。计划是指未来活动的行动方案，即计划与行动方案同义。例如，阳光公司为了促进销售，拟定了一个营销计划。计划是指如何达成目标的文件。例如，联想集团制订了五年发展计划。综上所述，计划是指组织未来的目标，以及如何达到组织未来目标的行动方案。

第二，作为动名词，计划是指计划职能。具体来讲，是指设置组织目标、制定达成组织目标的战略以及设计方案，以整合和协调各项工作活动[①]。计划职能，在有些场合也称为计划工作。

第三，作为动词，计划是指做计划或者做规划，履行计划职能。

4.1.2 目标和方案

目标和方案是计划中的两项重要内容。目标(goals, objectives)是指个人或组织未来志在获得的结果，是计划的根本内容。目标引领管理决策，是衡量工作业绩的标准。只有目标确定之后，才能拟定如何实现目标的行动方案，规定达到目标的具体时间，制定考核员工业绩的标准。方案(plans)是指达成未来目标的方法。它通常包括为达成目标，资源如

---

① Stephen P. Robbins, Mary Coulter. Management[M]. 北京：清华大学出版社，2013.

何分配,时间如何安排,应该采取哪些必要的措施,等等。

设置合理的目标和方案需要注意以下事项:第一,目标不能面面俱到。组织的工作千头万绪,组织越大,业务越多,管理者需要解决的问题也就越多。管理者确定组织目标时,不能面面俱到,必须善于抓住关键问题,以确定合理的、合适的组织目标。例如,波音公司原来是生产军用飞机的制造商,但它却成功转型为商用民航客机的航空制造业的巨头。促进其成功转型的一个关键因素是,在千头万绪的业务中,将提供优质顾客服务确定为管理者和员工努力工作的目标。第二,目标不能太高,但是目标应适当地高于员工的能力,有一定程度的挑战性。太高的目标,往往让员工有不胜任感,因而不能对员工的行为起到激励作用。然而设定的目标应该略高于员工的能力,有一定程度的挑战性。也就是说,员工通过努力,目标可以达成。第三,设定的目标应具有递进性。根据超Y理论的基本观点,确定的目标应具有递进性。一个目标达成后,可以激起员工的胜任感,使之为达到新的、更高的目标而努力。

4.1.3 计划的重要性

(1) 管理的首要职能

计划是管理的首要职能,它确定组织未来的目标和达成组织未来目标的行动方案。计划确定组织各部门、各成员的行动方向,确定组织各部门、各成员将要做什么、如何做,等等,这就使得组织各部门、各成员忙而不乱。如果组织没有计划,就没有了目标,没有了行动的方向,组织内各部门的活动会出现一片混乱,最终导致组织的衰败,甚至灭亡。

(2) 降低不确定性的冲击

未来变化多端,风险和不确定性往往会给组织的经营管理造成破坏性影响。这迫使管理者在确定组织未来的目标和达成组织未来目标的行动方案时,不得不考虑变化,以及考虑变化的影响,设计预案以应付变化,降低不确定性的冲击。

(3) 避免重复性活动和资源浪费

计划对组织的各项活动进行了周密的布置和安排,即什么人在什么时间、什么地点做什么事,如何做,使用什么资源,以及使用多少资源,在计划中都有明确的、具体的说明和规定。各项活动按计划展开,就可以避免重复性活动,同时可以避免资源乱领乱用造成的浪费。

(4) 便于控制

计划设定的目标和行动方案,是控制的标准。当管理者履行控制职能时,他们关注计划的方案是否在贯彻,计划的目标是否在达成。如果实际的活动偏离了计划,管理者就会采取有效措施,纠正偏差。

4.1.4 计划的类型

从不同的视角,计划可分为多种类型。

(1) 战略计划和作业计划

从广度看,计划分为战略计划和作业计划。战略计划(strategic plans)是指管理者为确定整个组织的目标,以及确定达成目标的战略而做的规划。战略(strategies)是指为了达成组织的目标，在业务上，组织做什么以及如何做，如何获得竞争优势，以及如何吸引顾客和满足顾客的行动方案。战略计划涉及组织的总目标；涉及领域宽，但不涉及具体细节；时间跨度长，通常在三年以上。作业计划(operational plans)是指组织内部某个作业领域的计划。它涉及某个作业领域的目标；涉及领域窄；涉及如何达到目标的具体细节；时间跨度短，如天、月、季、年。

作业计划的内容可以概括为5W1H，包括：What to do——做什么？例如，公司生产什么产品？生产的数量是多少？Why to do it——为什么做？例如，公司生产该产品的目的是什么，要达到什么目标？When to do it——何时做？例如，公司在什么时间生产该产品，在什么时间完成规定的产量？Where to do it——在哪里做？例如，公司在什么地方生产该产品？Who to do it——谁去做？例如，公司生产该产品由谁负责？How to do it——如何做？例如，公司生产该产品采用什么工艺？采用什么技术？是自己做，还是外包给别人做？

战略计划与作业计划的涵义和外延存在区别和联系。一是计划目的不同。战略计划旨在建立组织的总目标，以及确定组织在环境中的地位，而作业计划旨在规定达到某个作业领域目标的细节方案。二是计划重点不同。战略计划关注的重点是确定组织总目标，而作业计划关注的重点是如何达到某个领域目标的细节方案。三是时间跨度不同。战略计划时间跨度长，而作业计划时间跨度短。四是涉及范围不同。战略计划涉及范围宽，而作业计划涉及范围窄。但是，战略计划与作业计划之间也存在着联系。战略计划规定了作业计划的任务，而作业计划是为战略计划目标的达成而服务的。

(2) 短期计划、中期计划和长期计划

从时间长度看，计划分为短期计划、中期计划、长期计划。短期计划通常是指一年或不足一年的计划。长期计划通常是指三年以上的计划。中期计划是指介于短期计划与长期计划之间的计划。

(3) 指令性计划和指导性计划

从明确性看，计划分为指令性计划和指导性计划。指令性计划是指规定了明确目标和行动方案的计划。其目标和行动方案清清楚楚，不存在含糊不清的问题。指令性计划令管理者和员工必须执行它，且不能做出任何改变。指导性计划是指没有规定明确目标和行动方案，而仅有指导方针的计划。组织的环境具有高度不确定性，指导性计划便于管理者灵活应付意想不到的变化。

(4) 高层管理计划、中层管理计划和基层管理计划

从制订计划的组织层次看，计划分为高层管理计划、中层管理计划和基层管理计划。高层管理计划是由高层管理者制定的，它涉及组织整体的、长远的目标设定和安排，通常属于战略计划。中层管理计划是由中层管理者制定的，它既涉及各部门分目标等具有战略性质的内容，也涉及各部门工作方案等具有作业性质的内容。基层管理计划是由基层管理者制定的，它涉及每个岗位、每个员工，以及每个工作时间单位的工作安排，基本上属于作业计划。

4.2 目标管理

管理者尤其是作为领导者的管理者,要制订计划,确定目标,让各部门、各人在计划任务中,各就其位、各司其职、各负其责、各尽其能。目标管理有助于作为领导者的管理者更好地履行计划职能,因此,本节重点介绍目标管理理论和方法。

4.2.1 设定目标的传统方法

设定目标的传统方法基于这样一个假设:高层管理者能够纵观组织的全貌,最了解应当设立什么目标。因此,由上级给下级规定目标,即高层管理者设定总目标,然后分解成子目标落实到组织的每个层次上。这是一个单向的沟通过程,目标的设定没有下级的参与,因此,目标很难对下级起到激励的作用。而且,这种自上而下设定的目标,往往是定性目标,例如,"取得市场领导地位""获取丰厚的利润""比竞争对手以更有利、更有效的方式满足顾客的需要"等,这些定性目标缺乏可操作性。

4.2.2 设定目标的现代方法——目标管理

美国管理大师彼得·德鲁克(Peter F Drucker)于 1954 年在其名著《管理实践》(*The Practice of Management*)中最先提出"目标管理"的概念,其后他又提出"目标管理和自我控制"的主张。德鲁克认为,并不是有了工作才有目标,而是相反,有了目标才能确定每个人的工作。

(1)目标管理的含义

目标管理是指以目标为导向,以人为中心,以成果为标准,促使组织和个人取得最佳业绩的现代管理方法。具体来说,目标管理是指管理者和员工共同确定具体的绩效目标,定期检查完成目标的进展情况,根据完成目标的进展情况而确定奖励和惩罚的现代管理方法。目标管理在当前管理实践中有时也被称为成果管理或责任制。

(2)目标管理的操作方法

德鲁克认为,"企业的使命和任务,必须转化为目标"。如果一个领域没有目标,这个领域的工作必然被忽视,因此,管理者应该通过目标对下级进行管理。目标管理的具体做法一般分为三个阶段:第一阶段,设置目标;第二阶段,重视实现目标的管理过程;第三阶段,评估和总结。

第一阶段:设置目标

设置目标是目标管理最重要的阶段,它可以细分为如下 3 个步骤:第一步,确定总目标。这个总目标可能是由上级提出的,上级提出总目标后,再同下级讨论;也有可能是由下级提出的,下级提出总目标后,再提交上级批准。第二步,确定分目标。高层管理者与下级共同商定了组织的总目标之后,还必须与各部门管理者和员工展开协商,对总目标进行有效分解,转变成各个部门以及各人的分目标。在目标分解的讨论中,管理者需要注意如下四点:①上级要尊重下级,倾听下级的意见;②分目标要具体量化,便于考核;③分目标应略高于执行者的能力,既要有挑战性,又不能太高,要有实现的可能性;④各部门和各个人的分目标，要和其他部门和其他个人的分目标相协调。第三步，上级和下级就实现各项分目标所需的条件，以及实现分目标后的奖惩事宜达成协议，形成文字契约。在达成的协议中，上级应授予下级相应的权力，做到权、责、利相统一。

第二阶段：重视实现目标的管理过程

目标管理重视结果，在实现目标的过程中，强调自我管理和自我控制。但是，这并不等于领导者可以放手不管。因为组织目标已经被层层分解，形成了环环相扣的目标体系。如果一环失误，可能牵动全局。因此，在目标实现过程中，领导者的管理是不可缺少的，例如，领导者应进行定期检查，上级应向下级通报完成目标的进展情况，上级应帮助下级解决其目标实现过程中出现的困难问题。当意外事件发生，严重影响组织目标实现时，相关部门或人员也可以通过一定的手续，修改原定的目标。

第三阶段：评估和总结

到预定的期限后，首先，下级进行自我评估，提交书面评估报告；其次，上下级共同考核目标完成情况，根据完成目标的进展情况而确定奖惩；最后，上下级讨论下一时期的目标，开始新循环。

(3) 目标管理的特点

与传统管理方式相比，目标管理有鲜明的特点。

①重视和尊重人　目标管理是一种参与的、民主的、自我控制的管理制度，也是一种把个人需求与组织目标结合起来的管理制度。在这一制度下，上级与下级之间相互平等、相互尊重、相互依赖、相互支持，下级在承诺目标和被授权之后是自主、自觉和自治的。

②建立目标锁链和目标体系　所谓目标锁链，是指自上而下，组织目标层层分解、环环相扣；自下而上，目标层层保证，相互支持而形成目标体系。目标管理通过专门设计的过程，将组织的整体目标逐级分解，转换为各单位、各员工的分目标。在目标分解过程中，权、责、利三者已经明确，而且相互对称。这些分目标方向一致，环环相扣，相互配合，形成协调统一的目标体系。只有每个员工完成了自己的分目标，整个组织的总目标才有完成的希望。

③重视结果　目标管理以制定目标为起点，以目标完成情况的考核为终点。工作结果是评定目标完成程度的标准，也是人事考核和奖评的依据，成为评价工作绩效的唯一标准。至于完成目标的具体过程、途径和方法，上级并不做过多干预。所以，在目标管理制度下，监督的成分很少，而控制目标实现的能力却很强。

(4) 目标管理的实施过程

目标管理实施过程包括四个要素：①目标明确。例如，降低成本5%，保证退货率低于销售额的6%。②共同参与。上下级共同参与决策和制定目标。不是像传统的目标设定那样，完全由上级设定目标和分派目标给下级，而是上级和下级共同参与目标的设定，并且就如何实现目标达到一致意见。③规定期限。例如，在12个月内某生产车间完成规定的生产任务。④绩效反馈。管理者将实现目标的进展情况反馈给个人，以便其能够调整自己的行动。

(5) 目标管理的优势与存在的问题

目标管理的主要优势包括三个方面：①组织内易于度量和分解的目标，会带来良好的绩效；在技术上具有可分性的工作，由于责任、任务明确，目标管理常常会获得良好的结果。②能调动员工的主动性、积极性、创造性。这主要是因为员工参与了目标的制定；目标既有挑战性，又有实现可能性；根据目标完成进展情况给予奖罚。③能促进意见交流和相互了解，改善人际关系。这主要是因为目标管理强调上下级共同参与决策和制定目标，强调员工的自主、自觉、自治。

目标管理容易出现的问题主要包括：①科学目标的制定有难度。这是因为组织内的许多目标难以定量化、具体化；许多团队工作在技术上不可分解；组织环境的可变因素越来越多，变化越来越快；组织的内部活动日益复杂，使组织活动的不确定性越来越大。②在许多情况下，目标管理所要求的承诺、自觉、自治的气氛难以形成。并且，人有"机会主义本性"。所谓"机会主义本性"，即损人利己的本性。新制度经济学家威廉姆森认为，人们在经济活动中总是尽最大能力保护和增加自己的利益。机会主义行为会降低管理绩效，使目标难以达成。③目标商定可能增加管理成本。目标商定需要上级和下级沟通，统一思想，这很费时间。并且，每个单位、每个人都关注自身目标的完成，很可能忽略相互协作和组织目标的实现。④目标管理如何保证公正具有挑战性。在不同部门、不同人员之间目标管理没有设定统一的目标，因而部门之间的横向比较、员工之间的横向比较是困难的，很难保证部门之间、员工之间的公正性。

【管理案例】

刘总经理困惑的原因是什么？

北斗公司刘总经理在一次职业培训中学习了很多目标管理的内容。他对目标管理的方法很有兴趣。因此，他决定在公司内部实施这种管理方法。他首先为公司的各部门制定了工作目标。他认为，各部门的目标决定了整个公司的业绩，因此，应该由他本人为各部门确定较高的目标。目标确定之后，他就把目标下发给各个部门的负责人，要求他们如期完成，并口头说明：到达预定期限时，按照目标的完成情况进行考核和奖惩。但是，他没有想到，中层经理在收到任务书的第二天，就集体上书表示他们无法接受这些目标，因而，他的目标管理方案无法顺利实施。他感到很困惑。

刘总经理的目标管理方案为什么不能顺利实施呢？其根本原因在于他还没有掌握目标管理的精髓，导致他犯了如下的错误：第一，本质上，他还是采用传统的管理方法。也就是说，他作为高层管理者，独自设定总目标，独自将总目标分解成若干子目标，然后，将子目标落实到中层管理者。这是一个单向的沟通过程，目标的设定没有中层管理者的参与，因此，遭到中层管理者集体抵制。而目标管理的总目标和分目标是上级与下级共同协商确定的，是一个双向信息沟通的过程。第二，刘总经理忽视了下级的能力，将目标定得较高，因此，下级无法接受其目标管理的方案。正确的方法是目标略高于执行者的能力。目标既要有挑战性，又不能太高，要有实现的可能性。第三，刘总经理对下级的考核和奖惩仅停留在口头上，上级与下级之间没有就达成目标形成书面协议，因此，刘总经理不能对下级起到激励和制约作用。第四，刘总经理既没有给下级授权，也没有鼓励下级自我管理、自我控制。由于刘总经理没有掌握目标管理的精髓，结果，其目标管理方案不能顺利实施。

为了更好地实施目标管理，刘总经理必须遵循科学的目标管理方法和程序。第一，建立一套完整的目标体系。目标体系的建立，是一个上下级反复协商的过程，而不是由上级独自决定的。第二，制定的目标不要过高或过低。一般目标略高于执行者的能力水平。第三，目标既定，上级应给下级授权，鼓励下级自我管理和自我控制。第四，上级定期对下级目标的完成情况进行检查和评估，并且根据评估的结果，采取相应的奖惩措施。第五，目标管理预定的期限结束后，上级与下级展开新一轮的协商，制定新目标，开始新循环。

4.3 计划的方法

管理者制订计划既需要理论指导，又需要一些计划的方法，使计划具有精确性、科学性。因此，本节介绍几种常用的计划计法。

4.3.1 时间管理法

(1) 时间类型

时间是一种特殊的资源，一旦浪费了就再也不能恢复。因此，时间管理很重要。时间可分为响应时间(response time)和自由支配时间(discretionary time)。响应时间是指管理者花在应付下属的请求、顾客的需求，以及各种别人引发的问题而管理者不可控制的时间。自由支配时间是指管理者可以自由控制的时间，这部分时间是可以管理的。时间管理实际上是管理可自由支配的时间。

(2) 时间管理矩阵

管理者可根据活动的重要性和紧急性这两个变量，适当地安排时间。如图4-1所示，将时间重点安排在重要的活动上，也就是将时间重点安排在第一象限和第四象限的活动上。①当活动非常重要又非常紧急时，管理者必须马上安排时间做；②当活动非常重要但不紧急时，管理者可以延宕一段时间再做；③当活动非常紧急但不太重要时，管理者视情况而定，可以做，也可以不做，或者委托他人代做；④当活动不紧急又不重要时，管理者可以不做。

(3) 时间管理过程

有效的时间管理一般包括五个步骤：第一步，列出目标。你的目标是什么？第二步，识别各目标的优先级。你可能有多个目标，但是，并不是所有的目标都是同等重要的，你应按照目标的重要性分派优先级，确保你最重要的目标位于最高的优先级。第三步，列出达成每个目标所必须开展的活动。为了达成目标你必须做哪些具体事情？第四步，识别各活动的优先级。这一步，既要考虑活动的重要性，又要考虑活动的紧急性。例如，某项活动不重要，你可以授权让下级去做；某项活动不紧急，你可以延宕一段时间再做。但是，你必须识别哪些事情是你必须马上做的；哪些事情是你有时间将要做的；哪些事情是可以授权让别人去做的。第五步，根据你设定的活动优先级的次序，安排活动的日计划。每天早晨或前一天睡觉前，列出你认为当日必须做的、最重要的五件事情。然后，根据重要性和紧急性列出各项活动的优先级。

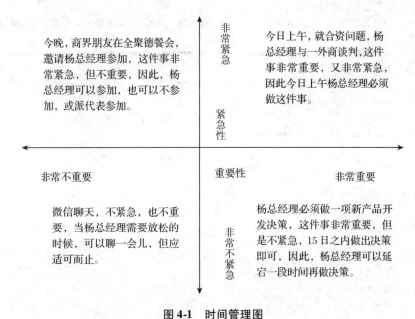

图 4-1　时间管理图

4.3.2　甘特图

美国工程师甘特于 1917 年发明了一种线条图，称为甘特图（Gantt chart）。甘特图在一个坐标轴上表示出计划的工作和完成的工作，在另一个坐标轴上表示出已经过去的时间。管理者能够随时看到计划的执行情况。因此，管理者能够利用它来进行计划和控制。在当时，它称得上是一项革命性的成果。甘特图以及它的各种改进，今天仍然广泛应用于各种组织，作为安排工作进度的计划工具。

例如，关于半连续热井施工项目工作进度的安排，管理者利用甘特图来进行计划和控制（图 4-2）。半连续热井施工项目由 15 项活动组成，依次列在纵轴上；完成每项活动计划的时间也列在纵轴上。项目完成的实际时间标在横轴上。每个小线段表示完成某项活动实际花费的时间，线段的长短代表所费时间的长短；向下的箭头，表示一项活动业已完成，开始下一项活动。从图上可以看出，有关工作人员按照计划安排，完成了半连续热井施工项目的各项任务。

4.3.3　项目评审技术法

（1）基本概念

为了清晰理解且掌握项目评审技术法，需要认识三个基本概念：项目（project）、子项目（subproject）、大型项目（program）。

"项目"一词最早于 20 世纪 50 年代在汉语中出现，是指在一定的约束条件下（主要是限定时间、限定资源），具有明确目标的一次性任务。项目是一件事情、一项独一无二的任务，也可以理解为是在一定的时间和一定的预算内所要达到的预期目的。项目侧重于过程，它是一个动态的概念。例如，我们可以把一条高速公路的建设过程视为项目，但不可

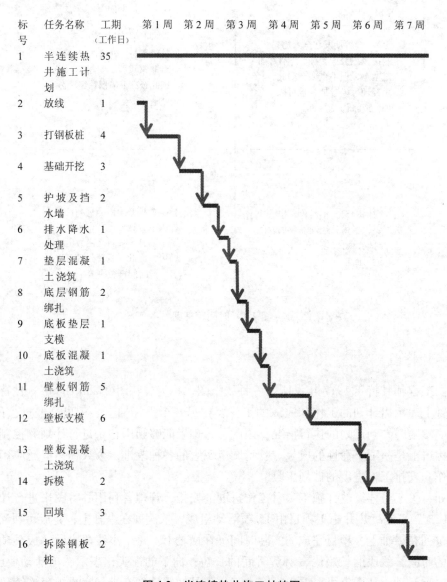

图4-2 半连续热井施工甘特图

以把高速公路本身称为项目。项目管理与日常运作(ongoing operations)相比,有明显的特征。如一次性、独特性、目标的明确性、组织的临时性、开放性和后果的不可挽回性,等等。

子项目是一个项目中更小的和更易于管理的部分。子项目与项目的特性相同,一般被视为项目。子项目常常分包给外部的承包商或内部的其他职能单位。例如,根据项目过程规定的子项目,譬如,一个项目阶段;根据人力资源技能要求规定的子项目,譬如,施工项目中的管道或电气设备安装;需要使用技术的子项目,譬如,软件开发项目中的计算机程序自动测试等。

大型项目通常是由若干个相互联系的或相似的项目组成,是以协调的方式管理,以获得单个项目不可能得到的利益的一组项目,也称为项目群(即相互联系的一组项目)。例如，三峡水利工程的建设过程就是一个项目群，它由若干个项目构成。通常大型项目的规模特别大，持续时间也相当长，但是，大型项目与项目的特性是相同的。一个大型项目可以包括很多项目，一个项目可以包括若干个子项目，子项目是项目的最小实施部分。

（2）项目评审技术过程

项目评审技术（program evaluation and review technique，PERT）是指利用 PERT 网络图，对项目所需要的时间或资源进行计划和控制的方法。在现代计划的编制和分析手段上，PERT 被广泛地使用，是现代化管理的重要手段和方法。例如，某大学拟建一座新的办公楼，下方为 PERT 在该案例实践的应用。

某大学的一座新办公楼的建筑过程是一个项目，它包括 11 个子项目（详细情况见表 4-1）。根据各子项目的相互关系、先后次序，将表 4-1 中的数据转化成一种似流程图的箭线图（图 4-3），即 PERT 网络图。下面对图 4-3 的绘制方法进行详细说明。

首先，确定各个子项目的相互关系、先后次序，绘制 PERT 网络图。子项目标在结束的那一点上，用圆圈表示；一个子项目至另一个子项目用箭头线表示；另一个子项目所需要的时间或资源标在其前方箭头线的上方或下方。

其次，确定富裕时间。富裕时间是指在不耽误整个项目计划的情况下，某个子项目或某几个子项目可以延宕的时间。例如，C→D→G，需要 95 天（50 天 + 45 天 = 95 天）。可是，C→E→G，仅需要 75 天（30 天 + 45 天 = 75 天）。C→F→G，也仅需要 75 天（30 天 + 45 天 = 75 天）。这样，C→E→G 和 C→F→G 均有可延宕时间 20 天（95 天 - 75 天 = 20 天），即有富裕时间 20 天。

最后，找到关键路径。关键路径指 PERT 网络中花费时间最长的子项目序列。在关键路径上没有富裕时间，沿着关键路径的任何延迟都直接延迟整个项目的完成期限。在图 4-3 中，该网络的关键路径需要 490 天（最长的子项目序列，从开始至 A→B→C→D→G→H→J→K）。

表 4-1　建筑办公楼的 PERT 网络表

子项目	描述	期望时间（天）	紧前子项目
A	审查设计和批准动工	90	
B	挖地基	60	A
C	立屋架和砌墙	120	B
D	建造楼板	50	C
E	安装窗户	30	C
F	搭屋顶	30	C
G	室内布线	45	D, E, F
H	安装电梯	40	G
I	铺地板和嵌墙板	40	D
J	安装门和内部装饰	30	I, H
K	验收和交接	10	J

注：当前子项目紧挨着前边的那个子项目，称为紧前子项目。

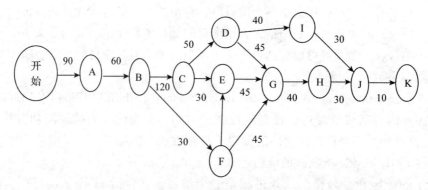

图 4-3　PERT 网络图

4.3.4　标杆法

标杆是指一个具体的先进榜样。标杆法是指企业或个人寻找一个具体的先进榜样，解剖其各项先进指标，研究其成功的原因，分析自身的问题，向先进榜样学习，最终赶上和超越先进榜样的方法。

标杆管理过程一般包括四个步骤。第一步，立标，即确定标杆，选择最佳的组织或对象，以此作为基准和学习对象。第二步，对标，即对照标杆分析，解剖其各项先进指标，研究其成功的原因，分析自身的问题，探索达到或超越标杆水平的方法与途径。第三步，达标，即改进落实，在实践中达到标杆水平。第四步，创标，即开发新的、更先进的实践方法，成为行业新标杆。

【管理案例】

小米科技公司的标杆管理

早在 20 世纪 70 年代美国施乐公司率先导入标杆管理并获得了巨大成功，此后许多企业开展了标杆管理的应用实践，均取得了骄人的业绩。20 世纪 90 年代后，在中国企业的管理实践中，标杆管理蔚然成风。大型国有企业引入标杆管理法，认为这是令企业做大、做强的有效管理方法。这一点已经成为企业界决策者的共识。不但如此，一些民营企业创业伊始就确立自己的标杆，并取得了骄人的业绩。例如，小米科技公司 2010 年 4 月成立之时，就选择了"紧跟苹果"的战略，将苹果公司作为其追赶的标杆。

苹果公司(Apple Inc.)是美国的一家高科技公司。由史蒂夫·乔布斯(Steve Jobs)、斯蒂夫·沃兹尼亚克和罗·韦恩(Ron Wayne)等人于 1976 年 4 月 1 日创立，并命名为美国苹果电脑公司(Apple Computer Inc.)。2007 年 1 月 9 日其更名为苹果公司，总部位于加利福尼亚州的库比蒂诺。苹果公司 1980 年 12 月 12 日公开招股上市，2012 年创下 6235 亿美元的市值记录，截至 2014 年 6 月，苹果公司已经连续三年成为全球市值最大的公司。在 2016 年世界 500 强排行榜中苹果公司排名第 9。中国消费者钟爱苹果公司及创始人乔布斯，因而，对苹果智能手机偏爱有加。

中国企业家渴望创造一个"中国的苹果"。小米科技公司顺势而为，以"紧跟苹果"的战略，将苹果公司作为其追赶的标杆。其创始人雷军也将乔布斯作为自己的偶像和标杆。小米科技公司及其创始人雷军有了自己的标杆，就有了前进的方向和目标，有了企业经营制胜的方法，创造了惊人的业绩。2011年8月首次推出智能手机，2012年就销售约700万部，创收约100亿人民币。随着小米手机的走俏，小米手机和其创始人雷军很快被冠以"中国版苹果"和"中国版乔布斯"的称号。根据2013年的财务数据，小米公司的市值已达40亿美元。如果小米能保持这样的增长势头，它有可能成为继阿里巴巴、百度、腾讯和网易之后，中国最有价值的科技公司之一。

（资料来源：赵文锴，《小米模式》，2014）

4.3.5 预算法

预算是数字化的计划，是用数字来表示预计的结果。预算对组织管理具有三方面重要作用：预算确定的各项指标或标准，是控制的依据；预算可以帮助各个部门及其成员了解自己未来的工作任务和职责，明确工作内容和权限，使管理者能更好地协调组织内部的活动；预算有助于改进主管人员的工作态度和工作作风。

预算内容极其丰富，其主要类型如下：收入预算，是指建立在收入预测基础之上的，用来规划未来销售收入的预算类型。支出预算，是指为取得未来的收入成果，规划各项活动所需要费用的预算类型。现金预算，是指用来规划组织未来生产与销售活动中现金流入与现金流出的预算类型。投资预算，又称资本支出预算，是指与企业战略及长期发展计划紧密联系在一起的预算类型。它通常涉及经营过程的多个阶段，投资预算的项目包括更新改造或扩充厂房、设备，等等。资产负债预算，是指规划企业将来某一特定时期的资产、负债及权益等账户的预算类型。

4.3.6 盈亏平衡法

很多数理技术都可以成为计划的工具，其中，盈亏平衡分析方法是常用方法之一。一个组织要想知道盈亏平衡，即既无利润也无亏损，必须卖出多少单位的产品，此时，盈亏平衡分析法就派上用场了。盈亏平衡分析法是一项应用广泛的技术，它能够帮助管理者制订利润计划（图4-4）。

盈亏平衡点的计算公式如下：

$$BE = \frac{TFC}{P - VC}$$

式中 BE——盈亏平衡点，指不亏不赚的销售量；
TFC——总固定成本，固定成本是指不随产品产量变化而变化的成本；
VC——单位可变成本，可变成本是指随产品产量变化而变化的成本；
P——产品单位销售价格。

例如，某大学校园内有多家复印社，市场竞争的结果是，每复印一张纸的市场价格是10分。某大学生也想在校园内开设一家复印社，事先他做盈亏平衡分析。购置复印机、租房等固定成本，每年是27 000元；购买纸张、墨盒以及雇佣工人等可变成本，每张为4分。请计算盈亏平衡点。

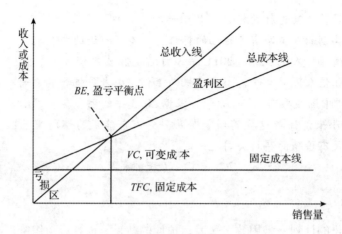

图 4-4 盈亏平衡分析图

根据以上公式进行测算,则盈亏平衡点为:

$$BE = \frac{27\,000}{0.10 - 0.04} = 450\,000(张)$$

也就是说,如果该大学生开设复印社,年销售量为 450 000 张,将保本经营,即不亏不赚;如果年销售量低于 450 000 张将亏本;如果年销售量高于 450 000 张就可以盈利了。

4.4 战略管理

市场需求日益变化,新技术日新月异,市场竞争日益加剧,这就迫使公司不得不注重战略管理,分析公司外部环境,分析内部优劣势,以识别公司可能具有竞争优势的机会。战略管理的重要性日益显现。因而,本节介绍公司战略管理的相关内容。

4.4.1 战略管理的含义

战略(strategies)是达成组织目标的行动方案。具体来讲,战略是指为了达成组织的目标,在业务上,组织做什么以及如何做,如何获得竞争优势,以及如何吸引顾客和满足顾客需求的行动方案。

战略管理(strategic management)是指管理者为制定组织的战略而进行的管理活动。例如,当其他计算机制造商通过计算机零售商向消费者销售计算机时,戴尔公司率先采用新的商业模式,即通过互联网,向消费者直接销售计算机。戴尔公司率先采用这种新的商业模式,就属于战略管理的管理活动。

4.4.2 战略管理过程

战略管理过程一般包括战略计划阶段、战略实施阶段、战略评估阶段三个阶段,涵盖了战略管理过程所经历的五个步骤(图4-5)。

第一阶段:战略计划阶段

战略计划阶段包括三个步骤:

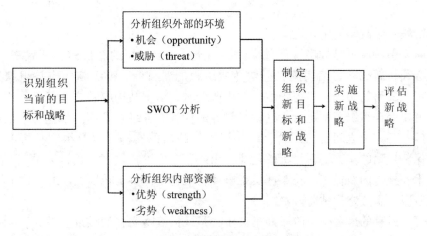

图 4-5　战略管理过程

① 识别组织当前的目标和战略　战略计划（strategic plans）是指管理者为确定整个组织的目标，以及确定达成目标的战略而做的规划。因此，管理者首先应当识别组织当前的目标是什么？达成组织目标的战略是什么？例如，从本章的引导案例中，我们可以看出海尔公司发展的每个阶段，其战略管理过程的第一步就是识别当前的目标和战略是什么。第一阶段是名牌战略阶段。其目标是创出冰箱行业的第一个中国名牌，其战略是以过硬的质量创出冰箱行业第一个中国名牌。第二阶段是多元化战略阶段。其目标是多元化，其战略是海尔兼并亏损企业，从只生产冰箱一种产品发展到多元化产品，包括洗衣机、空调、热水器等。第三阶段是国际化战略阶段。其目标是国际化，其战略是创国际化名牌，先到美国等发达国家投资设厂，然后进入发展中国家投资设厂。第四阶段是全球化品牌战略阶段。其目标是创全球化品牌，其战略是海尔创立自主品牌，在海外建立本土化设计、本土化制造、本土化营销的"三位一体"中心，员工都是当地人。第五阶段是网络化战略阶段，其目标是海尔从传统制造家电产品的企业转型为面向全社会孵化创客的平台，致力于成为互联网企业，其战略是颠覆传统企业自成体系的封闭系统，使海尔成为互联网企业，互联互通各种资源，打造共创共赢新平台，实现攸关各方的共赢增值。

② 做 SWOT 分析　管理者对组织当前的目标和战略进行了识别后，接下来就是做 SWOT 分析，其目的在于分析当前的目标和战略是否合适，是否应该做必要的调整，是否应该制定新目标和新战略。SWOT 是四个英文单词 strength（优势）、weakness（劣势）、opportunity（机会）、threat（威胁）的首字母组成的合成词。SWOT 分析包括两方面，一是分析组织外部环境，识别环境会给组织提供什么机会、造成什么威胁；二是分析组织内部资源和能力，识别组织有什么竞争优势（strength）、竞争劣势（weakness）。组织资源是指组织的资产，如财务资源、实物资源、人力资源、无形资产。组织能力是指公司在其经营的业务领域所具有的技能和能力。

③ 制定新目标和新战略　一般来讲，组织外部环境在变化，组织内部的资源和能力也在变化，组织当前的目标和战略已经不合时宜，管理者应该为组织制定新目标和新战略。新目标是组织志在获得的新结果。新战略应该能够充分利用组织的优势和外部环境提供的机会，克服其不足或改进其劣势，避免组织受到外部的威胁，从而使新战略有助于新目标

的达成。

第二阶段：新战略实施阶段

新战略实施阶段也是战略管理过程的第四步。一旦组织的新目标和新战略已经形成，管理者就必须将新战略付诸实施，以便达成组织的新目标。组织结构应与组织战略相适应，保证组织战略的实施。当组织战略发生改变时，组织结构应随之变革。组织结构一旦被确定，就要保证组织正常运行，这就是领导的任务。各级领导都应承担各自的职责，且促使各部门、各人员之间密切配合，以保证组织战略的实施，以及组织目标的达成。通常，为确保新战略的实施、新目标的达成，组织还需要进行技术变革、人员变革，雇佣具有某种技术和技能的新员工，将某些员工解雇，或将某些员工转换到新的岗位上。

第三阶段：新战略评估阶段

战略管理过程的最后一个阶段即第五步，是评估战略实施的结果。首先，管理者需要收集必要的信息，衡量实际业绩。管理者通常用四种信息来衡量实际的业绩：①个人观察。管理者到各部门走动，获取第一手资料。②统计报告。统计报告可清楚地显示各种数据之间的关系。不过，它对实际工作提供的信息是有限的。③口头汇报。口头汇报的信息，经过了人为过滤，统计是不完全的，但它是快速收集信息的一种方式。④书面报告。书面报告是正式的书面文件，比口头报告更准确、更全面。其次，管理者将实际业绩与标准之间进行比较。计划设定的目标和行动方案，是评估或控制的标准。通过比较，确定实际工作与标准之间的偏差，以及造成偏差的原因。最后，采取管理行动，纠正偏差。管理者应该评估和思考：新目标是否应该做必要的调整？新战略是否应该做必要的调整？

【管理案例】

如何"走出去"？

经过30年的发展，天福建筑公司已经成为当地知名的建筑业龙头企业。总结企业成功的经验，许多管理人员归结为天时、地利、人和。例如，外部环境提供了许多有利条件和机会，国家经济持续发展，与当地政府、银行、客户关系良好。内部资源和能力创造了许多竞争优势，例如，企业信誉良好、财务资产颇丰、员工素质良好，等等。

2015年3月伊始，国家实施"一带一路"战略。该战略将充分依靠中国与有关国家既有的双多边机制，借助既有的、行之有效的区域合作平台，高举和平发展的旗帜，积极发展与沿线国家的经济合作伙伴关系，共同打造政治互信、经济融合、文化包容的利益共同体、命运共同体和责任共同体。

在该战略下，会有许多建筑项目涌现，公司确立了"走出去"的目标，即确立了打破地区界限，成为全国乃至世界知名建筑企业的目标和愿景。当企业树立这样的目标和愿景并为之努力时，管理者发现曾经作为优势的"天时、地利、人和"似乎消失了。例如，沙特阿拉伯有一个政府建筑项目对外招商。当沙特阿拉伯有关政府官员与天福公司谈判时，让公司在5天内给出该项目的报价单。由于公司没有既精通阿拉伯语又懂建筑专业的人员，没能及时报价，因此，该公司没有获取该项目。该公司应该制定怎样的战略，方能实现公司"走出去"的目标呢？

从本案例中可以看出公司过去的成功来自天时、地利、人和，形成了公司的竞争优势。当公司确立的新目标是"成为全国乃至世界的建筑企业"时，在政府、银行关系，人员素质等方面，都不适应新环境，天时、地利、人和已经不再成为优势。因此，公司应分析外部环境、内部资源和能力；设计达成公司目标的新战略。从外部环境看，宏观经济景气，且国家实施"一带一路"战略，有助于企业对外投资。从内部资源看，公司也有一定的金融资本实力，具备进军全国市场乃至世界市场的经济基础。

公司面临的主要问题是公司缺乏高素质的人力资源。因此，公司管理者设计战略时，应该思考如何改善人力资源状况。例如，招聘和培训既懂外语又懂建筑专业的人才，以适应其开拓国际业务的需要；招聘和培训具有处理公共关系的人才，以处理公共关系事务；招聘和培训市场营销的人才，以开拓市场；招聘和培训技术人才，以胜任大型建筑项目等。

4.4.3 组织战略

组织战略有三种类型，即企业战略(corporate strategies)、竞争战略(competitive strategies)、职能战略(functional strategies)。一般来讲，高层管理者负责企业战略，中层管理者负责竞争战略，低层管理者负责职能战略[①]。

(1) 企业战略

企业战略是指公司决定拟从事什么业务，或者扩大什么业务，或者处理什么业务的战略。企业战略取决于组织目标，以及组织的每个事业(或业务)单位所扮演的角色。例如，联想集团的目标是成为具有全球竞争力的IT巨人。因此，联想确定的战略是从事开发、制造及销售最可靠的、安全易用的技术产品，不懈地帮助客户提高生产力，提升生活品质。①在国际市场上，联想2005年收购IBM全球个人电脑业务(包括ThinkPad电脑产品线)。这一收购举措，提升了联想在IT产业内的全球竞争力。联想秉承不断创新的精神和IBM个人电脑不断突破的传统，为客户提供优质的ThinkPad笔记本电脑和ThinkCentre台式机，并配备ThinkVantage Technologies软件工具、ThinkVision显示器和一系列PC附件和选件。②在国内市场上，凭借其领先的技术，易用的功能、个性化的设计以及多元化的解决方案而吸引中国用户。联想拥有针对中国市场的丰富的产品线，包括移动手持设备、服务器、外设和数码产品等。

企业战略主要包括增长战略、稳定战略、收缩战略。增长战略，是指企业追求提高组织运营水平的战略，往往是借助直接扩张、垂直一体化、水平一体化或多元化而实现企业增长，如增加销售规模、增加雇员、增加市场份额等。稳定战略，是指缺乏显著变化的企业战略，当环境稳定且管理者对组织的绩效满意时，管理者常常认为组织没有必要改变其战略，表现为企业做其当前正在做的事情，例如，面向相同的顾客提供相同的产品或服务，保持市场份额，维持投资回报收益等。收缩战略也称撤退战略，是指企业对那些没有发展潜力的业务，或者导致组织业绩下滑的、弱势的业务而进行处理的战略。

---

① Stephen P Robbins, Mary Coulter. Management[M]. 北京：清华大学出版社，2013.

【管理案例】

东芝的收缩战略

东芝(Toshiba)是日本最大的半导体制造商,也是第二大综合电机制造商。公司创立于 1875 年 7 月,原名东京芝浦电气株式会社。1939 年由东京电气株式会社和芝浦制作所合并而成,业务领域包括数码产品、电子元器件、社会基础设备、家电等。进入 20 世纪 90 年代,东芝在数字技术、移动通信技术和网络技术等领域取得了飞速发展,成功地从家电行业的巨人转变为 IT 行业的先锋。东芝全球市场除日本外分为四大区域,即欧洲、美洲、亚洲、中国。而中国是唯一以国家为单位的市场,也是继日、美之后,东芝最大的独立市场。

很长时间东芝都是"日本制造"的代表。相形之下,日立、松下和索尼等日本其他家电巨头,不过是后起之秀。可是,东芝经历了 141 年的辉煌之后,2016 年东芝似乎走到了崩溃的十字路口。

出售资产填补亏损已成为东芝的习惯。因财务造假深陷亏损,相继出售家电、医疗等业务。又因美国核电业务遭到巨额亏损,东芝情急之下,决定将其最具价值的资产,也就是芯片业务摆上货架出售。存储芯片业务是东芝的最后一个王牌业务。乍看一下,这像是不得不做的处置,但在半导体竞争日渐激烈的情况下,这或许反而会让东芝免于陷入另一个危机。

芯片业务正渐渐出现乌云,这个产业对供需平衡格外敏感。中国投入大量资金进入半导体业,预计这会使产能大增,影响价格和获利。类似的状况已经在煤炭业、钢铁业出现,在供给过剩的情况下,企业必须去产能才能生存。

在芯片技术快速发展的情况下,为跟上对手,制造商经常被迫投入大量资金,不断买进昂贵生产设备,以求升级。在考虑成本的情况下,制造商通常倾向继续生产,来创造营业收入,而不是减少供给,让供需平衡。然而,东芝公司反其道而行之,在局势正好时,脱手芯片业务,或许正让东芝得以避免未来潜在的麻烦。

(资料来源:http://mt.sohu.com/20170218/n481086097.shtml)

(2) 竞争战略

迈克尔·波特(Michael Porter)被称为"竞争战略之父",提出了三大竞争战略:成本领先战略(cost leadership strategy),是指通过低成本,降低商品价格,维持竞争优势。要做到成本领先,就必须在管理方面对成本严格控制。在与竞争对手进行竞争时,如果企业的成本低,产品价格低,而竞争对手已无利可图时,企业还可以获得利润。这样,在竞争中,企业就具有成本优势。差异化战略(differentiation strategy)又称别具一格战略,如果企业提供给市场的产品别具一格,或质量优良,或功能多,或款式新,或更加美观等,企业就可以获得差异化竞争优势。集中化战略(focus strategy)是指,如果某小企业主攻某个特定的客户群,或某产品系列的一个细分市场,或某一个地区市场,创造了超过在更广阔的业务范围内经营的大企业的竞争优势,那么,该小企业就获得了集中化的竞争优势。

(3) 职能战略

职能战略(functional strategies)是指各职能部门为支持竞争战略而采用的战略。例如，沃尔玛(Walmart)是世界上最大的零售商，其采用的竞争战略是成本领先战略。各职能部门均支持这一竞争战略。采购部门要求每位采购人员在采购货品时态度坚决，他们不是在为沃尔玛商店讨价还价，而是为顾客讨价还价，应该为顾客争取到最好的价钱。物流部门控制商品配送每个环节的成本。财务部门运用最先进的全球化信息网络，保证财务结算高效率，以降低财务成本。所有这一切都促成沃尔玛商店天天平价。

▲思考题

1. 什么是计划？为什么计划职能是首要的管理职能？
2. 战略计划与作业计划的关系怎样？
3. 什么是目标管理？目标管理有什么特点？
4. 目标管理实施过程中的四要素是什么？
5. 目标管理有哪些优点？有哪些缺点？
6. 战略管理过程经历哪些步骤？
7. 什么是标杆法？标杆管理经历哪些步骤？

▲百家争鸣

企业是否应该设计战略计划

企业是否应该设计战略计划，在学术界和产业界均存有争议。

有人强调战略计划的重要性，认为企业必须设计关乎其长期发展的战略计划。日本松下公司的实践支持了这个主张。松下幸之助是松下公司的创始人。1932年，在松下公司成立15周年之际，松下幸之助向员工阐述了松下公司的使命是通过制造像自来水一样价格低廉而供给丰裕的产品去克服贫穷，提高人们的福祉。为了未来完成这一使命，松下幸之助推出了一个250年的战略计划。这250年被分为10段，由10代人来执行。每段又分为3个阶段，即10年准备，10年发力，5年收官。无论250年战略计划的具体操作性如何，松下幸之助的长远眼光和宏大梦想激励了一代又一代的松下公司员工的奋斗精神，促进了松下公司的长期发展。

然而，有人则认为计划赶不上变化，未来充满了不确定性，设计战略计划徒劳无益。中国的娃哈哈集团有限公司的实践支持了这个主张。宗庆后是娃哈哈集团的创始人、董事长兼总经理。20世纪80年代末期，宗庆后亲自蹬着三轮车上街卖冰棍和汽水，他不曾怀着25年的梦想，甚至没有制订哪怕只有2.5年的战略计划。如今，数次引领中国富豪榜的宗庆后和他营业收入600多亿的娃哈哈集团到底有没有长期战略计划呢？按照宗庆后的说法，他根本没有5年或者10年的战略计划，顶多是下一年的作业计划。按照宗庆后的说法，你没办法预知10年之后的事情，市场变化那么快，你制订了也没有用。市场调研倒是要做，但是，宗庆后且行且看，且看且行。这么多年，一路走来，靠的是宗庆后个人敏锐的直觉和顺势而为的即兴发挥。娃哈哈集团有限公司没有长期的战略计划，其业务发展照样风生水起，其生意照样红红火火。

(资料来源：马浩，《管理决策》，2016)

讨论：
你认为企业设计战略计划有必要吗？为什么？

第 5 章 决 策

【引导案例】

是否卖掉公司的股份？

多年前，比尔(Bill)和他的朋友斯坦(Stan)共同在纽约布鲁克林区创办了一家经营隔音材料的公司。创业期间这家公司的日子十分艰难。但是，经过20多年的不懈努力，公司已经成长起来，事业蒸蒸日上，员工经验丰富、忠诚可靠，比尔和他的合伙人终于对公司的现状感到满意了。创业期的紧张和压力已经成为过去。

比尔向来精力充沛，喜欢挑战和变革。他想卖掉他在公司的那一半股份，重新创办一家公司。他与斯坦交换了看法，斯坦同意买下他的股份。比尔开始考虑如何对他的股份定价。他知道公司的现值为130万美元，由此推算他的股份价值是65万美元。但是，他感到斯坦付不起那么多，于是打算把价格定在40万美元。如果这样，他又担心家人的反对，于是他向专家咨询。

专家的首要任务是帮助比尔清晰地阐述他的决策问题。为什么要卖出股份？他厌倦了，想要改变。他打算创办另一家公司，但地点和类型未确定。他的脑海里还曾闪过移居西海岸的计划，那里气候温和，他和妻子玛丽可以享受更多的户外活动，打高尔夫球、航行、钓鱼、滑雪，等等，这些都是他们喜欢的。

比尔需要明确目标，以指导其决策。经过一番考虑，比尔确定他的主要目标是参加户外休闲活动、接受智力上的挑战以及最大限度减轻自己承受的心理压力。他也重视对合伙人的忠诚，甚至因此愿意牺牲自身一部分商业资本。

接下来，专家开始考虑备选方案。比尔的方案是以40万美元的价格将股份出售给合伙人。专家帮助比尔发掘了其他一些更有创意的备选方案：他可以通过另找买家来得到65万美元；或者他的合伙人可以先付40万美元，其余25万美元分期支付；再或者，比尔和斯坦可以都卖出股份，如果斯坦愿意，可以在新的产权结构下继续管理公司。

专家还帮助比尔考虑另外一些问题：他想要在温和的气候里享受户外生活，但还不打算退休。他也不想回到整天工作或者为工作而焦虑的状态中去。他希望有更多的时间和家人相处。另外，经过长达20多年的合作，比尔感到他离不开斯坦的支持。

在对决策问题有了充分的和全新的认识后，比尔与家人和合伙人讨论了他的各个目标和各种备选方案。比尔最终做出了一个与开始的计划全然不同的精明选择，即不出售他的股份，而是迁居南加州，在那里开设一家分公司，仍然从事隔音材料业务。比尔一家享受其新的生活方式，而他本人也感到了创业的兴奋。他的公司发展得很好，等到八年之后他退休时，合伙人出价170万美元买下了他的股份。

（资料来源：约翰·S·哈蒙德（John S. Hammond），拉尔夫·L·基尼（Ralph L. Keeney），霍华德·雷法（Howard Raiffa）著，王正林译，《决策的艺术》，2016）

比尔的经历说明，决策就是在多个备选方案中做出一种选择。比尔经历了一个复杂的选择过程。正确的决策会带来良好的结果，错误的决策会造成不良的后果。管理者如何能够做出正确的决策呢？管理者要做出正确的决策，需要决策理论的引导，也需要运用恰当的决策技术。因此，本章重点介绍决策的基本理论和技术。

5.1 决策的内涵体系

每个人每天都会有意或无意地做出许多决策。比如，大学生每天要做出许多决策：几点钟起床？几点钟睡觉？要不要午休？每天的学习活动如何安排？读什么书、修什么课？早餐、午餐、晚餐吃什么？选择哪种支付方式？大学毕业后是就业还是继续深造呢？同样，管理者也要经常做决策。例如，高层管理者对于组织目标、企业战略、投资建厂、进入新市场等做出决策。中层管理者对于竞争战略、生产计划、产品质量、员工加薪和员工行为规范等事项做出决策。基层管理者对于如何达成生产计划目标、保证产品质量、保证安全生产等事项做出决策。当然，在组织中，做出决策并不仅仅是管理者的事情，所有成员都会做出决策。但是，我们重点讨论管理者如何做决策。

5.1.1 决策与管理

决策是指从两个或两个以上的方案中做出一种选择，是一项具有普遍性的工作。管理者在履行计划、组织、激励、领导和控制等各项管理职能时，都离不开决策，决策贯穿整个管理过程。1978年著名的诺贝尔奖获得者西蒙认为管理就是决策，且认为管理的本质就是做决策。但是，决策又不等同于管理，管理是指通过协调他人工作、与他人合作或者通过他人，有效地完成工作的过程。

管理工作各环节都与决策具有紧密联系。

①计划与决策的关系　当管理者做计划时，需要做决策。例如，组织的长期目标是什么？组织进入什么产业领域？组织的短期目标是什么？实现组织目标的行动方案是什么？等等。管理者回答上述每个方面的问题时，都是从多个备选方案中选择其中的一个，因此，管理者履行计划职能时，就是做决策。

②组织与决策的关系　当管理者进行组织时，也需要做出决策。例如，组织结构的层次是多少？管理者的管理幅度是多大？组织的权力如何分配？雇佣多少员工完成一项任务？等等。管理者回答上述每个方面的问题时，也都是从多个备选方案中选择其中的一个，因此，管理者履行组织职能时，就是做决策。

③激励与决策的关系　当管理者激励员工时，也需要做出决策。例如，就对员工的激励方法而言，管理者是给予更多的金钱、给予表扬、给予富有挑战性的工作、改善工作条件，还是给予晋升的机会呢？又如，就对员工奖励的时间点而言，管理者选择在员工某种

行为产生符合组织期望的结果之后马上给予奖励，还是年终总结时再给予奖励，或是其他某个时间给予奖励呢？等等。管理者回答上述每个方面的问题时，也是从多个备选方案中选择其中的一个，因此，管理者在履行激励职能时，就是做决策。

④领导与决策的关系　作为领导者的管理者，也需要做出决策。例如，就领导方式而言，管理者是实施任务导向的领导方式，还是关系导向的领导方式呢？又如，就提高员工生产效率的变革措施而言，管理者是采用技术变革措施，还是采取文化变革措施呢？等等。管理者回答上述每个方面的问题时，也都是从多个备选方案中选择其中的一个，因此，作为领导者的管理者，在履行领导职能时，就是做决策。

⑤控制与决策的关系　当管理者进行控制时，也需要做出决策。例如，就控制手段而言，是通过人员控制，还是通过技术控制呢？又如，在控制过程中，是采用前馈控制、现场控制、反馈控制，还是前馈控制、现场控制、反馈控制都被采用呢？再如，管理控制花多少费用呢？等等。管理者回答上述每个方面的问题时，也都是从多个备选方案中选择其中的一个，因此，管理者在履行控制职能时，就是做决策。

5.1.2　决策过程

有的决策相对简单，而有的决策相对复杂；有的决策不那么重要，而有的决策相当重要。当管理者做复杂且重要的决策时，其决策正确与否，对组织具有深远影响，甚至决定组织的生死存亡。一般地，当管理者做复杂且重要的决策时，其决策过程包括以下八个步骤：

①识别问题和明确目标　做决策始于一个存在的问题。决策者首先必须识别一个待解决的问题。解决这个问题，就是决策者要达到的目标。

②识别相关的影响因素　决策者明确了应解决的问题和应达到的目标之后，必须识别影响解决问题和达成目标的一些相关因素。

③赋予各项因素权重　决策者确定了影响解决问题和达成目标的一些相关因素之后，还必须对各项影响因素赋予权重。因为对决策者而言，各因素的重要程度是不同的。有的因素非常重要，有的因素较为重要，有的因素一般重要，有的因素较不重要，有的因素非常不重要。

④拟定决策的各种备选方案　决策者确定了影响决策的各因素及各因素的权重之后，根据其知识、经验、认知能力，拟定解决问题的各种可行的备选方案。

⑤分析各种备选方案　决策者确定了备选方案之后，就要着手分析和评估每个备选方案，比较每个备选方案的优势和劣势。

⑥选择某种方案　决策者分析、评估和比较了各种备选方案的优势和劣势之后，选择与达成目标最相符的满意方案。

⑦实施所选方案　决策者一旦选定了某个方案之后，紧接着就是实施所选的方案。

⑧评估决策效果　决策者审视问题是否得到解决，目标是否达成，即评估决策的效果。

【管理案例】

施温自行车公司错误的决策导致其衰败

伊格纳茨·施温于1895年在芝加哥创办了施温自行车公司（Schwinn Bicycle Co.）。该公司曾是世界最大的自行车制造商。在20世纪60年代，施温自行车公司占有美国自行车市场25%的份额。但是，在1979年，当创始人伊格纳茨的长孙，即爱德华·施温接过公司控制权时，公司的经营管理问题已现端倪，后来，他又接二连三地决策失误，致使公司业绩陷入下滑的泥潭而不能自拔，直至1992年公司破产。

在20世纪70年代，施温自行车公司不断投资于其强大的零售分销网络和品牌，以便主宰10挡变速车市场。但是进入20世纪80年代，市场需求转移了，山地车取代了10挡变速车，成为销量最大的车型。并且，轻型的、高技术的、外国生产的自行车在成年的自行车爱好者中日益普及。施温自行车公司错过了这两次市场转换的机会。它对市场的变化反应太慢，管理当局专注于降低成本而不是创新。结果，特莱克（Trek）、坎农戴尔（CannIndale）、巨人（Giant）、钻石（Diamondback）等富有远见的公司夺走了施温自行车公司的市场份额。

或许，施温自行车公司最大的错误是没有把握住自行车是一种全球产品，公司迟迟未能开发海外市场和利用国外的生产条件。一直拖到20世纪70年代末，施温自行车公司才开始加入国外竞争，把大量的自行车转移到日本进行生产。可是，此时，不断扩张的中国台湾地区的自行车工业具有成本优势，已经在价格上击败了日本生产厂家。作为对付这类竞争的一种策略，施温自行车公司开始少量进口中国台湾地区制造的巨人牌（Giant）自行车，然后贴上施温商标在美国市场上出售。

1981年，当施温自行车公司设在芝加哥的主要工厂的工人举行罢工时，公司采取了错误的行动。管理当局不是与工人谈判解决问题，而是关闭了工厂，将工程师和设备迁往中国台湾地区的巨人公司自行车工厂。作为与巨人公司合伙关系的一部分，施温自行车公司将技术、工程、生产能力等交给了巨人公司。这正是巨人公司求之不得的。作为交换条件，施温自行车公司进口并且在美国市场上以施温商标经销巨人公司制造的自行车。

到1984年，巨人公司每年交付给施温自行车公司70万辆自行车，以施温商标销售，占施温自行车公司年销售额的70%。几年后，巨人公司利用从施温自行车公司那里获得的知识、技术，在美国市场上注册了他们自己的商标。

到1992年，巨人公司和中国内地的自行车公司，已经在世界市场上占据了统治地位。巨人公司销售的每10辆自行车中，有7辆是以自己的商标出售的，而施温自行车公司的销售业绩一落千丈，当它的市场份额在1992年10月跌落到5%时，公司开始申请破产。

（资料来源：https://wenku.baidu.com/view/b68f031ef61fb7360a4c6536.html）

5.2 决策准则与要素

当管理者做复杂且重要的决策时，不但需要经历一个复杂的决策过程，而且需要遵守一定的准则。因此，本节介绍和讨论决策准则和决策要素。

5.2.1 决策准则

决策准则是决策者在决策过程中应该遵循的原则。决策者在决策过程中应该遵循什么原则呢？下面做详细的分析和讨论。

(1) "理性人"与"有限理性人"假设

"理性人"假设是指作为经济决策的主体都是理智的，既不会感情用事，也不会盲从，而是精于判断和计算，其行为是理性的。在经济活动中，主体所追求的唯一目标是自身经济利益的最大化。例如，消费者追求满足程度的最大化，生产者追求利润的最大化。我们可以看出"理性人"假设是对亚当·斯密"经济人"假设的补充说明。"理性人"假设认为经济主体的基本特征是自私和完全理性的。即人们的行为动机是趋利避害，是利己的；每个人都能通过对成本与收益的计算和比较，或者遵循趋利避害的原则，来对其所面临的一切机会和目标，以及实现目标的手段进行优化选择。

"理性人"假设受到决策理论学派的奠基人之一西蒙等学者的质疑和批判。西蒙创造了"有限理性"（bounded rationality）和"令人满意"（satisficing）等学术术语，认为现实生活中作为管理者或决策者是介于完全理性与非理性之间的"有限理性"的"管理人"。"管理人"的价值取向和目标往往是多元的。其价值取向和目标不仅受到多方面因素的制约，而且处于变动之中，甚至处于彼此矛盾的状态。而且，"管理人"的知识、信息、经验和能力都是有限的，他不可能也不企望找到解决问题和达成目标的"最优解"，而只指望找到"满意解"。

(2) 最优化原则与满意化原则

决策者选择一个最优化的方案，需要满足三个条件：一是在决策之前，人们寻找到所有的备选方案；二是全面考察每一个可能选择的方案所产生的后果；三是具备一套明确的、完全一致的价值标准，作为各种备选方案的选择准则。但是，最优化原则的这三个条件，在现实生活中却是经常不能具备的，原因在于以下三个方面：

首先，在决策之前，人们不可能寻找所有的备选方案。人们由于知识、经验、认知能力等的限制，不可能找到所有的备选方案。即使人们有充分的能力来寻找所有的备选方案，但是，由此所花费的时间和费用也会使人们感到这样做是得不偿失的。既然由于各种各样的原因使得人们不可能找到所有的备选方案，那么，"最优"的方案可能恰恰就在这些被遗漏的方案中，这就使得人们不可能真正贯彻最优化原则。

其次，假定第一个条件有可能成立，即人们有可能在决策之前找到所有的备选决策方案，第二个条件也是经常不能成立的，即人们很难对各种备选方案的实施结果，给予预先的正确估计。因为，未来变化的不确定性使得人们很难对各种备选方案的实施结果进行预先的正确估计。并且，人们认知能力的有限性，也使得人们很难对各种备选方案的结果进行预先的估计。

最后，即使第一个条件与第二个条件能成立，贯彻最优化原则的第三个条件也是经常不能成立的，即人们要对各种备选方案的实施结果的优劣进行排序是很困难的。这是因为各种备选的方案所实施的结果往往是多目标的，而这些目标之间往往存在着冲突和矛盾，因此，决策者就很难以一套明确的、完全一致的价值标准对各种备选方案的优劣进行排序。因此，决策者难以从各个备选方案中选择一种所谓的最优或最佳方案。

由于贯彻最优化原则的三个条件经常不能具备,决策者在进行决策时贯彻所谓的最优化原则就失去了其现实性。因此,决策理论学派提出用"满意化原则"来代替"最优化原则"。所谓满意化原则,就是决策者做决策时,选择"足够好"或者"令人满意"的决策方案。即对于各种备选方案,决策者不是去探索能实现最优结果的备选方案,而是如果有了能满足实现目标要求的方案,决策者就确定下来,不再继续进行其他探索活动。决策理论学派还认为"满意化原则"是比"最优化原则"更为现实、更为合理的决策原则。

5.2.2 决策要素

决策的诸多要素中,代表性要素有八个[1],其中,核心要素包括五个:问题(problem)、目标(objectives)、备选方案(alternatives)、结果(consequences)、权衡利弊(tradeoffs)。这五个要素几乎适用于任何决策,它们的英文首字母缩写为PROACT,提醒管理者最佳的决策方法是主动作为(proactive),最糟糕的决策方法就是消极等待、错失良机。另外三个要素包括:不确定性(uncertainty)、风险承受力(risk tolerance)、相关联的决策(linked decisions),虽然这三个要素并不是存在所有的决策当中,但是,它们有助于在变化着的环境中使决策清晰可辨,对重要的决策往往发挥关键作用。

(1) 决策的问题

为了正确地选择,决策者首先需要仔细辨明应该决策的问题。比如,为了创造组织的竞争优势,提高生产效率,决策者是要解决薪酬制度的问题,解决组织结构的问题,解决技术变革的问题,还是要进行人员变革的问题呢?等等。

(2) 决策的目标

为了正确地选择,决策者还需要仔细辨明决策的目标。例如,一位大学校长,为了提升学校教学和科研的竞争力,急需引进人才,充实其教师团队。他的目标就是提升学校教学和科研的竞争力。那么,为了达到这个目标,他究竟需要引进德高望重、学术造诣高深的年长者,还是需要引进训练有素、思想活跃、创造力强、精力旺盛的年轻人呢?这个决策目标会使他更加明确决策的方向,做出正确地选择。

(3) 提出备选方案

决策方案代表了决策者能选择的不同行动。例如,部门内部发生了人际冲突,作为部门负责人,是应该站在其中的某一方,还是保持中立呢?或者,是不是应该寻找一种能被双方同时接受的解决办法呢?决策意味着有多个备选方案。决策者的决策,就是决策者本人的最佳备选方案。

(4) 评估备选方案的结果

评估每个备选方案在多大程度上满足目标的达成。为了提升学校教学和科研的竞争力,大学校长究竟是应该引进德高望重、学术造诣高深的年长者,还是应当引进训练有素、思想活跃、创造力强、精力旺盛的年轻人呢?这两个方案各有所长,各有所短。年长者知识、经验相对充足,人脉关系宽广,社会影响力大,组织能力强,但是,创造力下

---

[1] 约翰·S·哈蒙德(John S. Hammond),拉尔夫·L·基尼(Ralph L. Keeney),霍华德·雷法(Howard Raiffa). 决策的艺术[M]. 王正林,译. 北京:机械工业出版社,2016:6-10.

降，特别是体力、精力相对不足。而年轻人拥有最新的知识和技能，训练有素，思想活跃，创造力强，体力、精力旺盛，但是，人脉关系相对不足，社会影响力相对弱，组织能力也相对较弱。那么，究竟是选择年长者还是选择年轻人更有助于达到提升学校教学和科研竞争力的目标呢？评估每种备选方案的结果，有助于找到与校长目标最为符合的方案。

(5) 权衡各方案的利弊

决策者往往有多个目标，而多个目标之间往往相互矛盾，决策者得在各目标之间进行权衡。有时，决策者不得不在各目标之间做出取舍。例如，作为组织的领导者，其目标是既要关心生产，又要关心员工。但是，这两个目标之间存在着矛盾，领导者不得不在二者之间进行权衡，找出多个不同的备选方案，而不同的备选方案代表不同的目标组合。例如，达到关心生产和关心员工的目标的领导方式的备选方案有：①任务式领导，即高度关心生产，低度关心员工；②乡村俱乐部式的领导，即低度关心生产，高度关心员工；③团队式领导，即高度关心生产，高度关心员工；④中道式领导，即中度关心生产，中度关心员工。决策者的任务是权衡各种方案的利弊，在各种备选方案中做出明智的选择。

(6) 正视不确定性

不确定性就是指事先不能准确知道某种决策的结果。或者说，只要决策的可能结果不止一种，就会产生不确定性。不确定性给企业带来的影响有大有小。小而言之，可能影响一次营销活动的成败；大而言之，可能使企业遭受破产倒闭或者爆发性增长。

例如，几年前，背投彩电还是电视机行业的主流产品，平板彩电仅仅是趋势，但是，背投彩电这个主角究竟能维持多久？当时，许多企业都不能清楚地回答这个问题。著名彩电企业长虹认为此过渡期可能约有10年左右时间，因此，在资源分配上重背投而轻平板。可是，平板电视3年后就快速成长，背投产品一时辉煌却迅速衰落，长虹被迫调整方向将资源重点转向平板彩电。与之对比，海信较早认定了平板电视的前景，虽曾尝试背投，但因某种原因较早放弃背投，全力投资于平板彩电，结果平板行业机会如期而至，海信成为彩电升级中的大赢家。不确定性使选择变得困难，但是，有效的决策需要决策者正视不确定性，判断不同结果的可能性，并评估可能的影响。

(7) 考虑风险承受力

风险是指在某一特定环境下，在某一特定时间段内，某种损失发生的可能性。例如，一家汽车公司投资医药产业，期望获利，但是，实际结果也有可能亏损。一般来讲，企业承受的风险越大，所获得的利益也就越多；企业承受的风险越小，所获得的利益也就越少。也就是说，企业承担的风险与所能获得的潜在利益是正相关的。但是，每个企业对风险的承受能力是不同的，有的企业能承受高度风险，有的企业能承受中度风险，有的企业能承受低度风险。决策者在做决策时，应考虑其风险承受力，做出与其风险承受力相适合的选择。

(8) 考虑相关联的决策

许多重要的决策在时间上是相关联的。今天的决策会影响明天的选择，而明天的目标应该对今天的选择产生影响。应对相关联的决策，关键在于分离并解决眼前的问题，同时，收集信息来解决将要发生的问题。尽管这个世界充满各种不确定性，但是，不管怎样，通过对将要采取的行动排序，以充分利用决策者日益深化的认识，决策者可以做出精明的决策。

5.3 决策类型

决策涉及的范围广,可从不同的视角,将决策分为不同的类型。

5.3.1 高层决策、中层决策和基层决策

从决策层级的视角,决策可分为高层决策、中层决策和基层决策。高层决策是指企业的最高管理层领导所做的决策,主要是有关企业全局性、长远性、重大问题的决策,为战略性决策。中层决策是指由企业中层管理者所做的决策,为战术性决策。基层决策是指企业基层管理者所做的决策,为执行性决策。

5.3.2 战略决策、战术决策和执行决策

(1) 基本含义

从决策所涉及广度的视角,决策可分为战略决策、战术决策和执行决策。战略决策(strategic decision)是指关系企业发展方向的决策,是解决企业全局性、长远性、战略性的重大问题的决策。一般来讲,战略决策由高层管理决策者做出。战略决策正确与否关系企业的成败,甚至关系企业的生死存亡。决策正确可以使企业沿着正确的方向前进,能够适应环境,具有竞争优势,取得良好的经济效益,促进企业成长。反之,决策失误会给企业带来巨大损失,甚至导致企业破产。战术决策(tactical decision)又称管理决策,是指为了实现战略决策,解决某一问题而做出的决策。它以战略决策规定的目标为决策标准,在局部范围内对生产计划、产品结构、销售计划、进货来源等具体问题进行决策。执行决策(executive decision)又称业务决策,是指在日常工作中,为提高生产效率、工作效率而做出的决策。它牵涉范围较窄,只对组织产生局部影响。属于执行决策范畴的主要有:日常工作的安排和检查、工作日程(生产进度)的安排和监督、岗位责任制的制定和执行、库存的控制及材料的采购等。

(2) 战略决策和战术决策具有密切联系

一般而言,从管理层级来看,战略决策由高层管理者做出,而战术决策则由中低层管理者做出;从调整对象看,战略决策调整组织的活动方向和内容,解决"干什么"的问题,而战术决策则调整在既定方向和内容下的活动方式,解决"怎么干"的问题;从涉及的时间范围来看,战略决策面对未来较长时期内的活动,而战术决策则是具体部门面对未来较短时期内的行动方案;从作用和影响上看,战略决策的实施效果影响组织的效果和发展,而战术决策的实施效果则主要影响组织的效率与生存。尽管战略决策和战术决策存在着诸多不同点,但二者之间也存在着联系。战略决策是战术决策的依据,而战术决策是在战略决策指导下制定的,是战略决策的落实,是为战略决策服务的,是实现战略决策的手段和环节。

5.3.3 个体决策和群体决策

从决策的个体性或群体性的视角,决策可分为个体决策和群体决策。

(1) 个体决策

个体决策，即由个人做出的决策。在一个组织当中，往往需要一个领导者，而这领导者所做出的选择就是个体决策。个体决策是一种单一性的决策，决策主体为一人，决策方向为一个。个体决策有以下优点：①花时间较少。个体决策意味着权力集中，这就使得决策迅速，花费的时间较少。②责任明确。在个体决策中，由谁负责是明确的、具体的。③决策灵活。个体决策是根据个人的思维、知识、经验、技术、直觉等做出选择，这也就具备了应对突发状况的灵活性。个体决策也有以下缺点：①信息不完整。个人的知识、经验、信息、技术、才智等是有限的，因而，其信息不完整。②产生的备选方案较少。个人的知识、经验、信息、技术、才智等的有限性，也决定个人能产生的备选方案较少。③所选择的方案可能受到众人的质疑。拥有全权的个体决策，会让人感到决策是出于独裁和武断，是不合法的。

(2) 群体决策

群体决策，是指多人参与制定的决策。例如，委员会、团队、小组等类似的组织制定的决策，即是群体决策。

群体决策有以下优点：①能够集中许多人的智慧，提供更完整的信息，产生更多的备选方案。因为群体可能拥有不同专业背景、不同经历的人，拥有各种各样的信息，会产生更多的方案。②增加某个备选方案的接受性。许多决策以失败告终，其原因是人们不接受最终的选择方案。如果让受到决策影响的人参与决策的制定，他不但会接受所选择的方案，而且会鼓励与其关系良好的人也接受所选择的方案。③提高合法性。群体决策制定过程是一个民主过程，因此，人们认为群体决策比个体决策更合法。

群体决策也有以下缺点：①消耗时间较多。成员之间相互影响，经常导致低效，群体决策总比个体决策花费更多的时间。②少数人统治。群体成员不会完全平等。他们可能因为职位、经验、知识、语言技巧、自信心、社会性格等不同，少数人可能支配群体，对最终决策有过多的影响。③从众压力。群体成员要屈从于社会压力。④责任不清。在群体决策中，成员的职责被淡化了。

(3) 群体决策的方法

①头脑风暴法　是指克服群体成员从众压力而产生创造性思想的一种简单方法。它鼓励群体成员提出任何解决问题的方案，同时禁止成员对各种方案的任何批评。在典型的头脑风暴会议中，一些人围桌而坐，群体领导者明确地向参与者阐明问题。然后，在一定的时间内，成员"自由"提出解决问题的方案。在这个过程中，不允许任何批评，并且，所有的方案当场记录下来，留待稍后讨论和分析。头脑风暴法仅仅是一个产生思想的简单方法。

②名义群体法　如同传统委员会一样，群体成员必须出席会议，就解决某个问题共同做出决策。名义群体法一般遵循以下五个步骤：第一步，成员集合成一个群体，在进行讨论之前，每个成员独立地写下其对解决某个问题的想法。第二步，每个成员将自己写下的想法提交给群体。在所有成员的想法提交之前，不进行讨论。第三步，群体成员一个接一个地向大家说明自己的想法，直到每个人的想法都表述完毕，群体才开始讨论各个成员的想法，并做出评价。第四步，每个成员独立地将各个成员的想法排出次序。第五步，根据

每个成员的排序，有关工作人员对各种想法进行综合排序。综合排序最高的想法，作为最终决策的选择方案。

③德尔菲法（Delphi technique） 是一种利用函询形式，进行集体匿名思想交流的方法。德尔菲法的一般步骤如下：第一步，创建专家小组。有关工作人员根据拟解决的问题所涉及的知识范围，确定专家名单，创建专家小组。专家人数的多少，可根据拟解决问题的大小和涉及面的宽窄而定，一般不超过20人。第二步，有关工作人员利用函询形式，向所有专家介绍拟解决的问题有关要求，并附上有关该问题的所有背景材料。第三步，各个专家根据他们所收到的材料，提出其拟解决问题的意见，并申述其所提意见的理由，并以信函的方式，回复给相关工作人员。第四步，相关工作人员将各位专家第一次提出的意见进行汇总，列成图表，再分发给各位专家，让专家将自己的意见与他人的意见进行比较，然后，修改自己的意见。第五步，相关工作人员将所有专家的修改意见收集起来汇总，再一次分发给各位专家，以便他们做出第二次修改。第六步，如此循环往复，直到每一个专家不再改变自己的意见为止。一般地，如此往复，经过三四轮，专家的意见逐渐趋同。第七步，对专家的意见进行综合处理。

④社会网络法 随着互联网革命的风起云涌，移动互联网时代的强势来袭，线上的社交网络，如网站、社区、部落、博客、微博、微信、网聚等方兴未艾。各类企业或组织利用社交网络这个平台，进行群体决策。例如，许多企业或组织通过互联网或移动互联网，利用众人的互动性和参与性，寻找新创意、开发新产品、开发营销新渠道等。

【管理案例】

麻省理工学院媒体实验室的一次群体决策

2009年，美国国防高级研究项目署（DARPA）主持一项关于"气球项目"的网络挑战比赛。"气球项目"是这样的：在规定的时间内，DARPA在分散于美国各地的10个地点将10只红色气球升起，每只气球高出地面30.5米。在所有的参赛小组中，谁能在第一时间准确报告10只气球的位置，谁就将获得4万美元的奖励。

来自麻省理工学院媒体实验室（MIT Media Lab）的参赛小组，基于众包的思路、汇聚大众的智慧和力量，巧妙地利用了Facebook和Twitter等社交网络，在9个小时内准确地获得全部气球的定位（经度和纬度），从而拔得头筹。

麻省理工学院媒体实验室允诺给那些帮助他们确定某一只气球位置的人4000美元，10只气球将共同耗尽所有预期的4万美元奖金。第一个准确告知他们某只气球位置的报信者将获得2000美元，而如果这位报信者是由于别人的告知和邀请才参与比赛和报信的，那么其邀请人将获得剩下的2000美元的一半，即1000美元，其邀请人的邀请人将获得剩下的1000美元的一半，也就是500美元。以此类推，直到所有这个链条上的人都得到了奖励。

这是利用社交网络进行众包的决策战略，也是一种群体决策方法。在决策实施中，该团队用心设计了各种预防措施，例如，核对报告人的IP地址和邮箱的真实性，以防有人欺诈和误导。他们成功地识别了发自布朗大学的一条故意制造的虚假信息，判定貌似在罗德岛州的某只气球其实是人造的假象。关于奖金的分配也产生了一些纠纷。除了来自

DARPA 的 4 万美元奖金，据说麻省理工学院又赔上了 2 万美元，才打发了所有参与报信的人。

（资料来源：马浩，《管理决策》，2016）

5.3.4 确定性决策、风险性决策和不确定性决策

在进行决策时，管理者要面对三种不同情境，即确定性、风险性和不确定性。因此，从决策情境的视角，决策可分为确定性决策、风险性决策和不确定性决策。

(1) 确定性决策

确定性（certainty）是指在各种备选方案的预期结果可知的情境下决策者所做出的决策。决策者确切知道各种自然因素、社会因素、政治因素、经济因素、技术因素等发生的情况，每个方案有一个确定性的结果，方案的选择取决于各个方案的结果的比较。在这种情境下，决策者能够做出准确的决策。做决策最理想的情境是确定性。

例如，当我们有一笔钱，想存入银行获取利息收益。有五个备选的银行，即有五种备选方案。我们很清楚每家银行所提供的利率，以及这笔钱存入每家银行所带来的利息收益。我们对每个备选方案的结果都很确定，最终决定将这笔钱存入某个银行，这个决策就是确定性决策。

(2) 风险性决策

风险（risk）是指在某一特定环境下，在某一特定时间段内，某种损失发生的可能性。具体来讲，风险是指决策者能够估计各种备选方案的预期结果，即预期损失和预期获利分别发生的概率是多少？在风险情境中，管理者会参考以往的个人经验，或者二手信息等历史数据，估计各种备选方案的预期结果，即预期损失和预期获利所发生的概率。风险是一个更常见的决策情境。

风险性决策是指决策者在风险的情境中所做出的决策。也就是说，决策者仅有部分信息，制订了多种备选方案，能够估计每个方案的预期亏损和获利各自发生的概率，在这种情境中，决策者做出的决策为风险性决策。

(3) 不确定性决策

不确定性（uncertainty）是指决策者不仅不能确定各种备选方案的预期结果，而且无法估计各备选方案可能发生预期结果的概率的情境。即在不确定性情境中，决策者所掌握的信息非常有限，不仅不能对各种备选方案的预期结果做出判断，而且无法判断各种备选方案的预期结果所发生的概率。决策者在不确定性的情境中所做出的决策，称为不确定性决策。在不确定性条件下，备选方案的选择，既要受到决策者可获得的信息数量的影响，也要受到决策者心理倾向的影响。

5.3.5 理性决策、有限理性决策和直觉决策

从决策者风格的视角，决策可分为理性决策、有限理性决策和直觉决策。

(1) 理性决策

决策者所面对的问题和目标清晰明了，在决策之前，全面寻找备选方案，全面考察每一个可能选择的方案所产生的后果，将一套明确的、完全一致的价值标准，作为各种备选

方案的选择准则，决策者以这种方式所做的决策称为理性决策。然而，正如我们在决策准则中所谈到的，决策者的知识、信息、经验、能力、才智和时间等都是有限的，因此很难做出理性决策。

(2) 有限理性决策

决策者对于各种备选方案，不是去探索能实现最优结果的备选方案，而是如果有了能满足实现目标要求的方案或者有了"足够好的""令人满意的"方案就确定下来。决策者以这种方式所做的决策称为有限理性决策。决策者是有限理性的，常常做出有限理性决策。

(3) 直觉决策

决策者凭借经验、感觉、认知、潜意识、文化、价值观或道德观等做出的决策，称为直觉决策（intuitive decision making）。无论理性决策还是有限理性决策，都可以与直觉决策相辅相成。一个经历了类似问题的决策者，可以凭借以往的经验在信息有限时迅速做出决定、采取行动。

【管理案例】

萨伯尔·巴蒂亚的直觉决策

萨伯尔·巴蒂亚（Sabel Bhatia）是斯坦福大学的高材生。1990 年 7 月 4 日他凭借直觉来到加利福尼亚建立起了一家新公司 Hotmail，梦想两年内微软能以 4 亿美元收购自己的公司。他创建公司时 27 岁，不到两年时间他的梦想实现了。这不仅依靠新概念和他冷静且聪明的大脑，更源于印第安文化背景的谈判直觉。

新概念的创意来源于合作者。这一概念利用广告业务的支持，建立网络邮件系统，能在互联网上匿名获取免费电子邮箱账号。巴蒂亚期望这一系统能够吸引一些想与朋友收发私人邮件，却又不愿意使用企业信箱而带来不必要麻烦的商业人士。另一个重要优势是，人们可以在世界的任何地方登陆自己的邮箱。

一年后，当微软提出有兴趣收购 Hotmail 时，数据显示，巴蒂亚已经赚了几千万美元。他拒绝被收购，这惹得微软的高级管理人员为之恼火。但是一个星期后他们又重新走到一起开始谈判，而且在后来的两个月中，他们每隔一星期就会造访一次。巴蒂亚最后提出以 5 亿美元成交，对方气急败坏地说：巴蒂亚疯了。但是，巴蒂亚知道这种愤怒只不过是一种战术。微软还在提高价格，这个软件界巨人的谈判者多次愤怒地拍案而起。当微软提出以 3.5 亿美元成交时，巴蒂亚的管理团队中除了巴蒂亚之外，所有人都投票表示赞同和接受。巴蒂亚后来说道："对 3.5 亿美元成交额说'不'时，是我做过的最惊人的事情。每个人都对我说，如果我弄坏了这件事情，Hotmail 就卖不出去了。"

在 1997 年的新年之夜，这笔交易宣布达成，成交价格为相当于 4 亿美元的微软股票。

（资料来源：http://www.baike.com/wiki/%E7%9B%B4%E8%A7%89%E5%86%B3%E7%AD%96，直觉决策）

5.3.6 程序化决策和非程序化决策

从问题发生频率的视角，决策可分为程序化决策和非程序化决策。

(1) 结构良好问题与结构不良问题

管理者会面临各种各样的问题。根据问题发生的频率和新鲜性不同，任何组织的管理者都会面临两类问题，即结构良好问题(well-structured problems)和结构不良问题(poorly structured problems)。①结构良好问题是指相对简单的、经常发生的、为管理者所熟悉的问题。例如，员工上班迟到，下班早退。②结构不良问题是指相对复杂的、新出现的、不常见的、管理者陌生的问题。例如，员工在工厂区域跳楼自杀身亡。

(2) 程序化决策

管理者针对不同类型的问题，会做出不同的决策。当管理者面对结构良好问题时，他们会做出程序化决策(programmed decisions)。所谓程序化决策指管理者运用常规的方法而做出的重复性决策，管理者通常借助程序、规则、政策来解决结构良好问题。

程序(procedure)是指管理者解决结构良好问题时，所必须采用的、有顺序的步骤。例如，有个学生大学毕业后，到一家快餐店做店长。他经常面对顾客付款后，又要退掉订餐的问题。他就根据程序解决这类问题。退款程序是：首先，顾客持订餐收据，找店长签字。然后，顾客持店长签字后的收据，到收银台，找收银员退款。最后，收银员根据店长签字后的收据，给顾客办理退款手续。规则(rule)是指规定管理者能做什么，不能做什么的规矩。例如，当顾客有正当退掉订餐的理由时，店长必须同意给顾客办理退餐，不能与顾客发生争执。政策(policy)是指为管理者制定决策而建立的指导方针。比如，某大学人事处拟定一项招聘新教师的政策，即具有名校的博士学位，有潜在的学术研究能力，有良好的口头表达能力。各学院根据这项政策招聘新教师。应聘者可能有很多，至于选谁，各学院选人时只要符合这项政策，选谁都可以。

(3) 非程序化决策

当管理者面对结构不良问题时，他们会做出非程序化决策(nonprogrammed decisions)。所谓非程序化决策是指管理者做出独特的、非重复性的决策。非程序化决策是相对复杂的决策。管理者设计独特的方法，做出非程序化决策，旨在解决结构不良问题。例如，某公司的一个分公司连续三年产品滞销，持续亏损，这属于结构不良问题。该公司决定是否应该关闭这个分公司，所做出的决策就是非程序化决策。

(4) 程序化决策和非程序化决策比较

一般地，中低层管理者面对熟悉的、重复性的问题，即中低层管理者面对结构良好问题，其主要借助程序、规则、政策做程序化决策。而高层管理者通常面对不常见的、新出现的、复杂的问题，即高层管理者通常面对结构不良问题，其主要做非程序化决策。程序化决策与非程序化决策存在诸多不同(表 5-1)。

表 5-1 程序化决策与非程序化决策的比较

特征	程序化决策	非程序化决策
涵义	管理者运用常规的方法而做出的重复性决策	管理者做出独特的、非重复性的决策
问题类型	结构良好问题——相对简单的、经常发生的、为管理者所熟悉的问题	结构不良问题——相对复杂的、新出现的、不常见的、为管理者所陌生的问题

(续)

特征	程序化决策	非程序化决策
管理层级	中低层管理者	中高层管理者
发生频率	重复性的、经常的	新鲜的、不寻常的
相关信息	容易获得	模糊的或不完全的
目标	具体的、清晰的	模糊的
花费时间	较短的、较少的	较长的、较多的
依据	程序、规则、政策	创造力、判断

(资料来源: Stephen P. Robbins, Mary Coulter. Management, 2013)

【管理案例】

是否应给杰出青年员工高薪？

一家在同行业居领先地位、注重高素质人才培养的高技术产品制造公司，不久前，有两位精明能干的年轻财务管理人员提出辞职，到提供更高薪资的竞争对手公司里任职。其实，这家大公司的财务主管早在数月前就曾要求公司给这两位年轻人增加薪资，因为他们智力发达、专业素质好、判断力强、工作勤勉、表现突出，取得骄人的业绩。

但是，人事部门的主管认为，按同行业平均水平来说，这两位年轻财务管理人员的薪水已经是相当高的了，而且，这种加薪要求与公司现行建立在职位、年龄和资历基础上的薪资制度不符合，因此，拒绝给予加薪。

对于这一辞职事件，公司里的人议论纷纷。有的人说，尽管这两个年轻人所得报酬的绝对量高于行业平均水平，但是，他们所得的报酬与其所付出的才智、精力和劳动相比，是偏低于行业平均水平的，这对他们来讲，是不公平的，这样的报酬水准是很难令人满意的。也有人质疑，公司人事部门的主管明显地反对该项提薪要求，但是否应当由了解其下属表现好坏的财务部门主管对本部门员工的酬劳行使最后决定权？公司制定了明确的薪资制度，但是，是否与公司雇佣和保留优秀人才的需要相适应呢？公司是否应当制定出特殊的条例来吸引优秀人才，或者还是让那些破坏现行制度的人离开算了？

这些议论引起了公司总经理的注意，他责成人事部门牵头，与生产、销售、财务等各部门人员组成一个专案小组，就公司薪酬制度的变革广泛征求各部门职工的意见，并提出几套方案，供下月初举行的公司常务会讨论和决策之用。这种为解决结构不良问题的决策，属于非程序化决策。

5.4 决策的工具和技术

管理者进行决策时，需要决策理论指导，同时，也需要决策工具和技术，以便分析决策问题各因素之间的数量关系，使决策科学化。因此，下面我们介绍支付矩阵、决策树、排队论等决策工具和技术。

5.4.1 支付矩阵

支付矩阵，又称报酬矩阵、收益矩阵、赢得矩阵、得益矩阵。在博弈论中，支付矩阵是用来描述两个或多个参与人的策略和支付的矩阵。不同参与人的利益或效用就是支付。在多方参与博弈的过程中，各方选择博弈策略时，各方所获得的信息量起着重要的作用，同时，各方自身的心理倾向也起着重要的作用。

乐观主义者倾向于使用最大最大化选择（maximax），即在各种可能的最大支付中，再取最大化的一种方法。悲观主义者倾向于使用最小最大化选择（maximin），即在各种可能的最小支付中，再取最大化的一种方法。期望"后悔值"最小者倾向于使用最大最小化选择（minimax），即首先，在给定竞争对手策略下，找到本人各策略的后悔值；其次，找到本人各策略的最大后悔值；最后，在本人各策略的最大后悔值中，找到本人最小后悔值。

心理倾向对决策者做决策会产生明显影响。例如，一位名叫王昌国的管理者在湖北省浠水县靠近长江边的一个村庄承包鱼塘，从事淡水鱼养殖业。2016年冬至开始捞捕作业，向浠水县各市场销售鲜鱼。他已经制定了三种可能的策略（$S1$, $S2$, $S3$）。他知道其主要的竞争者陈仁德也在浠水县各市场销售鲜鱼。陈仁德也有三种策略（$R1$, $R2$, $R3$）。然而，王昌国不知道本人的三种策略成功概率有多大。王昌国根据其掌握的信息，制定了一个矩阵，见表5-2，其数据表示在陈仁德的三种竞争策略的情况下，王昌国可能采取的三种不同策略及其可能产生的收益情况。

表5-2 王昌国的支付（收益）矩阵　　　　　　　　　　　万元

王昌国的市场竞争策略	陈仁德的市场竞争策略		
	$R1$	$R2$	$R3$
$S1$	80	70	50
$S2$	82	65	40
$S3$	90	84	30

王昌国究竟选择哪种市场竞争策略呢？一则取决于他所掌握的市场信息量，二则取决于他的心理倾向。

①如果王昌国是乐观主义者，他会假定只发生最好的情况，会做最大最大化选择，即选择$S3$。这种选择，使最大可能收益最大化（90万元）。具体步骤如下：

第一步，选择每种策略最好的结果。

Max $S1$ = Max(80, 70, 50) = 80

Max $S2$ = Max(82, 65, 40) = 82

Max $S3$ = Max(90, 84, 30) = 90

第二步，做出最大最大化选择。

Maximax = maxi(80, 82, 90) = 90（万元） = $S3$

②如果王昌国是悲观主义者，他会假设只发生最坏的情况，会做最小最大化选择，即选择$S1$。这种选择，使最小可能收益最大化（50万元）。具体步骤如下：

第一步，选择每种策略最坏的结果。

Min $S1$ = Min(80, 70, 50) = 50
Min $S2$ = Min(82, 65, 40) = 40
Min $S3$ = Min(90, 84, 30) = 30

第二步，做出最小最大化选择。

Maximin = maxi(50, 40, 30) = 50(万元) = $S1$

③如果王昌国是期望"后悔值"最小者，他倾向于使用最大最小化选择。这种选择过程经历以下三个步骤。

第一步，在给定竞争对手策略下，找到本人各策略的后悔值(表5-3)。

如果陈仁德选择 $R1$，则在王昌国的三种策略中，$S3$ 收益最大，即90万元，用90万元减去其在陈仁德选择 $R1$ 策略下的王昌国各种策略的收益值，即得到王昌国各策略下的后悔值(10, 8, 0)。

如果陈仁德选择 $R2$，则在王昌国的三种策略中，$S3$ 收益最大，即84万元，用84万元减去其在陈仁德选择 $R2$ 策略下的王昌国各种策略的收益值，即得到王昌国各策略下的后悔值(14, 19, 0)。

如果陈仁德选择 $R3$，则在王昌国的三种策略中，$S1$ 收益最大，即50万元，用50万减去其在陈仁德选择 $R3$ 策略下的各种策略的收益值，即得到王昌国各策略下的后悔值(0, 10, 20)。

表5-3 王昌国的后悔值矩阵　　　　　　　　　　万元

王昌国的市场竞争策略	陈仁德的市场竞争策略		
	$R1$	$R2$	$R3$
$S1$	90 − 80 = 10	84 − 70 = 14	50 − 50 = 0
$S2$	90 − 82 = 8	84 − 65 = 19	50 − 40 = 10
$S3$	90 − 90 = 0	84 − 84 = 0	50 − 30 = 20

第二步，找到本人各策略的最大后悔值。

王昌国在各策略下的最大后悔值如下：

Max $S1$ = Max(10, 14, 0) = 14
Max $S2$ = Max(8, 19, 10) = 19
Max $S3$ = Max(0, 0, 20) = 20

第三步，在本人各策略的最大后悔值中，找到本人最小后悔值。

Minimax(14, 19, 20) = 14(万元)

王昌国做最大最小化决策，选择 $S1$，使得后悔值最小(14万元)。

5.4.2 决策树

决策树是常运用于雇用、营销、投资、设备购买、定价等的决策方法。之所以称为决策树，是因为画出的图，很像有许多树枝的树。典型的决策树法，一般经历以下三个步骤：第一步，根据备选方案的数目和对未来环境状态的了解，从左到右绘出决策树图形。第二步，计算各个方案的期望收益值。第三步，比较各个方案的期望收益值，选出期望收益值最高的方案。

以下继续以王昌国为例说明决策树在决策实践中的应用。王昌国在湖北省浠水县靠近长江边的一个村庄承包鱼塘，从事养殖业 10 年了，但 2017 年 1 月 31 日租约到期，并且产权所有者已经说明不再续租。王昌国必须另寻鱼塘。他在靠近长江边的另一个村庄找到了两处鱼塘，一处水面较大，有 300 亩[*]；另一处水面较小，有 180 亩。他需要做出决策：究竟是选择大鱼塘还是小鱼塘呢？

如果选择水面大的，在经济繁荣，鱼价较高时，他估计每年能赚 80 万元；在经济衰退，鱼价较低时，水面较大，租金较高，他估计每年仅赚 10 万元。如果选择水面小的，在经济繁荣，鱼价较高时，他估计每年能赚 50 万元；在经济衰退，鱼价较低时，水面较小，租金较低，他估计每年赚 20 万元。他估计未来经济繁荣，鱼价较高的概率是 0.7；估计未来经济衰退，鱼价较低的概率是 0.3。

从图 5-1 中可以看出，选择水面大的鱼塘，其期望利润是 59 万元（80×0.7+10×0.3=59）。选择水面小的鱼塘，其期望利润是 41 万元（50×0.7+20×0.3=41）。选择水面大的鱼塘，其期望利润高于选择水面小的鱼塘，因此，王昌国决定选择水面大的鱼塘。

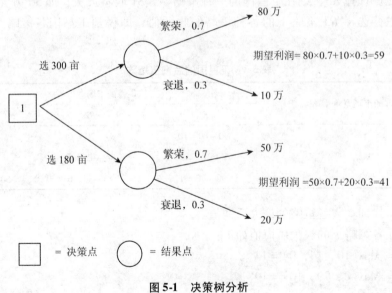

图 5-1　决策树分析

5.4.3　排队论

排队论又称为排除等候理论，可以应用在很多方面，例如，银行设多少窗口？收费站安排多少收费员？加油站设多少个油泵？等等。为了平衡企业的服务成本和客户的等待成本，就需要用到排队论。其计算公式如下：

$$P_n = \left(1 - \frac{\text{客户到达速度}}{\text{服务速度}}\right) \times \left(\frac{\text{客户到达速度}}{\text{服务速度}}\right)^n$$

---

[*] 1 亩 = 667m^2。

式中　P_n——等候客户超过任意数(n)的概率；

　　　n——客户能容忍的队长（客户排队的队长）；

　　　客户到达速度——单位时间内，客户到达的人数；

　　　服务速度——服务人员为每个客户服务的时间。

以下是排队论在实践中的应用示例。在清华大学校内照澜苑小区，中国建设银行、中国工商银行、北京银行均设立了清华大学支行。清华大学的教师、学生以及其他居民可在这三家银行的清华大学支行之间选择金融服务。这三家银行的支行为了争夺客户资源，都设法提高服务品质。其中，一家银行的清华大学支行平时开八个业务窗口，有十个员工。但在寒假期间，教师、学生离校的较多。在校园里，人数较少，即需要金融服务的客户人数较少。于是，该支行的主管需要做出一个决策，即在寒假期间，需要开几个窗口对外营业？这个决策需要用到排队论。该支行主管既需要尽可能少开窗口，减少服务成本，又要考虑客户满意，减少客户的等待时间。该支行主管想知道：在寒假期间每天开一个窗口是否能满足客户的需求。

假设每个客户耐心等候的平均时间是 15 分钟，员工为一个客户服务的平均时间是 3 分钟，则客户排队的队长不应该超过 5 个人（15/3 = 5）。依过去的经验，寒假期间通常每分钟到达的客户是 1 个人。根据以上条件，该支行主管就可以依公式计算出等候客户超过任意数(n)的概率(P)。这里，$n=5$，客户到达速度 = 1 个客户/分钟，员工服务速度 = 3 分钟/客户。

$$P_5 = \left(1 - \frac{1}{3}\right) \times \left(\frac{1}{3}\right)^5 = 0.0027$$

即寒假期间排队的客户超过 5 个的概率是 0.0027。该支行主管认为：寒假期间排队的客户超过 5 个人的概率是 0.0027，是个小概率事件。也就是说，6 个或者 6 个以上客户排队的事件发生的可能性不大，因此，该行主管决定寒假期间该支行开一个窗口。

▲ 思考题

1. 管理就是决策吗？为什么？
2. 决策过程一般经历哪几个步骤？
3. 决策准则是什么？
4. 决策要素包括哪些？
5. 战略决策与战术决策有什么联系？有什么不同？
6. 程序化决策与非程序化决策有什么不同？

▲ 百家争鸣

决策要素是什么？

决策要素是什么？在学术界存有不同的观点。

管理大师彼得·德鲁克(Peter Drucker)认为，决策要素有5个①。①了解问题的性质。如果问题是经常性的，那就通过建立规则或原则，做出程序化决策来解决问题。如果问题是新问题，不常见的问题，那就做出非程序化决策来解决问题。②找到解决问题的"边界条件"。决策最低限度要达到什么目的？最低满足什么条件？这些都是需要明确的，而且是解决问题的关键。③思考正确的方案。思考正确的方案，以及方案应该满足的条件。然后考虑让步、妥协、适应等事项。不要一开始就想着什么方案可行。④兼顾执行措施。决策方案要兼顾实施的可行性，使决策变成可以被贯彻的行动。⑤重视反馈。在执行过程中重视反馈，以检验决策的正确性和有效性。

学者约翰·S·哈蒙德(John S Hammond)、拉尔夫·L·基尼(Ralph L Keeney)和霍华德·雷法(Howard Raiffa)认为，决策要素有八个(详见5.2.2节内容)：①决策的问题；②决策的目标；③提出备选方案；④评估备选方案的结果；⑤权衡各方案的利弊；⑥正视不确定性；⑦考虑风险承受力；⑧考虑相关联的决策。

讨论：

请评述以上两种不同决策要素理论的异同之处。

---

① 彼得·F·德鲁克. 卓有成效的管理者[M]. 孙康琦，译. 上海：上海译文出版社，1999.

第6章 组　织

【引导案例】

海尔的组织变革

构建适应组织战略发展的组织结构，是海尔组织变革的重要内容。1985—1991年，海尔集团采取的是名牌战略，建立了"职责明确、权利高度集中、严格控制"的单一产品线的直线职能制；为了适应多元化战略(1991—1998年)的需要，海尔集团建立了"集中决策、分散经营"的事业部模式。

1996年，海尔集团开始实行"事业部制"改革，集团由总部、事业本部、事业部、分厂四个层次组成。集团下设六个产品事业部，每个事业部分别设有财务、销售、科研、检验等职能处室。同时集团下设财务、人力、法律、销售、技术、规划、文化、保卫八大职能中心，和事业部下属的职能处室是传统的行政关系；产品本部和事业部是行政隶属关系；产品事业部是独立核算单位，和下属职能处室是行政隶属关系。这种组织架构下，集团是战略决策和投资中心、事业本部是专业化经营发展中心、事业部是利润中心、分厂是成本中心、班组是质量中心，形成了纵向一体化的业务流程结构。

纵向一体化的组织架构，降低了企业的灵活性和适应性。但信息技术的发展，改变了企业的外部环境和内部条件。海尔集团为了适应这种变化，实施了以市场链为纽带的业务流程再造，即以追求顾客满意度最大化为目标，以"订单"为凭证，重新整合管理资源与市场资源，在OEC(Overall-Everyone-Control)管理平台基础上形成每一个人(流程)都有自己的顾客，每一个人(流程)都与市场零距离，每一个人(流程)的收入都由市场来支付的管理运营模式。于是，海尔集团根据国际化发展战略对原先的事业部制的组织架构进行了战略性调整：

(1)把原来分属于每个事业部的采购、财务、销售业务全部分离出来，整合成独立经营的商流推进本部、物流推进本部和资金流推进本部，实行全集团范围内统一采购、统一营销、统一结算。

(2)整合原来的职能管理职能，把人力资源开发、法律、保卫、技术质量管理、信息管理、设备管理等职能管理部门剥离出来，以集团职能中心为主体，注册成独立经营的服务公司。

(3)把专业化的流程体系通过市场链连接起来，设计索酬、索赔、跳闸标准。整合后集团形成直接面向市场的、完整的物流、商流等核心流程体系和资金流、人力资源、技术质量管理等支持流程体系。

整合后的组织机构，完成了从事业部制组织结构向平行的流程网络结构的转变，实现组织结构的扁平化、信息化和网络化，从结构层次上提高企业管理系统的效率和柔性，实现了企业内部和外部网络相连，满足用户需求，从而实现与用户零距离。

海尔集团不断调整其组织结构，全面改造组织运用模式，促使各部门围绕客户需求自主经营、快速反应，使得组织能够迅速、科学、高效地运行起来，业绩连年攀升。本章主要介绍组织、组织结构及组织结构设计、组织变革和创新。

6.1 组织的内涵

组织是由系列资源构成的集合，其设计是资源有效配置的基础。结构与组织发展需求相适应，并在不同的情境下，需要对组织进行变革和创新，以适应环境变化和发展需求。

6.1.1 组织的含义

"组织"的概念有静态和动态之分。静态的"组织"(organization)是一种系统，是由多种有形和无形资源构成，按照一定方式相互联系起来，具有明确目的和结构的系统。所谓动态的"组织"是指组织行为(organizing)，是按照管理任务和目标的要求，对管理要素和管理环节进行系统配置和协调的活动。

管理学意义的"组织"，是对管理要素按照一定目的和程序而组成的、具有明确的要素定位和职权结构的系统。这里有以下关键概念：

①管理要素　组织中管理要素除了人、财、物外，还有时间、信息、知识、流程等，其中，人是管理要素中最为核心的要素，是所有要素中起决定作用的要素。组织工作就是围绕组织目标，有效协调和配置以人为核心的各种必要的管理要素的过程。

②职权　是指经由一定的正式程序，组织赋予职位发布指令和希望指令得到有效执行的一种权力。与此相关联的则是"职责"，即组织要求职位应该完成某些工作的责任。

③负责关系　即指挥链。是指组织中的上下级、同级之间是相互关联的，尤其是描述下级有向上级报告、上级有对下级指导的责任。由此构成了较为完整的组织系统图，即反应组织内各部门、各岗位上下左右相互之间相互关系的结构图。

6.1.2 组织的类型及特征

(1) 按其不同的结构形式，分为机械式组织和有机式组织

机械式组织也称为官僚行政组织，其组织结构比较严密而且相当正规，职责固定，决策过程通常采用集权式的垂直管理体系，其目的是通过稳定运行寻求组织效率。

有机式组织也称适应性组织，其组织结构往往是扁平化的，灵活性高，适应性强，组织结构相对简单，具有低复杂性、低正规化和分权化的特点。有机式组织强调合作，可以不断调整职责，更快地适应发展需要。

(2) 按照组织正式与否，分为正式组织和非正式组织

正式组织是为实现某一目标、按照一定的规则正式组织起来的以人为主体的多种管理

要素的集合体。维系正式组织的主要是理性原则,而且有正式的约束制度。正式组织具有明确的目标、任务、结构,有较为清晰的职权划分、职责说明和权责关系,并有明确的运行机制和管理规范,因而具有相对稳定性,同时也会因权变因素(主要是战略因素、规模因素、技术因素和环境因素)而变革组织结构,因此,正式组织也必须具有一定的灵活性,根据组织内外部的变化调整组织的结构。

非正式组织 是以感情、性格、爱好为基础的松散的群体。组织成员在正式组织安排共同工作和在相互接触中形成非正式组织,没有正式规定和结构,依赖于不成文的行为准则和规范来运行。不同于正式组织以效率为目的,非正式组织以情感为目的。领导者可以通过引导和领导好非正式组织来提高员工满意度,以提高员工士气,从而达到提高效率的目的。

(3) 按社会功能,分为经济组织、政治组织、文化组织、群众组织

经济组织是指以赢利为目的,按一定规则和机制组织生产要素进行生产、经营活动的机构或部门,其通过权责分配和相应层次结构确保经济循环系统的正常运行。工商企业、银行、财团、保险公司等都属于经济组织。

政治组织是指通过特定方式组织起来的旨在实现其政治目的和目标的组织,有广义和狭义之分。广义的政治组织不仅包括国内的政治组织,同时还包括国际的政治组织;狭义的政治组织,是指一个国家范围内的政治组织,是以国家政权为主体,包括政党、利益集团等的上层建筑系统。政党、立法机关、司法机关、行政机关、军队等都属于政治组织。

文化组织是指旨在传递信息、知识和文化,培养志趣和联络感情,丰富日常生活和提升情操的社会组织,一般不以赢利为目的。文化组织包括教育组织、学术机构、科研单位、文艺组织和宗教组织等。

群众组织是指代表群众利益,由广大群众参加的,旨在追求和保障自己地位和权利的自治性组织。学生会、工会、妇女联合会等都是群众组织。

另外,组织还有其他分类标准,例如,按照组织是否盈利可以分为营利性组织和非营利性组织,按照组织的不同行业性质可以分为生产型组织和服务型组织,按照组织的所有制形式可以分为公共组织和私人组织,等等。

6.1.3 组织工作的特征

作为一项管理职能,组织工作主要是建立良好的组织环境,有效组合各类资源,协调和配置各成员关系,使组织成员都能在各自的岗位上为组织目标的实现做出应有的贡献。因此,组织工作首先是要建立明确的组织目标,并将组织目标进行分解,并根据完成目标所必须进行的各项业务活动加以分类组合,建立适合组织运行和发展的结构,明确适度管理宽度和相应的管理层次和部门,规定这些层次和部门间及相互配合关系和上下级负责关系。组织工作之一就是组织结构设计,以更有效地实现组织目标。

(1) 组织工作的过程性

组织工作就是为实现组织目标而建立一套科学合理的组织结构,有效协调和配置管理要素的过程。具体而言,包括明确组织目标、目标分解、拟定派生目标,确定实现目标所必需的各项任务工作或活动并加以分类,配置和协调组织内外的各种管理要素,细化实现

组织目标的阶段和流程及相应的资源使用，规定任务执行过程中的各类人员的职权和职责，使各部门、各层次结合成能够有效运转的整体。这一过程是连续的，是由缜密的、一系列的逻辑支撑的。

(2) 组织工作的动态性

尽管组织有特定的运行机制和管理制度，但组织外部环境的变化和内部条件的变化，组织目标、组织任务、建立的固化的组织结构及其运行机制和管理制度都会发生变化。而且，组织工作变化是常态。组织不是一个封闭的系统，处在大的社会系统中，需要不断与外部环境进行资金、信息、材料、能量等的输入和输出，甚至有人员的流入和流出。而且，随着组织的发展和外部环境的变化，组织原定目标和任务可能不再适宜了，需要做调整，那么，组织结构也会发生相应的变化，修正目标、调整任务。

(3) 正式组织中存在非正式组织

梅奥在霍桑试验中发现了非正式组织的存在，巴纳德也分析了非正式组织的作用。随着正式组织的建立，在正式组织中也会逐步形成一些非正式组织。在组织工作中，非正式组织具有以下作用：①信息交流。尽管正式组织是信息交流和传递的重要渠道，但通过非正式组织的渠道信息交流是正式组织渠道信息交流的重要补充方式。很多不便于通过正式渠道来交流的信息，非正式组织提供了很好的渠道。②通过非正式组织途径，可以调节组织成员的协作意愿，维护正式组织内部的团结，成为正式组织运行的润滑剂。③非正式组织通过亲情关系、共同爱好、共同个人利益凝聚着组织成员，组织成员通过非正式组织可以维护个人品德与自尊，寻找到归宿。主管人员需要重视非正式组织，并根据非正式组织的特点，有意识、有计划地引导和促进某些具有较多积极意义的非正式组织的形成和发展，发挥非正式组织的作用，使非正式组织成为正式组织机构的有机组成部分。

6.2 组织结构

组织结构是组织资源配置的基础。一个组织能否有效运行，在很大程度上取决于组织结构的设计是否合理，能否适应组织发展的需要。

6.2.1 组织结构的含义

组织结构是指对根据实现组织目标所要开展的工作任务进行的分工、排列、分组和协调合作等方面的设置，强调组织各部分、各要素之间的空间位置、聚集状态、联系方式，在职务范围、责任、权利方面都有明确规定，是组织整个管理系统中的"骨架"，保证了组织中人流、物流、信息流等要素的正常运行。组织结构不是不变的，其本质是为实现组织战略目标而采取的分工与协作体系，组织结构必须随着组织的重大战略调整而调整。组织结构具体体现在3个方面：第一，组织结构的本质是组织成员的分工协作关系和以此为基础的其他管理要素的配置问题；第二，分工协作关系的设计，可以为实现组织目标提供有效的责、权、利制度保障，确保组织能够高效运转；第三，组织结构不仅是权责结构，也是其他管理要素的配置结构，组织结构必须具有调适性，适应组织内外部环境和组织发展要求。

6.2.2 组织结构的类型及其特征

在实践中，组织结构的类型多种多样，但主要有以下几种类型，其他的组织结构是以这几种类型为基础做出的相应调整或者组合。

(1) 直线型组织结构

直线型组织结构又称军队式结构，是最早、最简单的一种集权式组织结构形式。其特点是：组织中各部门和单位、职务从上到下按垂直系统直线排列，实行垂直领导，下属部门和职位只接受一个上级的指令，上级对直属下级拥有直接的一切职权，并对所属单位和管理的下级的一切问题负责，即"一个人只有一个领导"。直线型组织结构的优点是部门和职位设置比较简单；权力集中、权责分明，便于统一指挥；联系快捷，便于集中管理。缺点是部门之间缺乏横向联系，容易产生混乱现象，没有职能部门作为领导者的助手，在组织规模较大时，难以进行有效的管理；而且，权力集中在少数主管手中，一方面不利于调动多数人的积极性；另一方面也可能因主管人员能力的限制而使失误的可能性增大。因此，这类组织结构受组织规模的限制较大。直线型组织结构形式如图6-1所示。

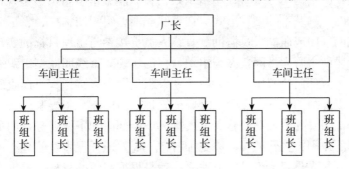

图 6-1 直线型组织结构

(2) 职能型组织结构

职能型组织结构最早由泰勒提出，适应现代组织技术比较复杂和分工较细的特点。职能型组织结构是以工作内容为依据来设置部门，即通过将组织内承担相同或者相类似业务的组织成员组合在一起，设置相应的部门和职务。其特点是，组织内除直线主管外还相应地设立了一些职能机构，承担协助直线主管开展如人力资源管理、营销、会计与财务等某些职能管理的业务。这些职能部门在自己的业务范围内，可以直接向下级单位下达命令和指示，因此，下级直线部门和人员除了接受上级直线部门和管理者的领导外，还必须接受上级各职能部门的领导，如图6-2所示。

职能型组织结构的优点是：能够发挥职能部门的专业管理作用，便于发挥职能人员的专业专长，减轻上层主管人员的负担；也能够降低管理费用，避免各业务单位之间人力资源、物质资源的重复配置。这种结构的缺点是：不利于集中领导和统一指挥；职能部门之间的沟通不足，一个部门难以理解另一部门的目标和要求，协调性差；较为固定的职能化不利于企业适应市场多变的情况，也不利于培养全面管理的人才。因而，职能型组织结构适合于产品种类比较单一、面临的市场环境相对稳定、规模不大的组织。

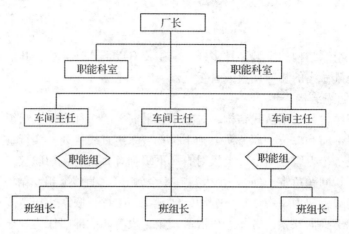

图 6-2　职能型组织结构

(3) 直线职能型组织结构

直线职能型组织结构结合了直线型组织结构和职能型组织结构，是现代工商业、政府等组织中最常见的一种基本的结构形式。在直线职能型组织结构中，管理者除了管理直线人员外，还有职能部门或职能人员协助。直线人员直接参与组织目标的实现，职能管理人员通过出谋划策协助主管人员间接参与组织目标的实现。直线职能型组织结构就是在直线指挥的前提下，职能部门授权于主管人员，在权限范围内直接指挥下属直线部门；下级部门和人员既受上级部门的管理，又受同级职能管理部门的业务指导和监督。这是一种按经营管理职能划分部门，并由最高经营者直接指挥职能部门和下级业务部门的体制。通过充分发挥职能部门的作用，主管人员可以更加科学、高效地开展直线管理。区分组织中哪些人是直线人员，哪些人是职能人员的方法之一就是根据组织的目标，看谁直接为组织目标的实现做出贡献，谁间接为其做出贡献，如图6-3所示。

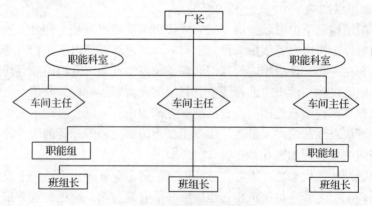

图 6-3　直线职能型组织结构

直线职能型组织结构的优点是：既保持了直线制的集中统一的优点，也吸收了职能制发挥职能人员专业专长的特点，提高了管理工作的效率和科学性。其缺点是：权力集中于最高决策层，过于集中，可能不利于激发组织成员的积极性；职能部门之间的横向联系不多，各部门之间的协调依赖于主管人员的能力和积极性；信息和指令传递线路较长，反馈较慢，环境适应性较差。直线职能型组织结构适合于绝大多数组织，包括企业、政府、学校、医院等。

（4）事业部制组织结构

事业部制组织结构也称 M 形结构（multidivisional structure）或多部门结构，有时也称为产品部式结构或战略经营单位，于 20 世纪 20 年代被美国通用汽车公司广泛采用。事业部制组织结构即按产品、服务或地区等设立事业部（或大的子公司），每个事业部都有自己的较为完整的职能机构，也有较为独立的生产和市场，实行独立核算。

事业部制组织结构具有集中决策、分散经营的特点，集团最高层（或总部）只掌握重大问题决策权，事业部在最高决策层的授权下具有相对独立的经营管理权；最高层则从日常生产经营活动中解放出来，专职于重大决策，而事业部则是具有较大经营自主权的利润中心，其下级单位是成本中心。事业部组织结构形式如图 6-4 所示。这是在组织领导方式上由集权制向分权制转化的一种改革。

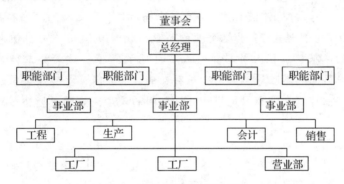

图 6-4 事业部制组织结构

事业部制组织结构形式的主要优点是：有利于最高管理层集中精力于战略性决策和长远规划，摆脱了具体的日常管理事务，便于组织专业化生产、提高生产效率，也提高了组织管理的灵活性和适应性；事业部的独立经营管理，需要管理者从事业部整体来考虑问题，有利于培养和锻炼经营管理人才。其缺点是：增加了组织管理层级，信息和指令传递可能会较慢；最高管理层与事业部的职能机构重叠，也因事业部具有独立的经营权，在业务和职能部门的设置上具有相对独立权，因而易造成机构重复和管理人员的浪费；因各事业部的独立经营造成了事业部之间交流较差，相互支援不够，分散倾向较为严重，因而也容易形成本位利益而忽视或损害集体的整体利益。事业部制适用于规模较大的组织，如产品品种繁多、技术复杂或广泛的地区分布的大型企业。

【管理案例】

Welch 对 GE 公司的组织改革

美国通用电气公司（General Electric Company，GE）是世界上最大的提供技术和服务业务的跨国公司。GE 成立于 1892 年，1939 年在美国管辖的工厂有 30 几家，1947 年增加到了 125 家，1976 年年底在国内 35 个州共拥有 224 家制造厂；1963 年，当波契（Boych）接任董事长时，公司的组织机构共计分为 5 个集团组、25 个分部和 110 个部门。1967 年以后，公司的经营业务增长迅速，几乎每个集团组的销售额都达 16 亿美元。波契又把 5 个集团组扩充到 10 个，把 25 个分部扩充到 50 个，110 个部门扩充到 170 个。他还改组了领导机构的成员，指派了 8 个新的集团总经理、33 个分部经理和 100 个新的部门领导。1977 年，通用公司职工总人数 38.4 万，总资产达到 136.96 亿。到了 1981 年时，通用公司的规模更加庞大，大约有 500 名高级管理者和 130 名副总裁及以上级别的管理者，每个部门的领导者就是一个高级副总裁，但是这些领导就像漏斗一样，没有任何实权。有多达 2.5 万个雇员拥有管理者的头衔，几乎平均每两名成员中就有一名是管理者。

Jack Welch 于 1981 年就任 GE 的 CEO。面对当时过多的官僚体系、过多的管理者和头衔，Welch 开始了对通用公司"减少等级级别"的三项改革：一是删掉管理层级中的第二级和第三级，摒弃了自己和各分支机构首席执行官之间的等级差别。通用公司的管理人员因此大量减少。十年后，从董事长到工作现场管理者之间的管理级别从原来的 9 个减至 4~6 个。每个企业只留下 10 名副总裁，而其他与 GE 规模相当的公司通常都有 50 个左右。二是明晰流程。各项工作要勾画"流程图"，清晰地揭示各步骤之间的次序和关系。三是打破界限。Welch 认为不分界限是 21 世纪企业的特色。但反观通用公司，却存在着太多的界限：管理层之间的界限、工程人员与销售人员之间的界限、正式员工和钟点工之间的界限、公司和外部社区间的界限等。通用公司存在的这些界限，导致了公司反应迟钝和沟通不畅。无边界的企业可以克服公司规模和效率之间的矛盾，兼顾大型公司的力量和小型公司的灵活。

在 Welch 对通用公司进行改造之后，公司的市价从 140 亿美元上升到 1999 年的 4000 多亿美元，通用公司也成为世界上排名第二最具价值的公司。在 1999 年 11 月 22 日出版的《财富》杂志中，Jack Welch 被评选为"世纪经理"。

(5) 矩阵型组织结构

矩阵型组织结构又称项目—矩阵结构，是为完成某一任务而专门成立项目小组，与原组织配合，同一名员工既与原职能部门保持组织和业务上的联系，又参加项目小组的工作，在形式上有行列交叉之式。职能部门是固定的组织，项目小组是临时性组织，每个项目小组在组织的最高主管的直接领导下工作，当项目任务完成以后就自动解散，其成员回到原职能部门工作，组织关系如图 6-5 所示。

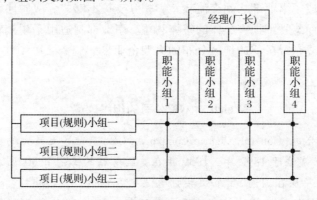

图 6-5　矩阵型组织结构

矩阵型组织结构的优点是：将组织资源和部门纵向和横向联系起来，能够根据环境的变化而变化，具有较强的机动性和适应性；实现了集权与分权的有效结合，利于不同部门、不同专长的人员组织起来，发挥潜力，有利于人才培养；有利于解放各个职能部门间的限制，使部门能够得到更加充分的使用，利于平衡成本和绩效。缺点是：项目小组受到纵向、横向的双重领导，指挥关系比较复杂，可能存在扯皮现象；项目小组任务有临时性，因而组织结构的稳定性差。矩阵型组织结构适合对环境变化或任务要求做出迅速反应的组织。

(6) 多维立体型组织结构

多维立体型组织结构是矩阵型组织结构形式和事业部制组织结构形式的综合，由美国道—科宁公司于1967年首先建立。多维立体型组织结构在矩阵制结构（即二维平面）基础上有产品利润中心、地区利润中心和专业成本中心，由此构成三维立体结构。多维立体型组织结构仍然是多重领导和各部门配合，并没有改变矩阵制结构的基本特征，扩展了矩阵制结构，融合了事业部制、直线职能制等组织结构形式，增加了组织系统的多重性。这种结构如图6-6所示。

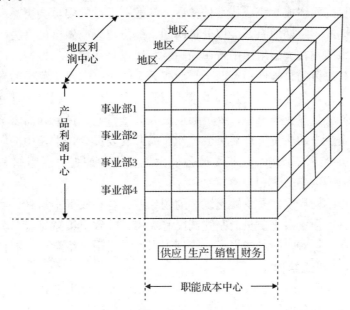

图6-6　多维立体型组织结构

多维立体型组织结构需要每个部门从整个组织考虑问题，减少了产品或服务部门、职能部门、地区经营管理部门之间的矛盾，但仍然有多重领导的风险。这种组织结构形式适用于多种产品开发的大规模跨地区经营公司或跨国公司。

(7) 委员会制组织结构

委员会制组织结构是指组织的决策权和管理权并不是由单一的领导者拥有，而是交给两位以上的管理者组成的委员会共同行使。其特点是：以集体领导的形式来行使其最高决策权和管理权，各委员职权相同、集体议事，以投票结果来决策，按少数服从多数的原则决定问题，实行集体负责。委员会的成员往往由多个部门的负责人构成，如图6-7所示的

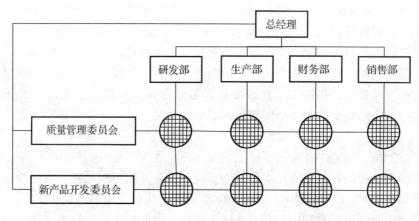

图 6-7 委员会制组织结构

企业管理的委员会制组织结构图,"列"是各有关职能部门,"行"是各专门委员会,因而具有较为明显的项目矩阵结构的特征。委员会可以临时设置,也可以常设。临时性委员会通常为某一特定目的而组成,完成特定任务后即解散;常设的委员会更具有稳定性和一致性,委员需要定期或不定期地召开会议分析问题,提出建议或做出最终决策。

委员会制组织结构在大型组织中普遍采用。其优点是能集思广益,对问题能有较周全的考虑,利于提高决策的科学性;有助于平衡权力,防止权力过于集中而导致滥用职权的现象;因委员往往代表各方面的利益和需求,因此,委员会制有利于将这些利益和需求反映出来;多数委员会是专业委员会,委员会成员大多是专业人员,因而委员会更容易做到决策的专业化。企业中的质量管理委员会、新产品开发委员会,学校中的职称评定委员会是较为典型的委员会组织结构。这些委员会极大地补充和加强直线组织和职能组织的作用,有利于组织内的信息交流和沟通。

委员会制组织结构局限性是:缺乏统一的领导者,容易权责不清晰,甚至互相推卸责任,使委员责任感不强;由于委员会制强调民主决策,导致决策意见容易分散,在决策上及行动上变得缓慢,耗费时间和成本高;管理不当可能出现派系对抗,不利于团结。

(8) 其他类型的组织结构

在知识经济和互联网时代,经济与社会与过去相比发生巨大变化,这些变化对社会组织组织的变革产生了深刻的影响。为了更好地适应环境和组织发展,或者为了更好地整合资源,许多新型组织结构形式应运而生。

① 网络型组织结构 这是一种新型的组织形态,利用现代信息技术手段、以契约关系的建立和维持为基础,依靠外部机构进行制造、销售或其他关键业务的经营活动的组织结构形式。在网络型组织结构基础上,组织的大部分职能可以外包给其他组织,这使组织能够保持较高的灵活性,组织集中精力做其擅长的事。其特点是:组织的大部分活动都是外包、外协的,即组织将多项工作或业务外包给其他组织来承担,本组织则保留有限的职员,开展有限的工作或业务。这种结构优点是:组织更加专注于自己的工作和业务,同时也可以保持较强的应变能力。缺点是:组织与外包组织之间的联结较弱,并没有正式的资本所有关系和行政隶属关系,只是通过相对松散的契约纽带,透过一种互惠互利、相互协

作、相互信任和支持的机制来进行密切的合作，因而主组织对外包组织的控制力有限。

②虚拟组织　这是一种区别于传统组织，以信息技术为支撑，可以迅速提供产品或服务的人机一体化组织。此类组织往往不具有法人资格，也没有固定的组织层次和内部命令系统，是一种开放式的组织结构。其特点是：以现代通讯技术、信息存储技术、机器智能产品为依托，在形式上，没有固定的地理空间，也没有时间限制，组织成员通过自律和共同的价值取向实现团队共同目标。因而，虚拟组织中的成员可以遍布在世界各地，由于没有产权上的联系，因而相互之间的合作关系是动态的。

6.2.3　组织结构的权变因素

组织结构的选择或者设立，往往需要根据特定的情景，组织发展适合什么样的组织结构，往往取决于四个方面的权变因素：战略、规模、技术以及环境。

(1) 战略

艾尔弗雷德·钱德勒(Alfred Chandler)于1962年出版了《战略与结构》一书，最早对战略与结构的关系做了较为详细的研究。他研究发现：组织通常起始于单一产品或产品线，只要求一种简单、松散的结构形式。但当组织成长以后，他们的战略变得更有雄心，也更加复杂了，为了支持所选定的战略，结构就需要变革。所以他得出结论：公司战略的变化导致组织结构的变化，即所谓的"结构追随战略"。组织结构应该为实现组织目标存在，结构应该服从战略。当组织战略发生重大调整时，管理者就需要变革组织结构，以适应和支持组织在战略上的调整与变革，如国际业务的开拓，就需要专门的国际业务部门；新业务的兴起，需要成立新的业务部门或新公司。如IBM公司从PC制造商转向方案提供商，将PC业务出售给联想，就是典型的战略调整带来的组织结构变化。

(2) 规模

组织的规模明显地影响着结构。大型组织要比小型组织更复杂，体现出更高程度的专门化、部门化和集权化，规则条例也更多。大型组织的部门相对齐全、职位体系完善，管理层级较多，管理规范相对系统但又有些繁杂。组织规模与组织结构的复杂性呈现出某种程度上的正相关关系。但这种关系并不是线性的，因为当组织增长超过一定规模时，规模对结构的影响强度会逐渐减弱。从本质上说，一个拥有2000名左右员工的组织，已经是相当机械式的了，再增加500名员工不会对其产生多大的影响。相比之下，只有300个成员的组织，如果增加500名员工，就很可能使其转变为一种更机械式的结构。

(3) 技术

任何组织都需要采取某种技术来实现组织目标。这一过程就是将投入转换为产出的技术使用过程，如汽车流水线、办公自动化等。英国学者琼·伍德沃德(Joan Woodward)研究了结构设计因素对组织成功的影响。伍德沃德一直未能发现一致的变化规律，直到他按照生产批量的规模将这些企业区分为三种类型：第一类是单件生产(unit production)，代表的是单件或小批量的生产；第二类是大批量生产(mass production)，也就是大批、大量生产；第三类是技术最复杂的一类，是连续生产(process production)，反映连续流程的生产(表6-1)。

表 6-1　生产技术对组织结构的影响

	单件生产	大批量生产	连续生产
结构特征	低度的纵向分化 低度的横向分化 低度的正规化	中度的纵向分化 高度的横向分化 高度的正规化	高度的纵向分化 低度的横向分化 低度的正规化
最有效的结构	有机式	机械式	有机式

组织结构往往需要根据其采用的技术而做相应的调整。如办公自动化，使组织结构更加扁平化；智能制造，使制造部门的人员结构更加简单。一般地说，技术越是常规化，结构就越显示出标准化的机械式特征。组织越是采用非常规化的技术，就越可能实行有机式结构。

(4) 环境

环境因素是组织管理必须考虑的外在因素。当组织在一个稳定和简单的确定环境中时，由于组织已经适应了这一相对简单的环境，那么组织对结构的要求相对较低。而组织在一个动态和复杂的不确定环境中时，组织绩效呈现出波动性，甚至出现大起大落，不利于组织的长期稳定发展。成熟的管理者往往会试图减少这种不确定性。有机式设计组织结构所提供的灵活性有利于保证组织适应这种不确定性环境。尤其是经济危机的出现，使很多公司不得不裁撤或合并某些部门或业务。为了有效应对环境的不确定性，很多大公司专门设立了首席信息官(Chief Information Officer, CIO)以应对瞬息万变的环境。在稳定、简单的环境中，机械式设计倾向于最有成效。

6.3　组织设计

良好的组织设计是确保组织有效运转的基础。组织设计的核心是组织结构的设计。组织结构设计涉及管理层级、部门设置以及职权配置。科学的组织结构设计有利于合理配置资源，也有利于提高管理效率。

6.3.1　组织设计的含义

组织设计就是对组织实现目标、展开工作所必需的各种资源进行有效组合与安排的过程，其实质是对组织成员进行横向和纵向的分工。通过组织设计来协调组织成员与目标任务的关系，优化配置管理要素，使组织运行既能满足组织发展目标的需要，也能有效发挥成员的能动性。组织设计是执行组织职能的基础工作，组织设计的核心内容是如何设计符合组织经营管理需要的组织结构，其主要任务是确定组织结构类型，设计组织结构系统图，确定和编制职务说明书和组织手册。

组织结构系统图一般用树形图表示，有明确的组织构成部门、职权关系和主要职能，显示了组织分工和部门的结果，如图 6-8 所示。职务说明书是用文字的形式说明某一职位的名称、工作内容、职责和职权，与组织中其他职务或部门的关系，通常还有该职务承担者所必须具备的任职条件，如学历、工作经验、技术技能等。组织手册通常是组织结构系

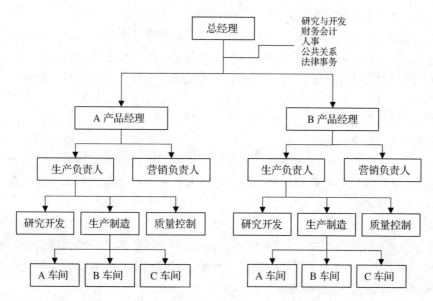

图 6-8 组织结构系统示意图

统图与职务说明书的综合。

组织设计是一个动态的过程，需要根据组织发展的需要和外部环境的变化不断调整，使各部门职责与职权，每一职权与职责，以及各部门、主要职权之间的相互关系得到更大优化，从而使组织在运行过程中既保持凝聚力又有适应性。

6.3.2 结构设计的内容

(1) 管理层级与幅度的划分

首先，管理层级的划分是组织的纵向结构设计问题，是指在职权等级链上设置的管理职位的级数。其原因在于，当组织规模扩大至单个管理者无法完成确定的目标和任务时，势必要委托其他人来协助完成一部分管理工作，这就使管理层次增加到两个层次。当组织规模进一步扩大时，受托者将不得不进一步委托其他人来分担自己的管理工作，这使管理层级再增加一层。以此类推，形成了组织的多层次的管理结构。管理层级的划分，通过管理上的层层委托，将组织在纵向结构上划分成若干层次，是保证有效领导的必要条件。

管理层级一般分为高级管理层、中级管理层以及基础管理层三个层次。高级管理层的主要职能是制定组织目标及实现目标的基本策略和阶段，分解组织目标并向下级传达实现的要求，对整个组织实行统一指挥和综合管理，协调各部门间的活动，是组织的决策层。中级管理层的主要职能是拟定和选择实现分目标的实施方案，在部门内分配资源，指导和协调、监督和评价下级工作，对出现的错误及时纠偏，是组织的经营管理层。基础管理层的主要职能是根据上级安排的任务制定具体实施方案和程序，指导和协调下级工作，努力完成既定目标和任务，是作业管理层或操作层。

其次，管理幅度的划分要求组织设计时必须考虑管理者管理多少下属比较有效，这就是管理幅度（又称为管理宽度、管理跨度）问题。管理者能够直接、有效监督、管理、指导下属的人数是有限的，超过这个限度，管理效率会下降。在同一部门内部，如果超过了管理幅度，就需要考虑增加一个管理层次（administrative levels）。

再次，管理幅度与管理层级具有紧密关系。影响管理层次划分的因素主要是组织规模和管理幅度。组织规模越大，组织成员越多，在既定的管理幅度下，管理层级会越多，因此，管理层级与组织规模成正向关系。在组织规模既定的情况下，管理幅度越大，管理者直接管理的员工越多，则管理层级越少，因此，管理层级与管理幅度成反向关系。由此形成了两种组织结构形态：扁平结构和锥形结构（图6-9）。

扁平结构的特征是管理幅度较大，管理层级较少，纵向沟通联系渠道较短，高层管理者比较容易接触到基层，有利于提高决策科学化和民主化，节省管理费用；但管理幅度过大则容易导致管理者难以有效指导和监督，管理人员管理任务重，处理下级事务可能会不及时，因而对管理者素质要求较高。

锥形结构就是管理幅度较小，管理层级较多，所以有时也称为金字塔结构。其优点是结构严密、每个人的职责明晰，管理者能够有效管理下属；但管理层级过多则易导致等级森严、管理部门较多，因此，信息传递速度放缓，部门间协调任务重，管理费用较高，组织效率降低。

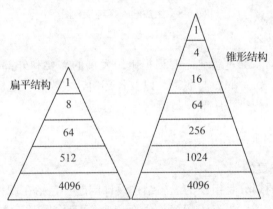

图6-9　扁平结构与锥形结构的比较

组织设计必须考虑扁平结构和锥形结构的优势，克服局限性。在图6-9中，如果一个组织有作业人员4096人，在不同管理幅度下，管理层级有很大差别。如果管理幅度分别设计为4人和8人，管理幅度大的设计（扁平结构）比管理幅度小的设计（锥形结构）可以减少两个管理层次，减少780名管理人员。如果管理人员的年薪为12万元，扁平结构的组织比锥形结构的组织每年可以节省9360万元工资开支。正因为扁平组织结构在效率和成本上的优势，企业组织结构出现了扁平化的趋势。

最后，影响组织管理幅度与管理层次的因素主要包括四个方面：一是上级和下属的工作能力。如果上级管理者有较强的综合能力、理解能力、表达能力，则能够对下属有较好的指导，同时也能较好地解决下级提交的决策事项和出现的问题，那么管理幅度就可以设置宽些，管理层级可以较少。同样，如果下属具有较强的解决具体事务的能力，有较高的职业素质，则可以较好地完成既定目标和任务，减少可能出现的偏差，减轻上级解决下级问题的负担，那么管理幅度也可以设置宽些，管理层级可以较少。反之则相反。二是工作内容和性质。如果下属从事的工作内容和性质相近、常规性较高，则上级管理者对下级的指导和控制工作将大大减少,则管理幅度可以宽泛些,相应地,管理层级则可以减少。如果下属工作任务差异性大、复杂性较高,上级管理者需要花较多时间和精力对下级进行指导和控制,对上级管理者的能力要求也较高,则管理幅度可以窄些,管理层级自然会增多。三是工作条件。管理幅度和管理层级的设置还受到工作条件的影响。如果工作地点相近,管理工作有先进的信息手段的支持,则可以大幅提高管理幅度,降低管理层级。尤其是先进的电子信息手段的运用,极大地提高了上下级、同级之间的信息沟通与交流,提高了沟通效率和管理效果,已经成为现代管理和扁平化组织设计的必要条件。四是组织文化。在组织文化的凝聚力越强的组织中,组织成员较高的自觉性和集体意识,在上下级之间、同级之间会形成一种默契,能够较好地配合完成工作,因此,组织可以选择扁平化结构。

【管理案例】

管理幅度的实践

20世纪初,拥有多年作战经验的伊恩·汉密尔顿(Ian Hamilton)将军对管理学有着独特的研究。他发现管理幅度的变化会影响管理工作的效果。一个军士可以很好地指挥三个士兵的作战工作,而并不会感到忙碌。一个陆军中将指挥六个或以上的师长时则难以达到预期的效果。他从观察中得出结论:对于一般的管理者来说将管理幅度控制在3~6个人时,将处于最理想的工作状态。最后,伊恩·汉密尔顿(Ian Hamilton)提出建议,管理者在组织中的职位越高,管理幅度越应该控制在六个人左右。

作为古典管理理论的创始人之一,法国的亨利·法约尔(Henri Fayol)在组织职能的研究中提出了适宜的管理幅度。他认为,最高经理管理4~5名部门经理,部门经理管理2~3名管理人员,管理人员管理2~4名工长,工长管理25~30名工人是最为合理的管理幅度。

英国的著名管理顾问林德尔·厄威克(Lyndall F. Urwick)以人的"注意力跨度"为基础对管理幅度进行研究发现:一个管理者无法直接管理超过五个或者至多六个与其工作紧密相关的下属的工作。

1952年,美国管理学会对141家当时被公认为有良好的组织实践的公司总经理的管理幅度实践情况进行了调查,调查结果显示:这些公司总经理的管理幅度为1~24人不等。

2005年,我国在铁路系统中实施路局直管站段体制改革。改革后,铁路局级管理层次及管理幅度方面发生了很大变化。从各路局来看,分局全部撤销,路局整体上就减少了一个管理层次,由三级管理变为二级管理。同时,铁路提速后,许多路局对站段进行了合并。以哈尔滨局为例,截至2007年4月,全局车、机、工、电、辆等主要运输站段由原有的134个调整到67个,编组站由16个调整到4个,区段站由25个调整到13个,中间站由525个调整到474个,列检所由51个调整到46个,机务分段和机务折返段减少30%。路局的管理幅度明显减少。

(2) 部门的划分

部门的划分本质上是劳动分工,是将组织中各项任务和工作进行分解,并根据管理便利和效率的需要，将类似工作放在同一个部门的过程。部门的划分要遵循以下原则：精简原则，即保持最少的部门划分，降低管理费用；弹性原则，根据组织发展的需要而精简、增设或撤销部门；目标实现原则，即以确保目标实现标准确定相应的部门；监督与执行的部门分立原则。组织设计中经常运用的部门划分有三种：职能部门化、产品或服务部门化、地区部门化。

①按职能划分部门　是指依据完成组织目标和任务，根据专业化的原则，将所履行的职能管理工作划为同一部门，如企业中设立营销、人事、生产、财务、研究开发等职能部门。按职能划分部门是组织设计中最常用的方法，几乎所有组织都存在这样划分的组织结构。典型的职能部门化组织结构如图 6-10 所示。按职能划分部门最大的优点在于实现了职能工作的专业化分工，其结果是业务活动的重点，简化了培训工作，在部门中实现规模经济，利于提高专业技术水平和管理效率。其缺点是：容易形成狭隘的部门观，各部门强调自己部门的重要性，破坏公司的整体性。

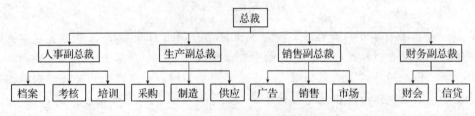

图 6-10　职能部门划分结构图

②按产品划分部门　是指按照产品和服务的不同来划分和设置组织的部门，以此来组织相关业务活动。这种划分适合产品或服务多样化的大型组织，在分权的情况下则与事业部制是一致的。图 6-11 表示了某制造企业产品部门化的情况。采用产品或服务部门划分的主要优点有：有利于采用专用设备，也有利于产品和服务的持续改进与发展；由于产品或服务是利润中心，所以产品或服务部门化有利于明确部门利润责任，便于评价部门绩效，有利于部门之间的竞争，激发部门的主动性和创造性；由于产品或服务部门化有明确的利润责任，所以产品或服务部门化要求部门负责人领导部门的各种管理活动，有利于综合型人才的培养，这也往往成为高层管理者的培养策略。明显的缺点包括：强化了部门利益，不利于组织的整体性；每个产品或服务部门都有某些相同的管理职能，造成机构重叠和管理资源的浪费，增加了管理费用。

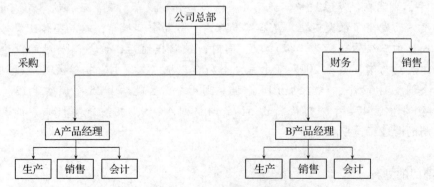

图 6-11　产品部门划分结构图

③按地区划分部门　是由于组织的业务分布于不同区域,不便于在同一地区内实施统一管理而采取的部门划分措施,主要适用于规模较大、业务分布于多个地区的组织,尤其是跨国公司。图 6-12 显示了企业的地区部门划分。按地区划分部门的优点是:区域部门将区域内的各项业务和管理工作统筹起来,有利于区域内协调;区域部门成为利润中心,具有相对独立性,有利于激发部门人员的积极性。其缺点是:总部与各区域部门不在同一地区,不利于组织实行集中的管理和服务,总部对区域部门的控制力较弱;由于区域部门需要独立开展经营管理,对部门负责人的能力要求较高。

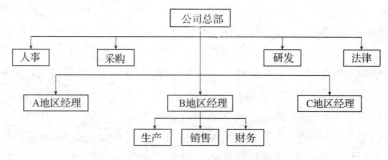

图 6-12　地区部门划分结构图

(3) 职权的配置

职权是指组织经由一定的程序赋予某一职位的权力,是管理者行使职责的工具。职责是某项职位应完成某项任务的责任。按照权责对等原则,有职权就有职责相对等,二者共依共存,正如法约尔所说,职责与职权是孪生子,职责是职权的必然结果和必要补充。职权配置是指组织将推动组织运行的必要的全部职权在组织内的各部门、各职位以及不同管理层级之间进行分配与确定,明确规定各部门、各种职务的具体职权,从而建立起集中统一、各部门和职位协调配合的职权结构。

授权是指上级管理人员将某种特定权力授予其下属人员的过程,为了提高下属的积极性和自由裁量的权力,需要上级管理者将完成某项工作任务所必需的权力授权给下属。这个过程包括自主确定任务完成计划、人财物的使用、对外沟通与交涉、内部交流与协调等活动所需的权力,以及监督控制下属行使权力等。授权过程,并不表示必然承担某种必要的责任,即便下属获得了部分决策权并有了相应的责任,但上级管理者仍然要对授予下属的决策权所对应的责任承担责任,这是授权的绝对原则性。授权是一门管理的艺术,恰当的授权可以让上级管理者有更多的时间和精力投入到更为重要的管理工作上来,如战略规划等,同时也可以激励下属。

职权配置与授权都是组织权力分配的途径,但两者又有区别。职权配置是组织领导者在组织设计时将不同职权分配到各部门、各职位;授权则是管理者在其权力范围内,将其权力委托给某个下属来执行。由此可见,职权配置是组织设计中的一项主要内容,而授权则更具有随机性。

职权配置分为横向和纵向两种。职权的横向配置又称为职权的横向划分,即职权在组织机构中的同一层级的不同部门之间进行分配,并明确相互关系。这与组织结构和职位设置相适应。组织职权经过横向划分,由此形成三种职权关系:一是专业化的职能职权;二是同级部门之间的协作关系规定相应的职权,如建议权、协商权;三是部门和职位之间的横向制约关系所确定的监督权。职权的纵向配置,又称职权的纵向划分,即组织职权在组织机构的不同层级中进行的分配,形成上下衔接、贯穿到底的纵向系统,由此形成职权的纵向结构。

根据职权在不同层级的配置,职权的纵向配置又可分为集权制与分权制。集权是指管理权限更多地集中在组织系统中较高层级。其优点有:可以政令统一、统领全局;有利于从全局配置资源,管理效率较高;有利于集中力量解决重大问题。其缺点是:管理权限集中于较高层级,使基层员工难以及时应对和解决一线问题,因而组织应变能力差;下属缺乏充分的自主权,容易抑制下属的积极性、创造性和主动性,也降低了决策的质量。分权是指为激发下属的主动性和创造性,管理权限更多地配置在组织中下层,高层管理只把握少数重大问题的决策。其优点是:有利于激发下属和基层员工的积极性;能够较好地解决一线问题,有较强的环境适应力。其缺点有:降低在整个组织范围内合理配置资源的效率;有可能导致基层部门过于独立,高层管理者难以领导。

集权和分权是一对相对的概念。在组织管理中,集权和分权是相对的,既没有绝对集权,也没有绝对分权。组织管理是集权制还是分权制,其判断标准可由决策的数量、决策的范围、决策问题的重要性、对决策控制的程度来确定。若较低管理层次做出的决策数目较多,决策涉及的面较广,涉及的决策问题比较重要,对决策有较强的控制,就可以认为分权程度较高;反之,集权程度较高。影响集权和分权程度的因素主要包括三个方面:一是组织因素。组织规模越大,业务空间分布越分散,则越需要通过分权来激励组织成员。如果高层管理者倾向于集权或底层管理者参与组织决策的意愿不高,或者组织面临危机和危险或处于重要转折期,组织采取集权制的可能性更高。二是决策的问题。越是需要底层管理者在一线处理问题,越是需要高层管理者听取底层管理者的信息、情报和建议,越需要较高的分权。三是环境因素。环境越是复杂和不稳定,则越需要更分权化来赋予底层管理者更多的权限来应对一线问题。技术的变革尤其是管理技术的进步,如信息技术,也会改变集权或分权的格局。越是借助于先进管理技术,越可能采用分权制。

6.3.3 组织设计的原则

任何组织形式的设计都要围绕着组织目标的实现展开,因此,也就必须遵循一些共同的原则。

(1) 战略目标原则

组织设计的目的是为了确保组织战略目标的实现。组织设计是保证战略目标实现的一种手段。因此,在进行组织设计时,首先要明确组织的发展战略及其目标是什么,有哪些业务和管理工作,据此确定组织内应设的部门、职务,以及选人问题等,做到"因事设职、因职选人"。

(2) 统一指挥原则

统一指挥是指组织的各级部门及个人必须服从一个上级的命令和指挥,以确保政令统一、行动一致,防止"多头领导""令出多门"。统一指挥要求任一下属只接受一个上级的领导,上级指示从上到下逐级下达,上级不得越级指挥下级。统一指挥在保证组织效率方面的意义极为突出。

(3) 权责对等原则

权责对等是指一个部门或一个管理人员职权与职责须保持一致，杜绝"有责无权"或"责重权轻"，防止"责轻权重"，激励责任承担者的积极性和主动性，并有效承担责任。因此，权责对等原则要求在进行组织设计时，既要明确规定各管理层级和各部门的职责范围，又要赋予其完成职责所必需的管理权限，职、责一致。

(4) 专业化原则

专业化是指组织中的每一个成员都在一定的时间内从事专门的工作。组织内涉及多种专门性工作，这也要求有专门知识的人去承担。专业化有利于提高组织成员的专业技术能力和业务成熟程度，提高工作效率。组织的不同层级、不同部门对专业化要求不同。越是基层，工作专业化的要求越高，而对综合性能力要求越低；相反，越是高层，对综合性能力的要求越高，而对专业化的要求则比较低。职能部门履行专业化管理职能，因而工作专业化的要求越高，对综合性能力要求越低。

(5) 有效性原则

有效性原则是指组织结构的设计能够有效地实现组织目标，这包括两层含义：一是精简高效，部门和职位设置使人员减少到最低限度，没有多余的管理层次，命令传达、信息沟通迅速；二是动态性，组织结构能够根据发展需要和环境变化及时调整，能在变化中有效地完成任务和实现目标。无论是精简高效还是动态性，都是为了确保组织内部各层次、各部门都能有效地履行其职能，有效实现组织目标。

6.4 组织变革与创新

组织的发展和组织外部环境的变化要求组织结构和管理模式都要有相应的变化，这就是组织变革与创新。在新经济时代，组织变革与创新已经成为常态。

6.4.1 组织变革的含义与类型

组织变革是指运用行为科学和相关管理方法，对组织的权力结构、组织结构、组织规模、沟通渠道、角色设定、组织与其他组织之间的关系，以及对组织文化等进行有目的、有计划的调整和革新，以适应组织所处的内外环境、技术特征和组织任务及发展的需要，提高组织效能。

组织变革不同于组织发展。组织变革是通过变革打破原有平衡，通过建立新的组织系统使组织实现动态平衡发展，变革的原因往往是组织原有系统不能适应形势变化或发展的要求，而通过变革来打破它们，以建立适应新形势和发展要求的新的稳定和平衡；动态平衡强调适应性、革新性和突变性。而组织发展是组织稳定的、持续的自我更新和开发，强调组织的应变力及解决问题能力。组织发展既包括所有类型的变革，也包括其他类型的组织演化。根据组织变革的程度不同，可以将组织变革分为两类：渐进式与剧烈式。

① 渐进式变革 是指一系列的持续性的改进活动，通过持续的改进活动，对组织的功能、文化、人员等进行渐进的改变，形式上"风平浪静"。这种变革类型通常只能影响组织

的一部分，发生在已建立的组织结构与流程中。

②剧烈式变革　是对组织权力与结构、文化、技术、人员甚至业务等进行多层次的、激进式的改变。虽然这样的变革发生在组织局部的、个别的部门，但通常对组织具有全局性影响。常见的有流程再造、部门合并、业务裁减、企业并购重组等。

6.4.2　组织变革的动因

组织变革的动力既可能产生于内部的发展需求，也可能来源于外部竞争的压力、法律或政策的要求、市场发展的变化。

(1) 组织内部动力

组织谋求发展、壮大而产生的内生动力。组织的高层管理者为了谋求组织的发展和壮大，为了能够适应竞争和发展的需要，往往有"壮士断腕"的决心，对组织进行变革。在他们看来，不进行变革，组织的竞争地位就会被削弱；不进行变革，组织就很难获得领先优势。因此，他们会自觉地追求组织变革。同时，在一个良好的企业氛围里，员工也期望通过变革，使企业经营得更好，具有较高的社会影响力和美誉度。员工也期望可以在一个成长型的组织中。所以，员工也会自发地形成变革动力，以获得组织绩效的改进。

(2) 组织外部压力

外部压力成为组织变革的另一个动力，甚至超越内部动力。首先是竞争压力。在竞争性的行业中，企业面临同行市场份额的争夺，这也迫使企业有动力进行变革，以应对竞争压力。这个压力可能来源于产品、渠道等。所以，营销方式变革、技术创新、渠道创新常成为组织变革的首选。

技术创新，是各个企业必须重视的竞争压力。如 IT 行业中的"摩尔定律"仍然发挥着重要作用。技术创新既加快了产品的更新，也使产品更加复杂、智能化。没有坚实的技术基础，很难应对竞争对手的技术创新。技术创新带来的各种进步还表现为更为快速的信息网络、更为严谨的质量控制标准等，这促使企业必须变革传统的高度依赖于人工的、经验式的管理方式。而且技术创新有可能会对产业产生颠覆性效应，如"互联网+"引起金融业、零售业等发生巨大的变化，导致整个产业重构。

政府政策或相关法律的变化，也会促使企业必须做出相应的变革。政府政策和相关法律对企业的经营管理有着很强的规范作用，如政府制定的产业政策、国家制定的有关反不正当竞争法(反垄断法)等，会限制或者鼓励企业的经营范围，以及并购等。

市场发展也会引起组织变革，如市场发展阶段不同，组织模式也会有很大不同，这就要求组织需要适应市场来做出相应变革。尤其是当整个市场环境或者经济环境发生变化时，组织为适应这种变化更加需要变革自己，如组织扩展和缩减等。

6.4.3　组织变革的过程

组织变革是一个有计划的持续的过程。为了使组织变革能够顺利展开，并能达到预期的效果，必须对组织变革的基本过程有一个全面的认识，然后按照科学的程序组织实施。库科·卢因(Kurt Lewin)把组织变革的基本过程分为三个阶段：

第一阶段：解冻阶段(unfreezing)

这是变革前的准备阶段，在这一阶段首先是心理准备，明确变革需求和变革计划，使组织成员能够看到并接受必须进行的变革。在这一阶段，管理者的中心任务是改变员工原有的观念和态度，做好变革需要的心理准备和技能准备，并激励员工更新观念，接受改革并参与其中。

第二阶段：变革阶段（changing）

在组织解冻时，实际已经进入变革的阶段了。在这一阶段，组织需要向员工解释变革的日程安排，对变革可能产生的影响做出分析，并积极鼓励员工参与变革活动。作为组织变革核心成员的领导，可以发现并利用新的态度、价值观和行为实施变革计划。

第三阶段：冻结阶段（freezing）

由于人们对传统习惯、价值观念、行为模式、心理特征等都是在长期的社会生活中逐渐形成的，并非短期内就可以适应和固化为新标准和模式，易于反复，所以需要不断强化，防止反弹。冻结阶段是对变革后行为的强化阶段，旨在通过强化和支持机制，将变革后所形成的新的模式、架构、文化等固化，成为日常的标准和规范。

6.4.4 组织变革的障碍与策略

组织变革有时不能让所有组织内成员都能欣然接受，甚至会引起员工的反对和对抗。因此，在组织变革过程中也存在一定的障碍。

(1) 个体阻力

基于员工的组织变革阻力，主要来自以下三个方面：

①惯性 组织变革意味要打破原有的平衡系统，要求组织成员放弃以往形成的工作方式、模式，以适应变革所期望达到的模式、架构或文化。但由于人们会有长期形成的习惯，以及行为和思维上的惯性，所以通常会以惯用的行为或模式来应对环境，这成为组织变革的阻力。而且在一个单位工作时间越长，所形成的行为惯性往往就越强，越难以改变。

②对未知的恐惧感 变革往往具有不确定性，对未知的恐惧即源于这种不确定性。这种恐惧感包括：一是能否适应新环境，二是能否学会新技术，最重要的是是否会导致自己下岗。所以，对未知的恐惧往往会导致员工拒绝变革。

③经济收益增长上的预期 组织变革能否导致经济收益减少或劳动强度更大，成为员工拒绝变革的又一原因。然而组织变革往往带来利益分配格局重新调整，任一变革难以保证所有员工收益增加，甚至部分员工利益下降或劳动强度增加。这往往会使员工出现反对组织变革的行为。

(2) 团体阻力

组织变革最大的阻力恰恰源于团体的阻力，这主要表现在以下四个方面：

①资源的重新分配 变革前，组织资源已经在各部门间配置，这在实际上已经形成了一种均衡，尽管这种均衡是低效率的、低产出的。变革，就是要打破这种均衡，实现资源的再配置，这意味着从那些业已控制着资源的部门让出资源占有权、分配权或处置权。这些部门会认为变革动了他们的"奶酪"，利益受损，而反对甚至抵制变革。

②权力的重新分配 权力能够带来自我效用的提升。而组织变革必然伴随着权力关系

的重新调整，主要体现在控制权的重新分配。权力的重新分配，就可能会打破原有的权力格局，可能会损害管理层和部分员工已经建立并巩固的权力架构。尤其是当这种变革会带来权力的缩小和消减时，原先拥有这部分权力的员工和管理层就会反对甚至竭力阻挠变革。

③组织惯性　组织的组织方式、运行方式、组织文化等一旦形成，组织成员往往会适应这种方式，形成一定惯性。变革往往会改变这种惯性，尤其是在效率方面会有提升，组织成员由于不适应新的"方式"而反对和抵制这种变革。只要组织还在运行，哪怕是低效的运行，即便有部分人期望变革，但当人们普遍可以接受现状时，组织一般会拒绝变革。

④人际关系的调整　组织变革往往涉及人事变动，从而改变了原有的人际关系。这对于已经适应了原有组织环境和人际关系的人来说，在变革后的新环境工作，具有陌生性，需要组织成员之间重新磨合，重新建立人际关系。如果组织成员之间很难合作共事，一旦发生冲突就会对变革的目标和变革的结果产生怀疑，他们甚至会对组织变革产生抵触情绪和采取抵触性行为。

(3) 成功变革的步骤

①做好组织变革的准备　在实施变革前，需要做好一系列的准备。将现在和未来联系起来，使组织成员产生良好的期望；使学习成为一种生活习惯，以适应变革后新的环境；积极支持和鼓励日常的改进和变革，使组织成员组织适应变革的节奏；鼓励不同意见，使更多成员参与到变革中来，并建言献策；保护突破，使创新创造成为一种常态，使组织能够容忍和接收各种突破；整合技术；建立和深化信任。

②理解自己在过程中的职责　领导者和管理者作为变革的推动者、支持者和参与者，要明确自己的职责，鼓励更多的成员推动甚至领导变革，即便是遇到阻力。

③增加员工个人的职责　组织全员参与，鼓励员工成为变革的推动者。

(4) 减少组织变革阻力的策略

为了确保组织变革的顺利进行，必须要针对变革中的种种阻力事先进行充分研究，制定以下三方面的主要对策：

①客观分析变革的推力和阻力的强弱　组织中存在支持变革和反对变革的力量。在实施变革前，要分析研究哪些是支持变革的力量，哪些是反对变革的力量。管理层应当分析推力和阻力的强弱，采取有效措施，增强支持因素，争取、孤立和削弱反对因素，进而推动变革的深入进行。

②创新组织文化　鼓励创新，使创新、变化成为常态，在组织中形成文化，使组织成员能够适应变化。当组织成员适应创新和变化，并渗透到行为中时，组织成员会在价值观层面接受组织变革，甚至能够支持变革，使变革具有稳固的基础。

③创新策略方法和手段　为使组织成员坚定变革成功的信心，争取更多成员理解和支持变革，避免组织变革造成重大失误和损失，管理者需要制定比较周密可行的变革方案，吸引更多成员参与到组织变革中来，削减小团体对组织变革的抵触情绪，使变革的目标与团体的目标相一致。具体来说可分为以下七种策略：

一是教育与沟通。通过教育与沟通的方式，使组织成员了解变革的原因及紧迫性。教育与沟通方式包括专家授课培训、个别会谈、备忘录、小组讨论或报告会。通过这种方式，使组织成员避免由于畏惧、不理解、缺乏沟通或误解成为变革阻力。二是参与。吸收持观望态度和反对意见者参与到变革决策和实施中来，取得最大范围的支持，最大可能减少阻力，提高变革决策的质量。三是促进与支持。提供支持员工成长的措施，如员工心理咨询和辅导、职业技能培训等。四是谈判。由于变革会对资源、权力等再分配，这可能会削减少数有影响力的人的资源配置权力和其他控制权，他们可能会成为变革的主要阻力，这就需要以某种有价值的东西来换取反对者让步。五是操纵与合作。操纵，即通过扭曲事实、隐瞒消息、制造谣言等手段使拒绝或反对变革者改变自己的观点和立场，从而接受变革，哪怕是表面接受，尽管这样的手段有时候并不道德。合作，即通过各自让步和妥协从而达成某种一致性，以争取反对派支持，是介于参与和操纵之间的形式，有时候比操纵成本低。若欺骗或利用的意图被发现，效果更糟。六是挑选接受变革的员工。接受与适应变革与人的个性或个人特质有关，为了增强变革的力量，组织（管理者）可挑选愿意公开交流经验、对变革持乐观态度、愿意冒险且行为灵活的员工，参与到变革中来，甚至委以重任，加快推进变革。七是强制。借助职位权力或非职位权力，直接使用威胁或行政强制手段，迫使拒绝或反对变革者接受变革。其花费低、易于操作。强制手段可能涉嫌不合法，有违公平、公正、公开原则。即便有些强制手段是合法的，也会被看成是一种暴力。

总之，个人和组织都有可能成为变革的阻力。变革成功的关键即在于提升支持，至少是不反对变革的力量，尽可能消除或消减阻碍变革的因素和力量，从而降低变革的不确定性，必要时还需要运用行政强制的力量保证组织变革的顺利进行。

6.4.5 组织创新

创新是指以独特的方式综合各种思想或在各种思想之间建立起独特联系，也是个体或组织识别机会、利用机会并展望机会的过程。熊彼特（1934）认为组织创新是建立一种新的组合和一种新的生产函数，即采用一种新产品，采用一种新的生产方法，开辟一个新的市场、掠取或控制原材料或半成品的一种新的供应来源、实现任何一种工业的新的组织、垄断地位的建立或打破。对于组织而言，创新可以改变资源配置方式，提高资源使用效率和产出率。组织创新就是通过调整和变革，从而顺利地成长、发展。组织创新主要有制度创新、结构创新、文化创新。

（1）组织制度创新

组织制度是组织指定的正式办事规程或行动准则。组织制度创新，就是要对这些规程和行动准则进行变动，以适应组织发展的需要或环境变化的要求。不同的发展阶段需要不同的制度与之相适应，如考核制度，在企业发展初期，无须详细、规范的考核制度，凭借管理者的经验考核可能更经济而有效。但对于一个大企业而言，由于信息传递、管理链过长，必须有详细而规范的制度对组织成员加以激励，同时不忘约束。制度创新，可以来源于基层管理工作，也可以来源于高层管理者的心得，或来源于考察学习。

同时，在新时期下，组织制度也面临着集权与分权、稳定与变化的问题。在90后逐步成为社会主力的情况下，如何应对青春、活力、自主的90后员工，成为管理者必须面对的问题。传统的严格的管理制度，难以适应90后员工的心理需求，势必要求创新制度，以应对具有新思想的新员工。

(2) 组织结构创新

组织总是以一定的结构来支撑的。从传统的直线制组织结构，到泰勒提出的"职能制"，再到兼具直线制和职能制二者优点的"直线职能制"的出现，再到"事业部制""项目矩阵制"，等等，都是组织结构的不断创新，适应了不同资源配置的需要。这些组织结构的创新提高了资源配置的效率，降低了组织成本。

在信息技术支撑下，组织结构更是呈现多样化，也出现了无边界组织，资源组织方式呈现网络化。一方面，组织层级大量减少，信息技术提升了管理者的管理能力和信息传递的速度和广度，管理者管理意图的表达更加快速地传递给了被管理者；另一方面，管理幅度加大，信息技术提升了管理者信息处理的能力，能够更加有效、快速地与被管理者沟通。

(3) 组织文化创新

文化，是组织实施管理的有效手段之一。良好的组织文化能够增强凝聚力，提高组织效率。文化的创新，取决于领导者的行为风格，也受组织成员素养的制约和组织发展战略的影响。

不同的领导者具有不同的发展思路、行事风格，在其领导下，势必会形成不同的文化，领导者领导时间越长，组织文化受其烙印越深。领导者越是注重文化培育，则其期望的文化内涵也越明显和深刻。

文化总是体现在组织成员的言行之中，组织成员的素养，也制约着组织文化的创新，尤其是当这种文化对其行为、思维产生冲击时，组织成员会有反对甚至抵制行为。这就要求在实施文化创新前做好充分的准备工作，逐步打破固有的文化。

组织的发展战略决定需要有必要的文化做支撑。如当企业需要新技术、新产品以适应竞争需求，那么创新文化就显得格外重要。当企业大力拓展市场，则竞争文化、英雄文化可能更有利于企业迅速提高市场份额。

(4) 学习型组织

彼得·圣吉于1990年完成的代表作《第五项修炼——学习型组织的艺术与实务》中提出了创建"学习型组织"，这实际上是构建一种文化。"学习型组织"包括以下五项要素：

①建立共同愿景　愿景可以凝聚公司上下的意志力，透过组织共识，大家努力的方向一致，个人也乐于奉献，为组织目标奋斗。

②团队学习　团队智慧应大于个人智慧的平均值，以做出正确的组织决策，透过集体思考和分析，找出个人弱点，强化团队向心力。

③改变心智模式　组织的障碍多来自于个人的旧思维，如固执己见、本位主义，唯有透过团队学习，以及标杆学习，才能改变心智模式，有所创新。

④自我超越　个人有意愿投入工作，专精工作技巧，个人与愿景之间有种"创造性的张力"，正是自我超越的来源。

⑤系统思考　应透过资讯搜集，掌握事件的全貌，以避免"见树不见林"，培养纵观全局的思考能力，看清楚问题的本质，有助于清楚了解因果关系。

组织学习的目的是达成共同愿景，促进战略目标的实现，考核指标为愿景和战略的认知度与接受度。学习的主体是企业的利益相关者，包括管理者、员工、顾客、供应商和经销商、合作伙伴和联盟、社会机构等。考核指标包括各类人员在学习型组织中与相应角色的拟合度；学习的过程包括个人、团队、组织学习三个层次和企业文化、组织结构、知识管理等保障促进因素。考核指标包括两类：第一类为个人、团队、组织学习力指标；第二类为保障促进因素的拟合度。学习的结果是组织学习达成的结果，考核指标包括知识产权数量的增加、质量的改善、生产效率的提高等组织能力类指标。

在这样的文化背景下，既能够促进个人成长，也能有效实现组织发展目标，还会使企业实现持续发展。学习型的组织文化必然是多元的。文化的多元化必然会促进组织文化的不断创新，从而不断促进知识经济条件下的企业不断走向繁荣。

▲ 思考题

1. 什么是组织，组织工作有何特点？
2. 什么是管理幅度，影响管理幅度的因素有哪些？
3. 组织设计的原则和部门划分的原则是什么？
4. 组织结构的类型有哪七种？阐述每一种类型的优缺点。
5. 分析你所在的学校或熟悉的企业的组织结构，并画出组织结构图。
6. 组织变革的动因和障碍有哪些？

▲ 百家争鸣

路透社的改革

创立于1850年的路透社(Reuters)是世界上最早创办的通讯社之一，也是世界前三大的多媒体新闻通讯社，提供各类新闻和金融数据，在128个国家运行。20世纪90年代末是路透社发展的顶峰，但随后路透社的发展受到两次冲击。第一次是来自互联网，这使一些新闻公司以更低的价格和简单易用的传输系统提供实时信息，导致路透社流失了大量客户。

2001年，路透社迎来了公司历史上第一个非记者的CEO汤姆·格罗瑟。格罗瑟认为，如果不尽快采取基于网络的系统，那么公司的客户会陆续流失，尽管在2000年时旧的运营系统还运转良好，还能够带来大量利润。但2001年，他的预言成为现实。2002年路透社首次亏损，达到4.8亿英镑。路透社面临着巨大的生存压力。于是，格罗瑟于2003年2月开展了一个三年计划，称为"快速前进"，即试图通过精简产品，优先发展公司重点方向，以及转变企业文化。计划的第一步就是宣布裁员3000人（占公司总人数的近20%）。

为了转变企业文化，路透社向"快速前进"计划中添加了称为"快速生活"的元素，确定关键的价值观，如热情和紧迫的工作、问责制以及客户服务与团队承诺。在由140位管理者参加的为期两天的会议中，路透社根据个人影响及商业解读能力而不是其资历，来决定管理者的职位。尽管会议之后，管理者的热情被激发出来，但当回到日常工作中，他们发现向员工传达紧迫感和责任感，激发其热情很困难。于是路透社又召开了全体员工大会，传达改革计划的目标。随后，员工组成了1300个跨职能小组，每一小组需要选择众多"格罗瑟的挑战"中的一个，并找出具体的解决方法。许多员工小组很快就提出了解决方案，并迅速得到实施。员工们在管理上还要求更明确的产品供给，减轻官僚主义，以及更多地采用问责制。根据这些要求，管理层推出了合理产品线和精简公司管理结构的计划。经过改革，在2003年，公司拥有1300种产品，在2004年年底，公司就创造了3.8亿英镑的利润，股价上上涨近两倍。到2005年只聚焦于50种通过网络传输的关键战略产品，改革取得了巨大成功。

讨论：
1. 路透社的改革成功的基本策略是什么？
2. 路透社面对什么样的形势和环境，又是如何进行战略调整的？
3. 路透社改革设立的组织结构是什么样的？请论述其优势。
4. 组织结构设计应如何适应企业战略的需要？
5. 组织变革前需要做哪些准备？

第7章 领 导

【引导案例】

逐渐巩固了领导地位的首席执行官

土星电脑公司快速发展，但也面临着来自东海岸大公司的激烈竞争。公司刚开张时，高层管理人员穿着T恤衫和牛仔裤来上班，谁也分不清他们与普通员工有什么区别。然而，当公司财务出现了困境，局面有了大的改变，原先那个自由派风格的董事会主席虽然留任，但公司聘入了一位新的首席执行官琼斯。

琼斯来自一家办事古板的老牌公司，他照章办事，十分传统，与土星公司的风格相去甚远。公司管理人员对他的态度是：看看这家伙能待多久?!

看来，冲突矛盾是不可避免的了。第一次公司内部危机发生在新任首席执行官首次召开高层管理会议时。会议定于上午8点半开始，可有一个人9点钟才跌跌撞撞地进来。西装革履的琼斯眼睛瞪着那个迟到的人，对大家说："我再说一次，本公司所有的日常公事要准时开始，你们中间谁做不到，今天下午5点之前向我递交辞职报告。从现在开始到我更好地了解你们的那一天，你们的一切疑虑我都担待着，你们应该忘掉过去的那一套，从今以后，就是我和你们一起干了。"到下午5点，十名高层管理人员只有两名辞职。

此后一个月里，琼斯颁布了几项指令性政策，使已有的工作程序改弦易辙。从一开始，他三番五次地告诫公司副总经理威廉，一切重大事务向下传达之前必须先由他审批。他抱怨下面的研究、设计、生产和销售等部门之间缺乏合作，在这些面临着挑战的关键领域，土星公司一直没能形成统一的战略。

琼斯还命令全面复审公司的福利待遇制度，然后将全体高层管理人员的工资削减15%，这使得公司一些高层管理人员向他辞职。研究部主任这样认为："我不喜欢这里的一切，但我不想马上走，开发电脑打败IBM对我来说太有挑战性了。"

生产部经理也是个不满琼斯做法的人，可他的一番话颇令人惊讶："我不能说很喜欢琼斯，不过至少他给我那个部门设立的目标我能够达到。当我们圆满完成任务时，琼斯是第一个感谢我们干得棒的人。"

采购部经理牢骚满腹，他说："琼斯要我把原料成本削减15%，他还拿着一根胡萝卜来引诱我，说假如我能做到的话就给我丰厚的年终奖。但干这个活简直就不可能，从现在起，我另找出路。"

但琼斯对负责销售的副经理霍普金斯的态度却令人不解。以前，霍普金斯每天到首席执行官的办公室去抱怨和指责其他部门。琼斯采取的办法是，让他在门外静等，见了他也不理会其抱怨,直接谈公司在销售上存在的问题。过了不久,霍普金斯开始更多地跑基层而不是琼斯的办公室了。

随着时间的流逝,土星公司在琼斯的领导下恢复了元气。公司管理人员普遍承认琼斯对计算机领域了如指掌,对各项业务的决策无懈可击。琼斯也渐渐地放松控制,开始让设计和研究部门更放手地去干事。然而,对生产和采购部门,他仍然勒紧缰绳。土星公司再也听不到关于琼斯去留的流言蜚语了,人们对他形成了这样的评价:琼斯不是那种对这里情况很了解的人,但他确实领我们上了轨道。

(资料来源:郝云宏、向荣,《管理学学习指导》,2014)

领导是管理的重要职能,领导素质和水平的高低是决定组织生死存亡、发展好坏的重要因素。为了在工作中很好地践行领导的职能,作为管理者,就需要了解掌握领导职能方面的相关知识,如领导的含义、权力、类型以及领导理论和沟通知识。

7.1 领导及其权力

7.1.1 领导的含义

关于领导的含义,历来有不同的解释。从字面上看,"领导"有两种词性含义。一是名词属性的"领导",即"领导者"的简称;二是动词属性的"领导",即"领导者"所从事的活动。从领导的实质内容上看,传统管理理论认为领导是组织赋予一个人的职位和权力,以率领其部下实现组织的目标。但更多的管理学者认为领导是一种行为和影响力,这种行为和影响力可以引导和激励人们去实现组织目标。作为一项管理职能,领导是指领导者为实现组织的目标而运用权力向其下属施加影响力的一种行为过程。有效的领导,一方面表现为领导对下属具有较强的影响力;另一方面表现为下属对领导者具有强烈的追随和服从倾向。

虽然有观点认为"管理就是领导",但更多的研究和实践发现,领导和管理是两个不同的概念。例如,管理者与领导者的根本区别在于二者的心灵深处,对于混乱和秩序的看法截然不同:领导者能够容忍混乱、缺少秩序,并能够将问题搁置以避免对重要问题过早下结论;而管理者则追求秩序和控制,他们甚至会将他们本身也尚未完全理解的问题尽快处理掉。再如,管理是应对20世纪出现的大型的复杂组织的,有序的管理将赋予组织许多方面如产品质量、收益等相应的秩序和连续性;而领导则是相对于变革而言的,因为当今的经济更加富于竞争性,更加趋于变化不定,单纯地重复昨日所做之事或仅仅比昨天有些许改善已经难以确保成功了,在这种条件下,需要强有力的领导。

由此可见,领导工作是管理工作的一部分,二者之间既存在着联系,又存在着明显区别。首先,从工作的主体方面来看,领导者是管理者的一部分,是担负领导职务并拥有决策指挥权的那部分管理人员;其次,从工作的客体方面看,管理的对象通常包括人、财、物等多种生产要素,而领导工作的对象往往更集中在大政方针的制定、人事安排和对各种活动的协调。

7.1.2 领导的权力

领导者影响个人或群体的基础是权力。领导权力即指挥下级行动的权和促使下级服从的力。领导者的权力主要来自以下两个方面：

一是职位权力。这种权力是组织授予的，随职位的变化而变化，即在职就有权而不在职就无权。职位权力包括法定权力、奖励权力和惩罚权力。人们往往迫于压力和习惯不得不服从这种职位权力。法定权力指组织内各领导职位所固有的、合法的、正式的权力，来自下级传统的习惯观念。奖励权力指领导者对下属提薪、发奖金、升职、赞扬、理想的工作安排和提供其他任何会令人满意的东西的权力，来自下级追求满足的欲望。惩罚权力指领导者对下属扣发奖金、降职、批评、开除和采取其他任何惩罚性措施的权力，来自下级的恐惧感。

二是个人权力。这种权力来自领导者自身，由于自身的某些特殊条件才具有，不会随职位的消失而消失，所产生的影响力是长远的。个人权力包括专长权力和模范权力。专长权力指由领导者个人具有专门的知识、技能和专长而形成的权力，来自下级的信任。模范权力指由领导者个人具有高尚品质、魅力、资历、背景等而形成的权力，来自下级的尊敬。

对于任何一个领导者来说，职位权力无论何时都是必要的，但仅拥有职位权力的领导者只会是一个指挥官，而不能成为令人信赖和敬佩的领导者。领导者还应通过加强个人素养扩大个人权力，把领导者的影响力建立在员工自愿服从和接受的基础上，这将有助于提高领导的有效性。

7.1.3 领导的类型

按制度权力的集中与分散程度划分，领导的类型有集权式领导和民主式领导。按思维方式的不同划分，领导的类型有事务型领导和战略型领导。按工作侧重点的不同划分，领导的类型有魅力型领导、交易型领导和变革型领导。以下重点介绍按照第三种标准划分的领导类型。

(1) 魅力型领导

魅力型领导是指具有热情、自信并利用其自身的魅力和行为影响人们做出既定行为的领导者。其特征是对自己的判断力和能力充满自信；善于规划未来，有远景目标；具有高超的语言表达技巧，能够向下属描绘美好的前景，使下属能够明晰其所追求的目标，从而使下属愿意积极工作；愿意从事高风险性的工作，不循规蹈矩。

(2) 交易型领导

交易型领导是指主要使用社会交换来领导，通过澄清工作角色与任务要求，以报酬交换产出来指导或激励下属达成既定目标的领导者。其特征是强调交换，在领导者与部下之间存在着一种契约式的交易；在交换中，领导给部下提供报酬、实物奖励、晋升机会、荣誉等，以满足部下的需要与愿望；而部下则以服从领导的命令指挥，完成其所交给的任务作为回报。

(3) 变革型领导

变革型领导是指鼓励下属为了组织利益而超越自身利益，对下属产生深远的、超乎寻常的影响,使下属达到非凡的成就的领导者。其特征是:领导者关注每一个下属的兴趣所在与发展需要,帮助下属用新观念看待老问题,从而改变下属对问题的看法,激励、调动和鼓舞下属为实现群体目标和个体目标付出更大的努力;集中关注较为长期的目标,强调以发展的眼光,鼓励员工发挥创新能力,改变和调整整个组织系统,为实现预期目标创造良好的氛围。

7.2 领导理论

领导理论是研究领导本质与行为规律的科学,纵观其发展历史,主要包括以下三个方面:一是领导特质理论,主要研究领导者的性格、素质等方面的特征,其核心观点是领导能力是天生的。二是领导方式理论,主要研究领导者行为的特点、分析比较各种领导方式及其效果的差异,其核心观点是领导效能与领导行为、领导风格有关。三是领导权变理论,主要研究领导者行为的环境影响方面,是一种对领导理论的动态研究,其核心观点是有效的领导受不同情境的影响。

7.2.1 领导特质理论

特质理论又称性格理论,主要是通过研究领导者的个性特征、生理、智力及社会因素等方面来研究领导者特有的品质,或预测具有怎样性格特征的人才能成为有效的领导者。

一个好的领导者到底应该具备哪些特质呢?古今中外一直有人在为此进行着种种探索研究。他们的基本思路是,个人的品质和特征是决定领导效果的关键因素。通过比较和分析,可以确定哪些品质和特征是一个优秀的领导者所必备的。当判断或预测一个人能否是一个优秀的领导者时,只要看他是否具备那些特定的品质和特征。

根据领导特质的来源不同,可以分为传统的领导特质理论和现代的领导特质理论。前者认为领导者的特质是天生的,与后天的培养、训练和实践关系不大,因而传统的特质理论也称为"伟人说"。后者认为领导者的特性可以在后天的实践环境中逐步培养、锻炼出来。

(1) 传统领导特质理论

传统领导特质理论认为,领导者的素质是与生俱来的,由遗传决定,不具备天生领导素质的人不能当好领导者。古希腊哲学家亚里士多德就持这种观点,他曾经说过:"人从出生之日起,就决定了他们是治人还是治于人。"循着这种思路进行研究的有美国心理学家吉伯、美国管理学家巴纳德等人。吉伯于1869年在研究报告中指出天才的领导者应具备以下七种天生的品质特征:智力过人、英俊潇洒、能言善辩、心理健康、外向而敏感、具有自信心、有支配他人的倾向。巴纳德认为,环境和组织对领导者影响极大,但领导者的个人品质是第一位的,起决定作用。巴纳德提出,作为领导者应该具备的基本品质包括有活力和忍耐力、当机立断、循循善诱、责任心、智力五个方面。

传统的领导特质理论认为领导者的特质是与生俱来的,体现了强烈的唯心主义色彩,单纯从领导的特质来解释是否是一个优秀的领导者显然具有片面性,所以很难得出令人信服的结论。而事实是具备恰当的领导特质只能使个体更有可能成为有效的领导者,同时该个体还必须采取正确的领导行为。

(2) 现代领导特质理论

自20世纪70年代以来，对领导特质理论的研究有了深入的发展，人们逐步认识到领导者的品质和特征是在实践中形成的，可以通过教育训练培养出来。因此，现代领导特质理论的研究包括两个方面：一是采用心理测量法对领导者的气质、性格、行为习惯进行测验，并通过心理咨询矫正或治疗，这种研究主要注意领导者素质与遗传因素的关系，因而比较注重领导者素质的测量和改善；二是根据现代企业的要求提出评价领导者素质的标准，并通过专门的方法训练、培养有关素质，这种研究主要注意后天的环境因素对领导者素质的作用，因而比较重视领导者素质的培养。

美国心理学家斯托格迪尔提出与领导有关的品质因素包括：智力过人，包括判断力和运用语言的能力；过去在学术和体育运动上取得过成就；感情成熟，干劲十足；有良好的社交能力；对于个人身份和社会经济地位有欲望。

美国行为科学家亨利在调查研究的基础上提出的一个成功领导者应具备的12种品质，具体包括：成就需要强烈，即把工作成就看成是最大的乐趣，置于金钱报酬和职位晋升之上，因此愿意完成艰巨的任务；干劲大，即工作积极努力，希望承担富有挑战性的新工作；用积极的态度对待上级，即认为上级水平高，经验多，能帮助自己上进和提高，因而尊重上级，与上级关系较好；组织能力强，即能把混乱的事物组织得很有条理，能从资讯中预料事物发展的动向；决断力强，即能在较短的时间内对各种备择的方案加以权衡并做出选择；自信心强，即对自己的能力充满信心，对自己的目标坚信不疑，不受外界干扰；思维敏捷，即反应迅速，富有进取心；竭力避免失败，不断接受新的任务，树立新的奋斗目标，驱使自己前进；讲求实际，即重视现实，不去关心不确定的未来；眼睛向上，即对上级亲近，而对下级疏远；生活独立，即对父母没有情感上的牵挂，而且一般不同父母住在一起；组织情结，即忠于组织，尽忠职守。

美国心理学家埃德温·吉赛利采用语义差异量表测定领导者的素质，并对结果进行因子分析，得出的领导者素质可分为管理能力、智力、创造力三大类，共13个因子，见表7-1所列。

吉赛利通过对90个企业的300名经理人员的研究，概括出了影响领导效果的八种个性特征和五种激励特征。其中，八种个性特征具体包括：才智——语言与文字方面的才能；首创精神——开拓创新的愿望和能力；督察能力——指导和监督别人的能力；自信心——自我评价高、自我感觉好；适应性——善于同下属沟通信息，交流感情；决断能力——决策判断能力较强，处事果断；成熟程度——经验、工作阅历较为丰富；性别——男性与女性有一定的区别。五种激励特征具体包括：对工作稳定性的需要；对金钱报酬的需要；对地位权力的需要；对自我实现的需要；对事业成就的需要。

美国普林斯顿大学教授鲍莫尔认为一个企业家应具备十项条件：善于合作，即愿意与他人一起工作，能赢得人们的合作；智于决策，即依赖事实而非想象进行决策，具有高瞻远瞩的能力；巧于组织，即善于发掘下属的才能，善于组织人力、物力和财力；精于授权，即能做到大权独揽，小权分散；善于应变，即头脑灵活，善于进取，不墨守成规；敏于求新，即对新事物、新环境和新观念有敏锐的感受能力；勇于负责，即对上级、下级和

表 7-1　领导者个人特质价值表

序号	个人特质	重要程度	重要程度价值系数
1	督察能力	非常重要	100
2	事业心、成就欲		76
3	才智		64
4	自我实现欲		63
5	自信		62
6	决断能力		61
7	工作安全需要少	一般重要	54
8	与下属关系亲近		47
9	首创精神		34
10	不要高额金钱报酬		20
11	权力需要高		10
12	成熟性		5
13	性别		0

产品用户及整个社会抱有高度的责任心；敢担风险，即敢于承担企业发展不景气的风险，有创造新局面的雄心和信心；尊重他人，即重视和采纳别人意见，不盛气凌人；品德高尚，即品德上为社会人士和企业员工所敬仰。

按照领导特质理论的观点，领导者之所以成为领导者，是由于他们具有与众不同的优秀品质和特殊能力，研究领导问题主要就是研究领导者应该具有哪些优秀品质和能力，并据此来培养、选拔和考核领导者。然而，随着研究的深入和实践的反馈，领导特质理论受到了批评和质疑，因为领导特性包罗万象，说法不一，甚至互相矛盾；任何人都不可能具备所有方面的特性，而只具有某些方面的特性；研究大都是描述性的，并没有说明领导者应在多大程度上具有某种品质；进一步的研究发现，领导者与被领导者、卓有成效的领导者与平庸的领导者在个人品质上并没有显著的差异；许多被认为具有天才领导者特性的人并没有成为领导者。因此，领导特质理论研究存在的局限性使得研究者将研究的注意力转向其他方向，如对领导行为、领导风格的研究。

【管理案例】

唐僧凭什么是领导

读《西游记》时总有一个疑问——唐僧那么无能，为什么孙悟空非要带着他去取经呢？如果孙悟空自己去取经，不就麻烦少多了吗？那么，唐僧究竟有什么东西，是孙悟空所没有的呢？究竟是什么原因让唐僧成为领导，而孙悟空只是一个打工者呢？这里主要从以下几方面进行分析。

1. "崇高信念"

第一个东西，唐僧有，而孙悟空没有的是"崇高信念"。唐僧在自己的崇高信念面前，丢掉性命都不会眨眼，而孙悟空则不同，他能力很强，但是他没有坚定不移的信念，多次打退堂鼓。没有信念的人，就不能给别人以信心，不能给别人以动力，遇到困难容易退缩。领导者都胆怯、退缩了，团队就会散掉。而信念不够崇高也不行，自私自利的信念、小富即安的信念，都会让别人离你而去。我们再对比一下水浒里的宋江，一个没有崇高信念的人，最后被招安了，他的最高理想就是这样，所以葬送了他的团队。

2."仁德"

第二个东西，唐僧有，而孙悟空没有的是"仁德"。唐僧对妖怪都会怜悯性命，自然不会恶意算计自己的下属。唐僧虽然利用三个徒弟保护自己，但是又绝对没有恶意剥削他们的意思，而是带领他们一同努力，共同成长，一起成功。最后，唐僧的三个徒弟也都有了自己的成就。对比孙悟空，他的这种意识就差远了，他后来成了斗战胜佛，而他花果山的猴子们呢？还是一群猴子罢了。日本有一家企业，把员工的父亲都请到公司来和管理者座谈，企业老板对所有管理者说，当你们不知道该怎么对待自己的下属的时候，就回想一下今天，这些员工的父亲把孩子托付给你们，是希望你们可以教他们成长，带领他们成功。你们要想一想自己是否对得起这样的托付。

3."人际关系"

第三个东西，唐僧有，而孙悟空没有的是"人际关系"。唐僧的前生就是如来佛的弟子了，而孙悟空是天生地造的一个没有任何关系网络的石猴子，虽然也拜了一个师父，但是和师兄弟关系都不好，还被师父赶走了；和牛魔王拜把兄弟，后来又闹翻了；和东海龙王是邻居，却抢了人家的东西；和二郎神等一些天官天将是同事，可是不给人家面子，后来还大闹天宫踢了很多人的屁股。总之，孙悟空的人际关系处理得不太好。唐僧就不同了。他见到神仙就磕头，没有任何仇家。他不仅是如来佛的弟子，还是唐王李世民的拜把兄弟。人神两界的高层关系他都有了，这样的人做老板，自然顺风顺水。社会是由人构成的，这个地球如果没有了人，一切财富、物质就都没有任何意义了。人是这个世界上最本质的资源，是所有财富的创造者。一个老板，如果懂得对外创造人际关系资源，对内创造优质人才资源，那他一定是一个成功的老板。

（资料来源：李选芒、陈昊平，《管理学基础》，2016）

7.2.2 领导方式理论

对照领导者素质的要求，任何一个具体的领导者都会有诸多不足，但客观上又要求领导工作尽量完美。如何解决这个矛盾呢？那就是选择恰当的领导方式，以弥补个人素质的缺陷。许多管理学家从事领导方式的研究，并形成了若干有价值的关于领导方式的理论。

进入20世纪60年代，对领导理论的研究重点开始从领导者品质理论转向领导方式的研究。领导方式是领导者运用权力对下属施加影响的方式，而影响领导工作的因素很多，这些因素的不同组合决定了不同的领导方式。分析比较各种领导方式及其效果的差异，试图找出能产生最优领导工作效果的领导方式并加以推广，是这一阶段理论研究的重点。到目前为止，颇具代表性的领导方式理论如下。

(1) 极端作风理论

关于领导作风的研究最早是由美国心理学家库尔特·勒温(Kurt Lewin)进行的，他通过试验研究不同的领导作风对下属群体行为的影响。根据研究结果，他把领导作风划分为三种极端的类型：专制作风、民主作风和放任作风。

①专制作风　专制作风的领导人是指以力服人，即依靠权力和强制命令让人服从的领导人。其特点是独断专行，从不考虑别人的意见，所有的决策由领导者自行决定；从不把任何消息告诉下级，下级没有任何参与决策的机会，而只能察言观色，奉命行事；主要依靠行政命令，只偶尔有奖励；领导者预先安排一切工作的程序和方法，下级只能服从；领导者很少参加社会活动，与下级保持相当的心理距离。

②民主作风　民主作风的领导人是指以理服人、以身作则的领导人。其特点是所有的决策都是在领导者的鼓励和协作下由群体讨论而决定的，而不是由领导单独决定的，决策是集体智慧的结晶；主要应用个人权力和威信，而不是靠职位权力和命令使人服从；分配工作时尽量照顾到个人的能力、兴趣和爱好；对下属的工作，不安排得那么具体，各人有相当大的工作自由、较多的选择性与灵活性；领导者积极参加团体活动，和下级无任何心理上的距离。

③放任作风　放任作风的领导人是指对工作不加约束，听其自然的领导人。其特点是领导者不为下属安排和规定工作任务和目标，对下属工作也不进行经常性的监督；下属做什么，如何做，要达到什么目标，完全由自己决定。

根据试验结果，勒温认为放任的领导作风工作效率最低，只能达到组织成员的社交目标，但完不成工作目标；民主的领导作风工作效率最高，不但能够完成工作目标，而且组织成员之间关系融洽，工作积极主动，有创造性；专制的领导作风虽然通过严格管理能够达到工作目标，但组织成员没有责任感，情绪消极、士气低落。

(2) 连续统一体理论

该理论的提出者美国管理学家坦南鲍姆(R. Tannenbaum)和施密特(Warren H. Schmidt)认为，经理们在决定何种领导行为最适合处理某一问题时常常遇到困难，他们不知道是应该自己做出决定还是授权给下属做决策。为了使人们从决策的角度深刻认识领导作风的意义，他们认为，民主与独裁仅是两个极端的情况，这两者中间还存在着许多种领导行为，因而他们提出了领导行为连续统一体理论，并概括出七种典型的领导方式。如图7-1所示。

七种典型的领导方式的具体内容是：①经理做出并宣布决策。在这种方式中，经理确认一个问题，考虑各种可供选择的解决方法，从中选择一个，然后向下属宣布，予以执行。②经理"销售"决策。在这种方式中，经理承担确认问题和做出决定的责任，但不是简

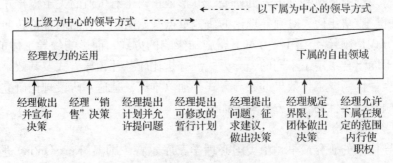

图7-1　领导行为连续统一体

单地宣布这个决策,而是说服下属接受他的决策。③经理提出计划并允许提问题。在这种方式中,经理做出了决策并期望下属接受这个决策,但他向下属提供一个有关他的想法和意图的详细说明,并允许提出问题,这样,他的下属可以更好地了解他的意图和计划。④经理提出可修改的暂行计划。在这种方式中,允许下属对决策发挥某些影响作用。但确认问题和决策的主动权仍操纵在经理手中。⑤经理提出问题,征求建议,做出决策。在这种方式中,虽然确认问题和决策仍由经理来进行,但下属有建议权。⑥经理规定界限,让团体做出决策。在这种方式中,经理把决策权交给团体。⑦经理允许下属在规定的范围内行使职权。在这种方式中,团体有极度的自由,唯一的界限是上级所做的规定。

(3) 管理系统理论

以伦西斯·利克特(Rensis Likert)为首的美国密歇根大学社会调查研究中心通过设计管理系统测定表的形式,归纳出四种类型的领导形态。

①剥削式的集权领导　在这种领导形态中,管理层对下级缺乏信心,下级不能过问决策程序。凡属决策,大都由管理上层做出,然后以命令宣布,必要时以威胁和强制方法执行。沟通采取自上而下的方式,上级和下级之间的接触都是在一种互不信任的气氛下进行。上级经常以威胁、恐吓、惩罚以及偶尔的奖赏来激发下属的工作积极性。机构中的非正式组织对正式组织的目标通常持反对态度。

②仁慈式的集权领导　在这种领导形态中,管理层对下级有一定的信任和信心,对下级有一种谦和的态度,决策权力仍控制在最高一级,下级能在一定的限度内参与,但仍受高层的制约。有一定程度的自下而上的沟通。在上下级关系上,上级虽然态度谦和,但下属仍小心翼翼。管理层对下级的激励既有奖励又有惩罚。机构中的非正式组织可能会反对正式组织的目标,但也不一定会反对。

③协商式的民主领导　在这种领导形态中,管理层对下级有相当程度的信任,但不完全信任。虽然主要的决策权掌握在高层手里,可是下级也能做具体问题的决策。双向沟通明显可见,且在相当信任的情况下进行。管理层主要运用奖励,偶尔也运用惩罚手段激励下属。机构中的非正式组织有时会对正式组织的目标表示支持,有时也会做轻微的阻抗。

④参与式的民主领导　在这种领导形态中,管理层对下级有完全的信任。决策采取高度的分权化。管理层以参与决策、经济报酬、自主地设定目标、自我评价等手段激励下属。既有自上而下的沟通,也有自下而上的沟通,还有平行沟通。上下级之间的交往体现出充分的友谊和信任,非正式组织和正式组织往往融为一体。

(4) 四分图理论

以斯托格第(R. M. Stogdill)和沙特尔(C. L. Shartle)为核心的美国俄亥俄州立大学商业研究所,经过深入调查列出了一千多种描述领导行为的因素,通过高度概括归类,最后将诸多影响领导行为的因素归纳为组织维度和体贴维度两类主要因素。

①组织维度　是指领导者规定他与工作群体的关系,建立明确的组织模式、意见交流渠道和工作程序的行为,具体包括设计组织机构、明确职责、权力、相互关系和沟通办法,确定工作目标与要求,制定工作程序、工作方法与制度。

②体贴维度　是指建立领导者与被领导者之间的友谊、尊重、信任关系方面的行为,具体包括尊重下属的意见,给下属以较多的工作主动权,体贴下属的思想感情,注意满足

下属的需要，平易近人，平等待人，关心群众，作风民主。

领导者的行为可以是组织维度与体贴维度两类因素的任意组合，即可以用两个坐标的平面组合来表示，如图 7-2 所示。可用四个象限来表示四种类型的领导行为，即高组织与高体贴，低组织与低体贴，高组织与低体贴，高体贴与低组织。四种领导行为中，究竟哪种最好呢？结论是不确定的，要视领导所面临的环境而定。

（5）管理方格理论

在美国俄亥俄州立大学提出的领导行为四分图的基础上，美国得克萨斯大学的行为科学家罗伯特·布莱克（Robert R. Blake）和简·莫顿（Jane S. Mouton）提出了管理方格理论（Management Grid Theory）。该理论是研究企业的领导方式及其有效性的理论，倡导用方格图表示和研究领导方式。

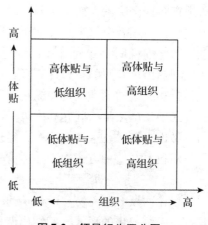

图 7-2　领导行为四分图

管理方格图是一张纵轴和横轴各九等分的方格图，纵轴表示企业领导者对人的关心程度（包含了员工对自尊的维护、基于信任而非基于服从来授予职责、提供良好的工作条件和保持良好的人际关系等），横轴表示企业领导者对生产的关心程度（包括政策决议的质量、程序与过程、研究工作的创造性、职能人员的服务质量、工作效率和产量）。其中，第一格表示关心程度最小，第九格表示关心程度最大。全图总共 81 个小方格，分别表示"对生产的关心"和"对人的关心"两个基本因素以不同比例结合的领导方式。如图 7-3 所示。

在管理方格图中，最具有代表性的领导方式有以下五种类型：

① 1.1 方式为贫乏式领导，即对人和生产都很少关心，领导效果最差。

② 1.9 方式为俱乐部式领导，即对人高度关心，对生产很少关心，管理者重点放在满足职工的需要上，而对指挥监督、规章制度却重视不够。

③ 9.1 方式为权威式领导，即对生产高度关心，对人很少关心，管理者的权力很大，指挥和控制下属的活动。

④ 9.9 方式为团队式领导，即对人和生产都很关心，领导效果最好。

⑤ 5.5 方式为中庸式领导，即对人和生产都给予适度的关心，保持完成工作和满足人们需要之间的平衡。

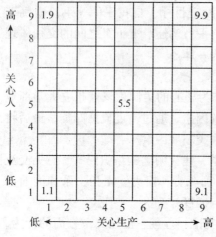

图 7-3　管理方格图

关于哪一种领导方式最佳，布莱克和莫顿组织了许多研讨会，绝大部分参加者认为 9.9 方式最佳，但也有不少人认为 9.1 方式最佳，还有人认为 5.5 方式最佳。布莱克和莫顿指出，哪种领导方式最佳要看实际工作情况,最有效的领导方式不是一成不变的,要依情况而定。

7.2.3 领导权变理论

(1)费德勒权变模型

美国管理学家弗雷德·费德勒(Fred E. Fiedler)在大量研究的基础上提出,任何领导方式均可能有效,而其有效性完全取决于领导方式与所处的环境是否适应,并提出了有效领导的权变模型。

费德勒认为,影响领导方式有效性的环境因素主要有以下三个方面:①上下级关系,即领导者是否受到下级的喜爱、尊敬和信任,是否能吸引并使下级愿意追随他;②任务结构,即工作团体要完成的任务是否明确,有无含糊不清之处,其规划和程序化程度如何;③职位权力,即领导者所处的职位能提供的权力和权威是否明确、充分,在上级和整个组织中所得到的支持是否有力,对雇佣、解雇、纪律、晋升和增加工资的影响程度大小。

费德勒认为,影响领导成功与否的关键因素之一是领导者的领导风格。费德勒设计了一种"你最不喜欢的同事"(Least Preferred Co-worker,LPC)调查问卷表(表7-2),用来测量领导者的领导风格。

表7-2 费德勒的LPC问卷

快乐	8	7	6	5	4	3	2	1	不快乐
友善	8	7	6	5	4	3	2	1	不友善
拒绝	1	2	3	4	5	6	7	8	接纳
有益	8	7	6	5	4	3	2	1	无益
不热情	1	2	3	4	5	6	7	8	热情
紧张	1	2	3	4	5	6	7	8	轻松
疏远	1	2	3	4	5	6	7	8	亲密
冷漠	1	2	3	4	5	6	7	8	热心
合作	8	7	6	5	4	3	2	1	不合作
助人	8	7	6	5	4	3	2	1	敌意
无聊	1	2	3	4	5	6	7	8	有趣
好争	1	2	3	4	5	6	7	8	融洽
自信	8	7	6	5	4	3	2	1	犹豫
高效	8	7	6	5	4	3	2	1	低效
郁闷	1	2	3	4	5	6	7	8	开朗
开放	8	7	6	5	4	3	2	1	防备

费德勒把领导风格分为两大类:关系导向和任务导向。一个领导者如对其最不喜欢的同事仍能给予较高的评价,那么他就是关系导向型,他的LPC值就高;如果对其最不喜欢的同事给予很低的评价,则是任务导向型,他的LPC值就低。

费德勒将三个环境变数任意组合成八种情况,对1200个团体进行了观察,收集了将领导风格同对领导有利或不利条件的八种情况关联起来的数据,得出在各种不同情况下的有效领导方式。如图7-4所示。

费德勒模型表明,在对领导者最有利和最不利的情况下(1、2、3、8项),采用任务

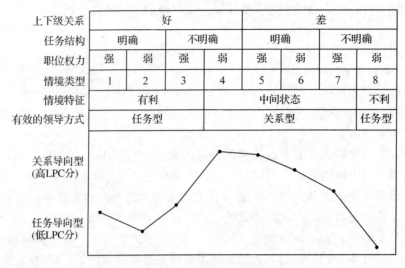

图7-4 费德勒权变模型

导向效果比较好。在对领导者中等有利的情况下（4、5、6、7项），采用关系导向效果比较好。许多情况证明，这个模型是不错的。

费德勒权变模型将复杂的环境因素集中概括为领导者与员工的关系、员工的任务结构和领导者的职位权力三个因素，从而为领导者指明了改善环境条件的方向；具体分析了这三个因素组合的多种环境条件，为领导者提供了不同环境下应采取的领导方式；为选拔领导者提供了有益的参考。即一个组织应按照其所处的领导环境选择适合的领导者，不仅要考虑他以前的工作绩效，还要考察他的领导方式同组织现在的领导环境是否适合。

【管理案例】

谁的方式更有效

高明是一位空调销售公司的总经理。他刚接到有关公司销售状况的最新报告：销售额比去年同期下降了25%、利润下降了10%，而且顾客的投诉上升。更为糟糕的是，公司内部员工纷纷跳槽，甚至还有几名销售分店的经理提出辞呈。他立即召集各主管部门的负责人开会讨论解决该问题。

会上，高总说："我认为，公司的销售额之所以下滑都是因为你们领导不得力。公司现在简直成了俱乐部。每次我从卖场走过时，我看到员工们都在各处站着，聊天的、煲电话粥的，无处不有，而对顾客却视而不见。他们关心的是多拿钱少干活。要知道，我们经营公司的目的是为了赚钱，赚不到钱，想多拿钱，门儿都没有。你们必须记住，现在我们迫切需要的是对员工的严密监督和控制。我认为现在有必要安装监听装置，监听他们在电话里谈些什么，并将对话记录下来，交给我处理。当员工没有履行职责时，你们要警告他们一次，如果不听的话，马上请他们走人……"

部门主管们对高总的指示都表示赞同。唯有销售部经理李燕提出反对意见。她认为问题的关键不在于控制不够，而在于公司没有提供良好的机会让员工真正发挥潜力。她认为每个人都有一种希望展示自己的才干，为公司努力工作并做出贡献的愿望。所以解决问题的方式应该从和员工沟通入手，真正了解他们的需求，使工作安排富有挑战性，促使员工以从事这一工作而自豪。同时在业务上给予指导，花大力气对员工进行专门培训。

然而，高总并没有采纳李燕的意见，而是责令所有的部门主管在下星期的例会上汇报要采取的具体措施。那么，高总和李燕的领导方式哪一种更有效？

根据领导权变理论，领导的有效性主要取决于是否与所处环境相适应。从所处环境的三个方面(上下级关系好、任务结构不明确、职位权力弱)分析中，该公司的领导环境中等有力，故采用关系导向型的领导方式效果比较好。可见，高总采取的领导方式不是很有效，李燕的方案更可行，再严格的规章制度，如果下属不接受和服从也是无效的。

(资料来源：张阿芬，《管理学基础(第二版)》，2014)

(2) 领导生命周期理论

该理论先是由美国心理学家、管理学家科曼(A. K. Korman)提出，后由保罗·赫塞(Paul Hersey)和肯尼斯·布兰查德(Kenneth Blanchard)予以发展，也称为情境领导理论。这是一个重视下属的领导权变理论，因为不管领导者做什么，其有效性都取决于下属的行为。

领导生命周期理论是以领导的四分图理论和管理方格理论为基础，同时又结合了阿吉里斯的不成熟—成熟理论。它在前两者的二维结构的基础上，又加上了成熟程度这一因素，形成了一个由工作行为、关系行为和成熟程度组成的三维结构。而且工作行为、关系行为与成熟程度之间并非是一种直线关系，而是一种曲线关系。如图7-5所示。

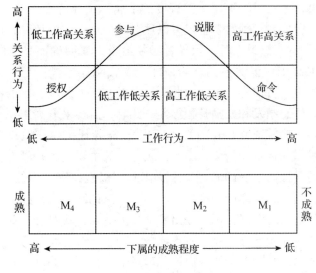

图7-5 领导生命周期理论曲线

其中，工作行为是指领导者和下属为完成任务而形成的交往形式，代表领导者对下属完成任务的关注程度；关系行为是指领导者给下属以帮助和支持的程度；成熟程度是指人们对自己的行为承担责任的能力和意愿的大小。成熟程度包括两个方面：工作成熟度和心理成熟度。工作成熟度指一个人的知识和技能，如果一个人拥有足够的知识、能力和经验完成他的工作任务而不需要他人的指导，则其工作成熟度就高；反之则低。心理成熟度指一个人做某事的意愿和动机，如果一个人能自觉地去做某事而无需太多的外部激励则其心理成熟度就高；反之则低。

工作行为和关系行为可组合形成四种情况，对应着以下四种领导方式：

①高工作低关系——命令式　领导者对下属的工作进行详细、具体的指导，告诉下属应该干什么、何时干、何地干、怎么干等。

②高工作高关系——说服式　领导者既给下属以一定的指导，又注意激发和鼓励其积极性。

③低工作高关系——参与式　领导者与下属就工作问题共同商定，领导者着重为下属提供便利条件，做好协调沟通。

④低工作低关系——授权式　领导者对下属的工作提供极少的指导，授予下属一定的权力，由下属自己独立地开展工作。

同时，赫塞和布兰查德又把成熟程度分为四个等级。

①不成熟(M_1)　下属对工作任务缺乏接受的意愿和承担的能力，既不能胜任工作又不被信任。

②稍成熟(M_2)　下属愿意承担工作任务，但缺乏足够的能力，他们有积极性，却没有完成任务所需的技能。

③较成熟(M_3)　下属有能力完成工作任务，但却没有动机，不愿去做。

④成熟(M_4)　下属既有能力，又愿意去做领导者分配给自己的工作。

赫塞和布兰查德认为，对于不同成熟程度的下属，领导者应该采用不同的领导方式。随着下属从不成熟走向成熟，领导者不仅可以逐渐减少对工作的控制，而且还可以逐渐减少关系行为。当下属不成熟(M_1)时，领导者必须给予下属明确而具体的指导以及严格的控制，此时需要采取高工作低关系的行为，即命令式领导方式；当下属稍成熟(M_2)时，由于下属工作能力有限，自信心不足，因此，领导者要给下属以一定的指导，以弥补下属能力上的不足，同时注意激发和鼓励其积极性，此时，需要采取高工作高关系的行为，即说服式领导方式；当下属较成熟(M_3)时，由于下属能胜任工作，但却没有动机，或不愿意领导者对他们有过多的指示和约束，因此，领导者的主要任务是做好激励工作，了解下属的需要和动机，通过提高下属的满足感来提高其积极性，宜采用低工作高关系的行为，即参与式领导方式；当下属成熟(M_4)时，由于下属既有能力又愿意承担工作、担负责任，因此，领导者可以只给下属明确目标、提出要求，由下属自我管理，此时，可采用低工作低关系的行为，即授权式领导方式。

领导生命周期理论，实际上是科曼通过父母对子女在不同的成长时期所采取的不同管理方式类比而来的。当人处在儿童时期，一切都需要父母的照顾和安排，此时，父母的行为是高工作低关系。在这里要注意，疼爱不是高关系，高关系涉及尊重、信任、自立、自治等；当孩子进入小学和初中时，父母除安排照顾外，必须给孩子以信任和尊重，增加关系行为，即采取高工作高关系；当孩子进入高中和大学时，他们逐步要求独立，开始对自己的行为负责，此时，父母过多的安排照顾在孩子心中变成了干预，因此，应采取低工作高关系；当孩子成人走向社会、成家立业以后，父母即开始采取低工作低关系的行为。在组织中，随着下属成熟程度的提高，领导者对下属的管理也表现出类似的规律。由此，可以更好地理解、掌握该理论。

【管理案例】

一位建筑公司的管理者

  特德是一家大型专业建筑公司的工程总监。他所工作的公司以工作质量优异而闻名遐迩。特德的工作是负责监督同时在建的五六所房屋的建设。每位工头掌管一所房屋的建筑，他们长期与工人一同工作。工头直接向特德报告工作，然后再由特德报告给公司总经理。每个工作日，特德往返于各个工地之间进行监督。

  特德是通过职位升迁一步步得到目前的工作的。特德是这样描述自己的工作的："对我而言，我认为我的主要工作是确保每个工头有工作所需的原料、设备以及人员，我和工头一同协商制定合理的工作进度表，剩下的工作完全是管理工头。工头掌管着整个建筑工作，他们完全有自由去做自己希望做的事情，我对其工作尽可能不加干预。在我当工头时我就喜欢这样的工作方式，而且我认为这种方式非常适合我。"

  拉尔夫是特德手下的一个工头，在这个公司工作时间与特德差不多。他当工头已经大约有五年了。以下是拉尔夫对特德管理能力与行为方式的评论："特德是一位优秀的老板。他让你充分展示自己，不像我曾为之工作过的许多其他老板总是对你喋喋不休，他仅是让你管理工人并告诉你要完成的工作。我非常喜欢这种方式。"

  鲁迪是特德手下的另一个工头，近来刚被提升来填补特德离开后的空缺。鲁迪的经历与特德差不多，但他对特德的管理技能有不同的看法。"坦白地说，我不太赞成特德先生的工作方式。他偶尔会出现在建筑工地几分钟，接着就离开了，在一天之中的其他时间我都看不到他，甚至有些天他根本不来。我想他对我是不是有成见，当我需要他时他从来没有及时出现过。我与我的工作人员相处得很融洽，但是由于以前从没有做过协调和文字处理方面的工作，我经常会碰到一些困难。对我个人而言，特德并没有提供过什么帮助。"

  依据领导的生命周期理论，就可以解释对于特德的领导方式为什么两位员工有截然不同的反应。特德对拉尔夫的领导方式基本上可以定义为参与型，即低工作高关系，因为拉尔夫能够胜任自己的本职工作，处于工作比较成熟期，因此，特德的参与型领导方式能很见成效。但是特德这种领导方式并不适用于鲁迪的情况。鲁迪刚被提拔做工头，对于新工作信心、经验、能力等方面还不足，属于低成熟度的下属。他更需要特德经常与之沟通，在一些问题的处理上给出明确的意见，帮助其走上工作的正轨。因此，鲁迪在起步阶段，需要的是命令型领导，即高工作低关系。

  由此可见，特德的领导方式需要因下属的情况不同而有所改变，因人而异。

（资料来源：鲍丽娜、李孟涛、李浇，《管理学习题与案例》，2011）

7.3　沟　通

  管理学家亨利·明茨伯格对管理者所扮演角色的研究结果表明，管理者每天要花80%

的时间与他人进行沟通,即他每天要花大量的时间用于开会、打电话、与员工谈话及批阅文件等沟通工作上。可见,沟通是领导者的重要职责和工作内容之一,领导者要注重与上下级进行及时沟通,做好相应的领导工作。

7.3.1 沟通的含义与作用

(1) 沟通的含义

沟通是指信息凭借一定符号载体,在个人或群体间从发送者到接收者进行传递,并获取理解的过程。沟通的含义包括三个基本要点:第一,沟通是一种人与人之间的活动,要进行完整意义上的沟通,至少需要两个人,单独一个人是无法进行沟通的;第二,沟通的实质是信息,即人类社会传播的一切内容(信息、观念、想法、思想、感情、态度等)在不同人之间的共同分享,它表明通过沟通过程,人们旨在对某些问题共同分享观点,并努力达到一致性的理解;第三,沟通需要借助一定的符号形式来实现,人们可以使用姿势、表情、声音、文字、语言、数字、音乐、色彩等符号形式,表达所要传递的各种信息。

(2) 沟通的作用

沟通在组织中的作用十分重要,沟通可以使组织内每个成员都能够做到在适当的时间,将适当的信息,用适当的方法,传递给适当的人,从而形成一个健全的、有效的信息传递系统,以利于组织目标的达成。因此,良好的沟通是一切组织存在的基础。沟通的作用主要体现在以下三个方面:

①沟通是组织进行正确决策的前提 当今一个企业的成败,往往取决于重大经营方针的决策正确与否。而正确决策的做出往往涉及问题的提出、问题的认定和问题的解决方案及其比较,这都需要建立在收集组织内外、国内外的市场、价格、技术、资源、人力、财力等相关信息的基础之上。实践表明,许多决策的失误,都是由于沟通不畅、信息不全造成的。因此,组织建立和拥有及时与顺畅的沟通渠道有助于管理者获取大量的、准确的和及时的各方面信息,从而做出正确的决策。

②沟通是组织统一思想、行动一致的手段 当组织做出某一决策或制定某一政策并加以推行时,由于组织各成员所处的地位、利益、知识经验和掌握信息量的不同,因而他们对组织的决策和政策的态度是不一样的。为了使组织成员能够了解、理解并愿意执行这些决策和政策,管理者就必须与组织成员进行及时、充分和有效的沟通,相互交流、交换意见、明确任务、统一思想并统一行动以实现组织目标。没有沟通,一个组织的成员就不可能了解和明确其工作任务,组织的目标就不能得到及时和高效的完成。

③沟通是组织在成员之间建立良好人际关系的关键 建立和维持良好的人际关系,才能使组织增强凝聚力和提高生命力,最终提高劳动生产率。人际关系是在组织成员彼此交往的过程中建立和发展起来的,具体体现为人与人相互交往过程中心理关系的亲密性、融洽性和协调性的程度。而组织成员间的亲密性、融洽性和协调性的程度如何,主要取决于管理者沟通的态度、方式和水平。人际关系融洽,组织成员彼此很了解、有感情、配合默契,就依赖于沟通。为此,一个好的领导者,需要注重沟通,经常深入基层,虚心听取员工意见,关心员工疾苦。

【管理案例】

小张为何心情沮丧

　　小张是一位已有五年工龄的模具工，工作勤奋，积极进取，爱钻研。半年前，小张利用业余时间独立设计制作了一套新型模具，受到设计部门的嘉奖。为了鼓励小张的这种敬业精神，当时的生产部王主任特别推荐他上夜校学习机械工程学。从那以后，小张每周有三天必须提早一个小时下班，以便准时赶到夜校。这也是经原生产部王主任特许的，王主任当时曾说过他会通知人事部门。

　　然而，上周上班时，小张被叫到现任生产部陆主任的办公室进行了一次面谈。陆主任给了他一份处罚报告，指责他工作效率低，尤其批评他公然违反公司的规定，一周内三次早退。如果允许他这样继续下去，将会影响其他员工。因此，陆主任说要对他进行处罚，并警告说，照这样下去，他将被解雇。

　　当小张接到处罚报告时，感到十分委屈。他曾试图向陆主任解释原因，然而，每次陆主任都说太忙，没时间与他交谈，只告诉他不许早退，并要求他提高工作效率。小张觉得这位新上司太难相处，心情十分沮丧。

　　不难看出，造成小张心情沮丧的主要原因是王主任沟通不到位和陆主任的倾听存在障碍。王主任作为原领导，应及时将允许小张上夜校学习的决定通知人事部门和新领导。但事实上王主任没有及时把决定转告人事部门和新领导，因此致使新上任的陆主任认为小张无故早退，公然违反公司规定，做出错误的处罚决定。

　　陆主任作为一名刚上任的新领导，不仅要熟悉其工作环境，还必须深入了解情况，做好与下属的沟通，培养自己良好的倾听习惯。但事实上陆主任缺乏与下属沟通的意识，没有及时主动了解下属的相关情况，甚至都不愿抽一点时间来听小张的解释，因此致使小张感觉新上司太难相处，心情十分沮丧，进而易于挫伤员工的积极性和进取心，给公司利益带来不必要的损失。倾听是沟通过程中的一个重要方面，与计划、组织、领导及控制等管理环节密切相关。如果口头沟通融洽有效，那么学会倾听是非常必要的。作为管理者不仅要学会倾听，而且要善于倾听，以随时了解员工的观点、意见及建议等。

　　（资料来源：https://wenku.baidu.com/view/09820bbc998fcc22bcd10df3.html）

7.3.2　沟通的过程

　　沟通是一个过程(图7-6)，由以下九个要素和环节构成：

　　(1) 信息源

　　信息源是发送者所要明确的自己要与接收者沟通的内容，或希望接收者了解的内容。这些内容通常是可描述的或可衡量的信息，如会议通知、岗位职责说明书、技术转让合同等。

　　(2) 发送者

　　发送者是信息沟通过程中的沟通主体，因为信息沟通首先起源于某位信息发送者。

　　(3) 编码

　　为了把要传递的信息准确发送出去并被接收者准确接收，需要发送者对预发信息进行

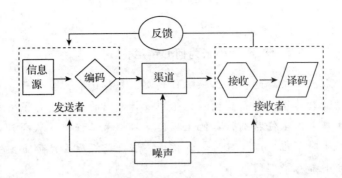

图 7-6　沟通过程

编码。即发送者要根据自己的观念、经验和能力及接收者的情况把所要传递的信息转变成可以发送的形式，如语言、语音、文字、图表、密码、姿势、动作、表情等，将要发送的信息传递给接收者。

(4) 渠道

渠道是发送者把信息传递到接收者那里所借助的媒介，即信息源和信息接收者之间的中介，具体包括人、机构、物质等。书面交流的信息传递渠道是报刊、杂志、备忘录、便条等；口头交流的信息传递渠道是声波、电话、电视；广播交流的信息传递渠道是无线电波；视频会议或接发 E – mail 的信息传递渠道则是互联网。

(5) 接收者

接收者是信息沟通过程中的沟通客体，是信息发送者发送信息的目标对象。

(6) 接收

信息通过一定的渠道传递到接收者后，需要接收者进行接收与获取。在信息沟通过程中，接收者可以处于准备接收的状态，也可以滞后接收，这主要取决于信息传递的渠道和信息的时效性。

(7) 译码

为了实现对信息的正确接收和达成共同的理解，接收者需要对所接收的信息进行解码，即信息接收者对收到的信息做出不失真、准确的解释，使信息为接收者所理解，此时沟通就是成功的。

(8) 反馈

反馈是指接收者通过某种形式将自己理解的信息返回发给发送者，从而表明自己的赞同或反对、积极或消极的态度反应和行为反应。反馈的过程实质是沟通的逆过程，通过反馈，使信息的发送者和接收者的地位得以互换，进而形成发送者与接收者之间的双向互动。

(9) 噪声

噪声是指存在于沟通过程的各个环节中任何妨碍或减弱信息有效传递的消极或负面因素。典型的噪声主要包括发送噪声（口齿不清）、传输噪声（口口相传而导致的信息遗漏或更改）、接受噪声（文字阅读能力较差导致理解错误）、背景噪声（不同的语言、文化造成的沟通不畅）、数量噪声（信息量过大导致无法提取重要信息）和环境噪声（嘈杂的环境）。

7.3.3 沟通的种类

沟通的种类繁多,按照不同的划分标准,可以分为不同类型的沟通。

(1) 口头沟通、书面沟通和身体语言沟通

按沟通的方法划分,沟通可分为口头沟通、书面沟通和身体语言沟通。

①口头沟通 口头沟通是指沟通者采用口头语言形式进行直接的沟通。口头沟通是最常用的沟通方式。其优点是沟通者能当面提出或回答问题,充分迅速地交换意见;当面接触有亲切感,同时可以运用一定的身体语言(手势、表情和语气、语调等)增强沟通的效果,使信息接收者能更好地理解、接受所沟通的信息。其缺点是沟通过程受时间限制,致使沟通范围有限,尤其面对分散而众多的人员无法直接沟通;由于缺乏深度思考,口头沟通的随机性较强,容易浪费时间,影响沟通效率;口头沟通后保留的信息有限,难以全部回忆起来;口头沟通对沟通者的口头表达能力和决策水平要求较高。

②书面沟通 书面沟通是指沟通者采用书面语言形式进行间接的沟通,如各种文件、报告、报表、通知、书信等。其优点是具有一定的严肃性、规范性和权威性,不易被歪曲;信息可以作为档案材料和参考资料长期保存下来,便于查阅;信息接收者可反复阅读以增强理解,信息传递者经认真推敲,可以使用最好的语言表达方式表达所要传递的信息。其缺点是时效有限,应变性较差;有时会出现文不达意的情况,使对方花费时间揣摩,一旦认知和理解不同,还会引起争议和纠纷;书面沟通所使用的信函、电报等在传递过程中有时会出现耽搁或遗失,这就会影响沟通者的联系以及交易的顺利进行。

③身体语言沟通 身体语言沟通是指在沟通过程中,沟通者在进行口头语言沟通时,配合一些体态语言,如眼神、表情、姿势、声调、态度、穿着等,从而使沟通者更容易理解所沟通的信息,以达到更好的沟通效果。

(2) 正式沟通和非正式沟通

按沟通的组织系统划分,沟通可分为正式沟通和非正式沟通。

①正式沟通 正式沟通是指以正式组织系统为信息沟通渠道的沟通。如组织中各层次之间的沟通,横向协作关系进行的沟通。正式沟通是组织内部信息传递的主要方式,大量的信息都是通过正式沟通渠道传递的。其优点是沟通信息量大,沟通效果好;信息严肃可靠,具有权威性,约束力强。其缺点是依靠正式组织系统层层传递信息,沟通速度较慢。

②非正式沟通 非正式沟通是指以组织中的非正式组织系统或个人为信息沟通渠道的沟通。如员工之间的私下交谈,议论某人某事。非正式沟通能够发挥作用的基础是组织中良好的人际关系。其优点是沟通比较随便灵活,形式不拘一格,传递信息的速度快,能提供一些正式沟通所不能传递的内幕消息。其缺点是传递的信息容易失真,难以保证其准确性,可能导致传播小道消息和流言蜚语,较难控制,容易在组织内引起矛盾和纠纷。

(3) 上行沟通、下行沟通和平行沟通

按沟通的信息流动方向划分,沟通可分为下行沟通、上行沟通和平行沟通。

①上行沟通 上行沟通是指下级向上级进行的信息传递。如下级向上级请示汇报工作、反映情况、要求和建议、请求支持等。上行沟通是领导了解实际情况和员工获得一定的心理满足的重要途径。

②下行沟通　下行沟通是指上级向下级进行的信息传递。如上级将目标、政策、制度、方法、工作计划和任务向下级传达。下行沟通可以使员工明确组织的战略与策略、自身的工作任务与方法。

③平行沟通　平行沟通是指正式组织中同级部门或个人之间的信息传递。平行沟通双方之间没有隶属关系，有助于各部门之间加强了解、协调工作、克服本位主义；有助于员工之间互谅互让、培养友谊，使社交需要得到满足。

(4) 单向沟通和双向沟通

按沟通的信息发送者和信息接收者的地位划分，沟通可分为单向沟通和双向沟通。

①单向沟通　单向沟通是指信息的发送者与接收者的地位不改变的沟通。在这种沟通中，不存在信息反馈。其优点是沟通有秩序，速度快。其缺点是接收者不能进行信息反馈，易强制性接收没有理解的信息，降低沟通效果。

②双向沟通　双向沟通是指在沟通过程中信息的传递者与接收者经常换位的沟通。在这种沟通中，存在着信息反馈。其优点是信息发送者可以及时知道信息接收者对所传递信息的态度、理解程度，有助于加强对相关问题的磋商和讨论，易于提高沟通效果，形成良好的人际关系。其缺点是一般费时较多，沟通速度慢，容易受干扰，信息发送者的心理压力较大。

(5) 链式沟通、Y式沟通、轮式沟通、环式沟通和全通道式沟通

按沟通的渠道所形成的网络划分，沟通可分为链式沟通、Y式沟通、轮式沟通、环式沟通和全通道式沟通。如图7-7所示。

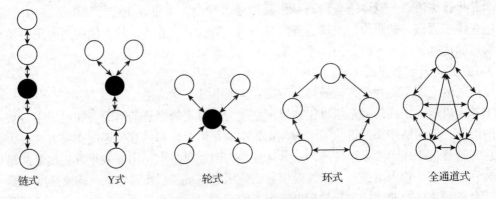

图7-7　五种不同的沟通网络

①链式沟通　链式沟通是一种信息在组织成员间只进行单线、顺序传递的链条状的沟通网络形态。在这种单线串联式沟通网络中，没有明确的沟通中心，居于两端的成员只能与其内侧的一个人联系，居中的成员则可以分别与两侧的两个人联系。其优点是信息源相对单一，不会出现多元信息导致的混乱，信息可以自上而下或自下而上传递。其缺点是信息经过层层传递和过滤，容易失真；成员之间的联系面较窄，平均满意度较低。链式沟通较适合组织系统庞大，需要实行分层授权管理的情形。

②Y式沟通　Y式沟通网络中有一个成员位于沟通的中心位置，代表两个上级分别向下级传达信息，或者代表下级向两个上级传递信息。在现实组织中经常表现为Y式沟通网

络形态,如由主管、秘书和几位下级构成的纵向关系,其中秘书的职位并不高,但因其处于沟通的中心位置而常拥有相当大的权力。其优点是信息集中化程度高,解决问题的速度快。其缺点是易于出现领导被架空,权力转移到秘书手中的现象。Y式沟通较适合组织中主管人员的工作任务非常繁重,需要有人协助筛选信息和提供决策依据,同时还要在最大程度上实行有效控制的情形。

③轮式沟通　轮式沟通属于控制型沟通网络,沟通网络中的信息是经由中心人物向周围多线传递。在组织中,领导人物是各处信息的汇集点和传递点,其他成员之间没有交流,所有的信息完全是通过他们共同的领导进行交流。其优点是信息集中化程度高,解决问题的速度快,主管人员控制力强。其缺点是员工之间缺少沟通,彼此间很难进行协调与合作,心理满足度低,影响工作的积极性。轮式沟通较适合组织成员接受紧急任务,既强调快速反应,又要求严格质量的情形。

④环式沟通　环式沟通可以看作是把链式形态的两头沟通环节相联贯而形成的一种封闭式沟通网络结构,它表示组织中所有成员间都可以依次联络和传递信息。由于该网络中的每个人都可以同时与两侧的人沟通信息,因此大家的地位平等,不存在明确的沟通中心。其优点是信息集中化程度较低,组织成员具有较高的心理满意度,易于提高士气。其缺点是由于信息是层层传递,沟通速度慢,精确性不够。环式沟通较适合需要创造一种能激发高昂士气的氛围来实现组织目标的组织。

⑤全通道式沟通　这是一种开放式的沟通网络系统,所有组织成员之间可以自由地彼此直接进行信息交流,大家的地位平等,不存在中心人物。其优点是成员可以直接、自由而坦率地发表各自意见,有利于集思广益,增强合作精神,提高了沟通的准确性。其缺点是由于沟通渠道较多,易于造成混乱,降低传递信息的准确度。全通道式沟通较适合人才积聚的高新技术企业。

7.3.4　沟通的障碍与克服方法

所谓沟通障碍,是指在沟通过程中使得信息被曲解或丢失,信息的传递无法正常进行或不能产生预期效果的各种主客观和内外部的干扰因素。在管理实践中,沟通障碍在沟通过程的各个环节与要素方面是经常存在的,它会极大地影响信息沟通的有效性和连续性。因此,沟通者应采取相应的方法,以克服沟通障碍。

(1)信息发送和接收方面的障碍

①信息量障碍　目前人们处在信息大爆炸的时代,每天都需要去面对如潮水般涌来的信息。由于没有足够的时间、精力和能力去分辨信息质量的好坏,久而久之人们就会对信息产生麻木的感觉,未被及时处理的信息只能被人们忽略、视而不见或束之高阁。为此,组织应该在组织内部尽可能地传递关键信息以及帮助员工学会如何在大量的信息中挖掘真正有价值的内容。

②语言表达障碍　信息发送者如果不能进行正确的信息编码,不能清晰、准确地表达自己所要发送的信息,势必会造成所传递信息的先天性缺陷。所编写的书面报告语言不顺、逻辑混乱,所做的讲话主题不突出、含糊不清,都很难准确和迅速地传达所包含的信息和意图,进而必然使接收者感到茫然,难以解码和理解所接收的信息。当然,作为信息

接收者在向发送者进行信息反馈时同样会存在语言表达障碍。为此，沟通者应注意培养和提高自身的语言表达能力，掌握相应的语言表达技巧。

③知识经验障碍　在信息沟通中，如果双方知识、经验水平差距太大，就会出现沟通障碍。例如，信息接收者在某些问题上所掌握的知识或拥有的经验较少，就可能影响所接收信息的质量，出现完全不解或误读信息的现象，进而影响沟通效果。再如存在于年轻一代与老一代之间的代沟。为此，沟通者要不断地加强学习，善于吸纳新的知识，缩小与沟通对方知识经验的差距。

④情绪障碍　在接收信息时，接收者的情绪也会影响到他对信息的解读。不同的心情会使接收者对同一信息的理解截然不同。极端的情绪状态，如大喜或大悲，会使信息接收者无法进行客观而理性的思维活动，从而做出情绪化的判断，进而阻碍有效沟通的进行。为此，沟通者应加强对自身情绪的认识与探索，培养和提高驾驭情绪的能力，在沟通中学会控制和调整情绪，特别是不良情绪或消极情绪，以达到理性沟通的效果。

⑤选择性知觉障碍　在沟通过程中，接收者会根据自己的兴趣、需要、动机和背景有选择性地接收其中一部分信息而过滤掉其他信息，显示出信息接收者的倾向性和价值取向。例如，在公司会议上，有的人只听到了"加薪"信息，有的人只听到了"集资建房"信息，有的人则只听到了"考核"信息。为此，在沟通中，信息发送者要了解沟通对象，尽可能设身处地地从对方角度看待问题，信息接收者要学会倾听，以增强沟通的针对性和有效性。

⑥刻板效应障碍　刻板效应又称刻板印象，是指对某个群体形成的一种概括而固定的看法。刻板效应实际上是一种心理定势，往往对人和事会形成偏见，忽略个体差异性。例如，女性感性大于理性，因此不适合作为领导者；年轻人"嘴上没毛，办事不牢"，因此不能委以重任。在沟通中，刻板效应很容易使人们依赖心理定势对他人做出快速但不够全面的判断，进而影响做出正确的判断和进行正常的沟通。为此，在沟通中，沟通者要尽量摆脱心理定势的束缚，减少或消除偏见。

⑦地位障碍　在沟通中，沟通者之间地位差别也是一种沟通障碍因素。一方面，信息发送者地位越高，其可信度和正确性就越高，因而其信息越容易被接受；反之，信息发送者地位低，其信息被接受程度就大打折扣。另一方面，由于觉得上级毕竟是自己的领导，进而担心自己说的话是否合适，下级常常害怕与他们的上级进行沟通交流，长此以往就不愿向上级反映情况和提出建议，沟通的次数越来越少，沟通的深度也越来越浅，严重影响上下级之间的有效沟通。为此，沟通者在沟通中要尽量避免受地位因素的干扰，要正确看待级别高低问题，摆正心态，从而顺畅地进行沟通。如公司领导可以经常到下面转转看看，主动问询相关的情况和问题，多与当事者商量，这有助于领导及时了解和掌握第一手资料和信息，改进干群关系。

(2) 沟通渠道的障碍

①沟通媒介的障碍　信息沟通总是要依托于一定的媒介才能完成，但媒介选择不当，就会影响沟通效果。此外，为了提高沟通效率，现代信息手段的应用越来越多，但有时也难免会出现故障，影响沟通的顺利进行和效果。例如，在视频直播分会场收看某人物先进事迹报告，但由于互联网络不畅导致图像不够清晰，声音很小，让人很难看清听清，极大

地影响了收看效果，沟通效率极低。因而，在信息沟通中，应尽可能地选择合适的、高质量的沟通媒介，以保证沟通效果。

②沟通环节的障碍　在传递过程中信息会发生损耗和失真，且沟通环节越多，这种损耗和失真程度就越严重。例如，在一个规模庞大、层级严密的组织中，无论是上行沟通还是下行沟通，信息传递的中间环节都会很多，信息过滤程度会很高，致使信息内容的时效性、完整性、真实性会大打折扣，而且在员工不能及时得到准确、完整信息的时候，就容易产生小道消息，甚至是谣言四起。因此，在沟通过程中，应尽可能地减少沟通层级，优化沟通渠道，以防止信息被过多过滤和时滞现象。

(3) 沟通环境障碍

①自然环境障碍　沟通环境的好坏，是影响沟通能否顺利进行和取得成功的重要因素。嘈杂的环境会对信息的发送和接收造成不利影响，信息接收者难以充分、准确地接收信息。外部噪声，诸如窗外的割草机声、头顶上飞机声、炽热的阳光等会阻碍听到或理解信息，造成信息在传递过程中的损失和遗漏，甚至被歪曲，从而对信息传递效果产生不利影响。因此，在面对面的沟通中，最好选择清静的场所，以保证沟通不会被外部噪声干扰。此外，企业组织庞大，办公地点分散且相距较远，都会引起沟通的困难。为此，企业可采取现代信息沟通手段如利用电话、举行视频会议等，既可以克服沟通中的距离障碍，又可以节省差旅费。

②社会文化环境障碍　不同的社会文化具有不同的信仰、价值观和行为方式，这些都影响着人们的沟通行为。例如，在"报喜不报忧"现象盛行的社会文化环境中，信息发送者就可能对所要传递的信息进行有意识地过滤、筛选，从而造成信息的失真，如下级报告给上级的信息都是上级想听到的。在对强烈情绪的表达方面，美国人喜欢通过交谈、辩论来发泄心中的积愤和澄清事实，日本人就不喜欢向别人表露自己的情绪，而地中海地区的许多国家则倾向于使用身体语言，如用哭来表达强烈的情绪。在颜色的含义方面，大部分西方国家用黑色表示悲恸和死亡，亚洲部分地区则习惯用白色。如美国航空公司在中国香港给优质顾客送白色康乃馨，结果适得其反，因为香港人只把白色康乃馨送给刚刚失去亲人的人，以表示同情。因此，为化解跨文化沟通障碍，就要增强沟通中的文化敏感性，了解自己和别人的文化背景。具有文化敏感性的人会理解不同文化对人的行为举止的影响，具有把对文化的了解转化为与来自不同文化背景的人建立有效关系的能力。

思考题

1. 领导的概念有哪些含义？
2. 领导者的影响力来源及其具体内容是什么？
3. 一个优秀的领导者应具备哪些素质？
4. 简述领导方式的相关理论的内容。
5. 简述完整的沟通过程所包含的基本要素和环节。
6. 沟通的类型有哪些？
7. 简述沟通的障碍及克服方法。

百家争鸣

领导力需要适度疯狂

领导力是个历史概念

德鲁克说,古希腊人色诺芬的《居鲁士的教育》,是第一本系统讲述领导力的著作,也是迄今为止最好的。领导力学者凯斯·格林特则说,在当时和现在都有巨大影响力的最早的领导力著作是《孙子兵法》。而《孙子兵法》成书的时间,很可能比《居鲁士的教育》还要早一百多年。

实际上,他们的说法都不严谨。英文中"领导者"(leader)一词迟至1300年才出现,"领导力"(leadership)一词的出现则要等到1821年。

也就是说,迟至1300年,人们才发现军事领导者、政治领导者、宗教领导者这些人担任的都是类似的角色。而直到19世纪初期,人们才开始讨论这些角色共有的抽象特性——领导力。

为什么在19世纪初期,英语世界开始讨论领导力?这个问题比答案更加重要。这个问题促使我们提出这样一个问题:为什么在今天,中国人开始讨论领导力?

领导力与成功

在中国,人们谈论个人成功,是最近三十年的事情,而谈论领导力应该还略晚一些。这两个概念的兴起是相关的。过去三十年,中国社会在大转型,使得我们开始相信个人"可以"通过奋斗取得成功,个人"需要"通过奋斗取得成功。同时,转型的一个大趋势是从以权力为中心转型到以领导力为中心。而且,人们发现,个人和组织的成功常常需要领导力的支撑。

大约十年前,一家房地产业的上市公司请我去给他们的高管讲讲管理。背景是当时政府对房地产业采取了一些调控措施,房地产业的日子一时不太好过,于是公司考虑:我们现在是不是要重视一下管理了?

过去一些年,主要有两个原因使得房地产企业(以及其他一些类似的企业)基本上不太考虑管理和领导力的事情:一是市场需求旺盛,它们站在了能把猪吹起来的风口上;二是决定竞争能力的主要是政府关系。

但是,事情总是会变化的。人们认识到,想要成功没有领导力往往是不行的。领导力是关于如何成为自己的生活和这个世界的塑造者。这个世界需要领导力,我们每个人都需要领导力。

领导力与疯狂

"疯狂"也是一个历史概念。著名学者福柯揭示了从中世纪直到当前,人们对"疯狂"的看法的戏剧性变化。在现代社会,发疯被看作疾病,但在中世纪,发疯通常被认为是无害的,一些人甚至认为发疯者在知觉方面"天赋异禀"。

管理大师马奇认为,疯狂与天才是领导力中的根本难题之一。许多组织提拔干部,往往都选择的是保守的专家,而非有创造性的天才。原因之一是:在天才和疯狂之间没有明确的界线——我们如何区分那是有创造性的天才,还是胡言乱语的疯子?

答案是:我们常常不知道。许多后来被认为是天才的主意,最初都被看作是疯子的呓语。因此,发挥领导力,往往会看起来有些疯狂。我们甚至可以说领导者必须要有些疯狂。

但是,领导者不能完全疯狂,必须要密切联系群众,而不能单枪匹马地挑战风车;必须要反思和质疑自己,而不能过度沉迷于已有的假设;必须要深思问题,而不能满足于最明显的那个答案……

乔布斯就是个很好的例子。他曾经被苹果公司驱逐,似乎可以归结于过度疯狂。而他回归苹果之后的巨大成功,也许可以归结于他找到了疯狂的适当剂量。但在乔布斯看来,这个世界依然缺乏疯狂。1997年,重返苹果的他推出了这个著名的广告:

致疯狂的人:他们特立独行、他们桀骜不驯、他们惹是生非、他们格格不入,他们用与众不同的眼光看待事物，他们不喜欢墨守成规，他们也不愿安于现状。你可以认同他们，反对他们，颂扬或是诋毁他们，但唯独不能漠视他们。因为他们改变了寻常事物，他们推动人类向前迈进。或许他们是别人眼里的疯子，但他们却是我们眼中的天才。因为只有那些疯狂到以为自己能够改变世界的人……才能真正改变世界。

　　在成功、疯狂、领导力这三个历史性概念中，今天的人们最看重的无疑是成功，其重要性不需要提醒。也许需要提醒的是：为了成功我们需要领导力，为了领导力我们需要适度疯狂。

（资料来源：刘澜，《中欧商业评论》，2017）

讨论：
1. 为什么古今中外一直探讨领导力问题？
2. 领导力的衡量，除了疯狂，还有哪些方面内容？
3. 你如何看待疯狂在领导力中的作用？

第8章 激 励

【引导案例】

微软的激励机制

大多数不断发展的公司都会遇到一个典型的问题：怎样把人才留在技术岗位上，以便充分利用他积累的专业知识和公司已付出的投资。解决这一问题，微软公司的一个独到之处就是把技术过硬的技术人员推到管理者的岗位。

盖茨与公司其他的早期领导一直都很注意提升技术过硬的员工担任经理职务。这一政策的结果也使微软获得了与其他众多软件公司相比别具一格的优越性——微软的管理者既是本行业技术的佼佼者，同时又能把技术和如何用技术为公司获取最大利润相结合，形成了一支既懂技术又善经营的管理阶层。但是这一方法对于那些只想待在本专业并且只想升到本专业最高位置而又不必担负管理责任的开发员、测试员和程序员来说是没有多大吸引力的，这样，职业管理的问题就产生了。微软解决这一问题的主要办法就是在技术部门建立正规的技术升迁途径。这对于留住熟练技术人员，承认他们并给予他们相当于一般管理者可以得到的报酬是很重要的。

在微软，典型的晋职途径是从新雇员变成指导教师、组长，再成为整个产品单位里某个功能领域的经理(比如 Excel 的程序经理、开发经理或测试经理)。在这些经理之上就是跨产品单位的高级职位，这包括职能领域的主管或者产品单位中的某些职位，他们负责 Excel 和 Word 等产品组并且构造用于 Office 应用软件的共同特性。

让员工在部门内升迁以产生激励作用的同时，微软还想在不同的职能部门之间建立起某种可比性，于是设立了"级别"体系(按照不同职能部门，起始点是大学毕业生的9或10级，一直到13、14、15级)。这些级别既反映了人们在公司的表现和基本技能，也反映了经验阅历。级别对微软雇员最直接的影响是他们的报酬。通常，微软的政策是低工资，但以奖金和个人股权形式给予较高的激励性收入补偿。刚从大学毕业的新雇员(10级)工资为3.5万美元左右，拥有硕士学位的新雇员工资约为4.5万美元左右。对于资深或非常出众的开发员或研究员，盖茨将给予2倍于这个数目或更多的工资，这还不包括奖金。测试员的工资要少一些，刚开始为3万美元左右，但对于高级人员，其工资则可达8万美元左右。由于拥有股票，微软的17 800名雇员中有大约3000人是百万富翁，这个比例是相似规模公司中最高的。在微软这一技术晋级制度中，确定开发员的级别(SDE，即软件开发工程师的级别)是最为重要的，这不仅是因为在微软以至整个行业中留住优秀的开发员是决定一个公司生存的关键,还因为确定开发员的级别能为其他专业提供晋级准则和相应的报酬标准。

在开发部门,开发经理每年对全体人员进行一次考查并确定其级别。开发主管也进行考查以确保全公司升迁的标准统一。一个从大学里招来的新雇员一般是10级,新开发员通常需要6~18个月才升一级,有硕士学位的员工要升得快一些,或一进公司就是11级。一般的升迁标准和要求是:当员工显示出是一位有实力的开发员,编写代码准确无误,而且在某个项目上,你基本可以应付一切事情时,你会升到12级,12级人员通常对项目有重大影响。当员工从事的工作有跨商业单位性质时,就可以升到13级。当员工的影响跨越部门时,可以升到14级。当员工的影响是公司范围的时候,可以升到15级。在开发部门中,有50%~60%的开发员是10级和11级人员,大约20%属于12级,大约15%属于13级,而剩下的5%~8%属于14级和15级。由于级别与报酬和待遇直接挂钩,微软就能确保及时、合理地奖励优秀员工并能成功地留住优秀人才。

(资料来源:钱耀军、宋军,《管理学原理》,2016)

激励是管理的重要职能,它是调动人的积极性、开发人力资源的潜能和提高劳动生产率的有效途径,是一个合格的管理者的重要工作内容和检验管理者能力高低的重要指标。为了在工作中很好地践行激励的职能,管理者需要了解掌握激励职能方面的相关知识,如激励的含义、激励的作用、激励理论、激励的原则和激励的方法。

8.1 激励的基本概念

8.1.1 需要、动机与行为

行为是指人类有意识的活动,即有机体在各种内外部刺激影响下产生的活动。人的行为体现了人的自然属性(人的本能)和社会属性(外力的推动)。人的行为是由动机决定的,而动机是由需要支配的。

需要是指客观的刺激作用于人的大脑所引起的缺乏某种东西时的客观状态。这里所说的客观的刺激,既包括体内刺激,也包括体外刺激。例如,人饿了想进食,这是由于人饿时体内血糖成分降低,血液成分失去了平衡所产生的刺激,这种刺激通过神经系统反映到人脑的下丘部分传到大脑皮层,产生了饥饿的感觉和进食的需要。客观的刺激既可以是物质的,也可以是精神的,如白求恩精神和雷锋精神对人们行为的影响。

动机是指促使人从事某种活动的念头或愿望。动机是由需要产生的,需要未满足时,人的心理上产生不安和紧张感,成为促使人采取某种行动的驱动力。需要满足后,紧张消除,然后又有了新的需要。如图8-1所示。动机是人们行为产生的直接原因,它引起行为、维持行为并指引行为去满足某种需要。一个人可能同时有很多需要和动机,但是人的行为却是由最强烈的需要和动机引发和决定的。总之,需要支配动机,动机决定行为。

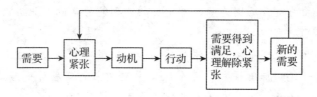

图 8-1　人的行为模式

8.1.2　激励的含义与作用

激励，从字面上看包括激发和鼓励，具体是指通过提供各种诱因或刺激，激发人的需要和动机，从而使其产生所期望的行为。例如，要使员工产生组织所希望的行为，可以根据员工的需要内容设置目标，通过目标导向使员工出现有利于组织目标的优势动机，并按组织所需要的方式行动。从管理的角度，为了确保所提供的诱因对员工有真正的吸引力，能切实有效地激励员工，管理者必须对员工的各种需要的内容和性质以及对人的需要和动机影响的作用机制进行研究。

一般而言，激励由以下五个要素组成：一是激励主体，指施加激励的组织或个人；二是激励客体，指激励的对象；三是激励目标，指激励主体期望激励客体的行为所实现的成果；四是激励手段，指那些能激励客体积极行动的东西，可以是物质的，也可以是精神的；五是激励环境，指激励过程所处的环境因素，它会影响激励的效果。

激励有助于激发和调动员工的工作积极性、主动性和创造性；有助于员工素质的提高；有助于员工自觉自愿为实现组织目标而努力工作；有助于促进组织内部各部门的协调统一，增强组织的凝聚力，提高组织的效率。

8.2　人性假设理论

管理者要想激励员工努力工作，就必须正确地认识和对待他们，这就需要管理者了解和掌握关于人性本质的相应的人性假设理论。关于人性假设的理论有很多，归纳起来有四种，即经济人假设、社会人假设、自我实现人假设和复杂人假设。

8.2.1　经济人假设

经济人假设又称 X 理论，是由美国行为科学家道格拉斯·麦格雷戈(Douglas M. Mc Gregor)在 1960 年出版的《企业中的人性方面》一书中提出。麦格雷戈认为，管理的根本问题是领导者对人性的认识问题，这是一切管理策略和方法得以建立的基础，不同的人性假设必然导致不同的管理策略和管理方法，产生不同的管理效果。他对古典管理理论和行为科学理论中有关人的看法和认识进行了系统的归纳分析，把前者有关人性的假设称为 X 理论，把后者称为 Y 理论。

经济人假设的主要内容是：人一般都是懒惰的，并尽可能地逃避工作。人都缺乏进取心，不愿意承担责任，而宁愿接受别人指挥。人都安于现状，反对变革，把安全看得高于一切。人都缺乏理智，很容易受环境和别人的影响做出一些不合时宜的行为。人都以自我为中心，无组织的需要。在企业里人的行为主要目的是追求自身的利益，工作的动机是为了获取经济报酬。

基于经济人的假设，管理人员应采取的管理方式主要有：管理人员必须用外部刺激来提高人的积极性，不仅用奖赏的办法而且还必须进行强制监督、指挥，并以惩罚进行威胁，才能使人们完成工作任务。管理人员应以权力和控制体系来保证组织的运转，制定具体的工作规范，如工时定额、技术规程等。

8.2.2 社会人假设

梅奥根据霍桑试验提出"社会人"的概念。社会人是指人在进行工作时将物质利益看成次要的因素，人们最重视的是和周围人的友好相处，满足社会和归属的需要。

社会人假设的主要内容包括：人的行为动机不只是追求经济利益，还包括人的社会需要。工业革命所带来的专业分工和机械化的结果，使劳动本身失去了意义，人们只能从工作中的社会关系上寻求乐趣和意义。工人与工人之间的关系所形成的影响力，要比组织所给予的经济报酬的影响力大。工人的工作效率随着管理人员满足他们社会需要的程度的增加而提高。

基于社会人的假设，管理人员应采取的管理方式主要有：管理人员应当注意满足员工归属、交往和友谊的需要，重视非正式组织的存在。管理人员应当关心、体贴、爱护和尊重员工，与他们建立良好的人际关系和友好的感情。管理人员在进行奖励时，不仅采取个人奖励，还应当注意集体奖励。

8.2.3 自我实现人假设

自我实现人假设又称Y理论，也是由麦格雷戈提出来的，它是以阿吉里斯的成熟与不成熟理论以及马斯洛的需要层次理论为基础的。

阿吉里斯认为，健康的人从婴儿到成人，在人格上、心理上总是倾向于从不成熟向成熟发展。这是一个自然的过程，在这个过程中，人格发生七种变化（图8-2）。但是由于社会现实和企业管理制度的约束，以及外界的影响（如工作简单，强调集权和服从，工人无力支配环境等），工人的成熟受到阻碍。

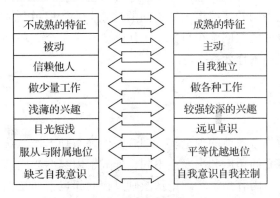

图8-2 人从不成熟到成熟的转变

Y 理论的主要内容是：人并非天生就厌恶工作，人在工作中的体力和脑力的消耗就像游戏或休息一样自然，工作对于人来说是一种满足。在适当的条件下，人不仅接受职责，而且还能主动地谋求职责。个人自我实现的要求和组织目标的要求之间并不是对立的、矛盾的。如果提供适当的机会，人们就能将个人目标和组织目标统一起来。外来的控制和处罚，并不是使人们努力达到组织目标的唯一手段。人们愿意通过自我管理和自我控制来完成应当完成的组织目标。大多数人在解决组织的困难问题时，都能发挥较高的想象力和创造性。在现代工业社会条件下，人们的智慧潜能只得到了部分发挥。

基于自我实现人的假设，管理人员应采取的管理方式主要有：管理人员应当创造一个使人得以发挥才能的工作环境，不断发掘员工的潜力。管理人员应当给予员工来自工作本身的内在激励，让他们担当具有挑战性的工作，担负更多的责任，以满足其自我实现的需要。在管理制度上给予员工更多的自主权，实行自我控制，让员工参与管理和决策，共同分享权力。

8.2.4 复杂人假设

复杂人假设由美国心理学家和行为学家埃德加·谢恩在 20 世纪 70 年代提出。前面所说的经济人假设、社会人假设和自我实现人假设，虽然都有其合理的一面，但并不适用于一切人。因为人是复杂的，人会随着年龄、知识、地位、生活以及人与人之间关系的变化而出现不同的需要。因此，谢恩提出了复杂人假设。

复杂人假设的主要内容是：人的需要多种多样，而且这些需要会随着人的发展和生活条件的变化而改变。人在同一个时间内会有各种需要和动机，这些需要和动机相互作用，形成错综复杂的动机模式。人在组织中的工作和生活条件是不断变化的，因而会产生新的需要和动机。人在不同组织或同一组织的不同部门、岗位工作，会产生不同的需要。一个人是否感到满足或是否表现出献身精神，决定于自己本身的动机构造及他跟组织之间的相互关系。工作能力、工作性质、与同事相处的状况皆可以影响他的积极性。由于人的需要和能力不同，对不同的管理方式会有不同的反应，因此，没有适合于任何时代、任何人的统一的管理方式。

基于复杂人的假设，管理人员应采取的管理方式主要有：管理者要了解每个人的个体差异，对不同的人、在不同的情况下采取不同的措施，才能取得预期的效果。管理者要采取灵活的管理方式，以便使之同组织目标、工作性质和员工个人条件相适应，易于为员工所接受，从而有助于提高工作效率。

8.3 激励理论

激励理论是研究激励有效性的理论。管理者要做好激励工作，就要了解和掌握相应的激励理论。由于人们研究的角度和出发点不同，形成了内容型激励理论、过程型激励理论和行为改造型激励理论。内容型激励理论从激励过程的起点，即从人的需要出发，去研究有哪些因素可以有效激励人的积极性的问题，其主要内容包括马斯洛的需要层次理论、赫兹伯格的双因素理论等。过程型激励理论从激励的发展过程入手，研究有哪些因素对人的动机和行为发生作用，其主要内容包括弗鲁姆的期望理论、亚当斯的公平理论等。行为改造型激励理论从激励过程的终点，即从人的行为出发，研究如何控制和改变人的行为，其主要内容包括斯金纳的强化理论等。

8.3.1 需要层次理论

美国布朗戴斯大学的阿伯拉罕·H·马斯洛（Abraham H. Maslow）在其1943年出版的著作《调动人的积极性的理论》中提出了需要层次理论。

(1) 需要层次理论的内容

马斯洛把人类的各种需要归纳为五大类，并按其重要性和先后顺序排列成一个需要层次或者一个需要的等级（又称为需要阶梯）。如图8-3所示。

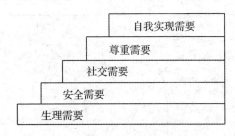

图8-3 需要层次图

第一层次为生理需要，是指保证人类生存的基本条件，如衣、食、住、行等方面。这一类需要源自人类的生理本能，是一切人类所共有的，对于人类的生存与种族繁衍至关重要。生理需要对于人类普遍适用，但需要的程度又因人而异。例如，儿童比大人需要更多的睡眠。

第二层次为安全需要，是指保证人类自身的安全以及经济方面的保障。当人类的生理需要得到满足后，自然会考虑到明天和后天的需要能否得到切实的保证。因此，人们要建筑房屋，营造粮仓，在银行存款，建立就业保险和退休金制度。

第三层次为社交需要，是指一个人渴望归属于某一组织和团体，希望同人们建立一种充满友情的关系。例如，一个人渴望与同事友好相处并配合默契，一个人对朋友、爱人、家庭的渴望。

第四层次为尊重需要，是指一个人自尊心得到满足，受到他人的尊重，要求自由和独立，对名誉、声望的向往及对地位、权力的追求。一个人获得了尊重的需要，他才会感到他是一个有用的人，而不是一个无足轻重的人。

第五层次为自我实现需要，是指一个人渴望成为一个与自己能力相称的人的愿望和追求，即能力和才智的充分表现，实现抱负、理想、奋斗目标等。人们满足自我实现需要的方式因人而异。每个人所从事的工作或职业是实现其自我实现需要的一个途径。

在上述这五种需要中，前两种是人类的初级需要，后两种是人类的高级需要。高级需要远比初级需要纷繁复杂，比较难以辨别，而且随着一个人的成熟而发展。因为它体现的是精神和心理的需要。一般来说，高级需要具有以下几个主要特点：高级需要的类型和程度因人而异；高级需要在很大程度上受到经验条件的制约；每个人的高级需要并非永远不变；高级需要在群体中比在个体中更能发挥作用；高级需要通常潜存于自觉意识中；高级需要是一种含混的感知，而不是明确的生理需要。初级需要和高级需要是密不可分的，身体的现实状况会影响到人的思想意识，而人的思想意识的状况又会对身体的生理需要产生影响。因此，每个人都必须被视为一个整体的人。

马斯洛认为，人类的需要有一定的先后顺序，每一种需要都在前一种需要得到满足之后出现。但并不是说前一种需要得到百分之百的满足后，后一种需要才会出现，也不是说后一种需要会突然出现。通常，只要前一种需要得到部分满足，后一种需要就会渐渐出现。当然，在前一种需要没有得到相应满足之前，后一种需要就不会起支配作用。在同一时刻，大多数人的所有需要，都是部分得到满足，部分未得到满足。在现实生活中，一个人的所有需要都在其自身的有机体内相互作用，它们趋于重叠和融合，如图8-4所示。

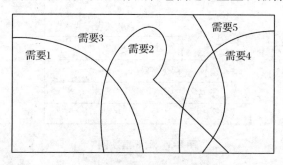

图8-4　需要层次交叉图

马斯洛把人类的需要划分为五个层次，这种分类具有某种程度的主观人为性，因为个体的差异会出现很多例外情况。另外，人类的需要是永无止境的，在人类不断开拓进取的过程中，人类进步不止，需要不止。因此，马斯洛对人类需要的分类只是对人类需要所做的一种笼统的分类。

（2）需要层次理论的管理学意义

需要层次理论对于实际的管理工作具有很大的指导意义，具体表现在以下两个方面：

需要层次理论提供了一个比较科学的激励理论框架。马斯洛的需要层次理论为管理者做好激励工作提供了一个比较科学的理论框架，成为激励理论的基础。他从人的需要出发来研究人的行为，这个思路是正确的。他将人类千差万别的需要归为五类，揭示了一般人在通常情况下的需要与行为规律，指出了人们的需要从低级向高级发展的趋势，这符合心理发展的过程，对管理者很有实用价值。

需要层次理论提供了一个比较科学的激励方式指导。马斯洛将人类需要划分为五大类，并对各类需要进行了细致的研究，给出了每一类需要的具体内容，这对管理者很有用处。它告诉管理者员工的需要是多种多样的，因此，激励方式也是多种多样的。不仅要给员工以物质的满足，而且要给员工以精神的满足。特别是基本生理需要得到一定的满足以后，精神需要更为重要。因为满足员工的高级需要将具有更持久的动力。

8.3.2　双因素理论

美国心理学家和行为科学家赫兹伯格在20世纪50年代后期对一些企业共计200多名

的工程师和会计师进行了访谈调查。调查时，他问询了许多问题，例如，哪些因素使你对工作特别满意，哪些因素使你对工作特别不满意等。赫兹伯格在分析研究了调查结果的基础上提出了双因素理论。

(1) 双因素理论的内容

赫兹伯格修正了传统的"满意—不满意"相对立的观点。他指出，满意的对立面是没有满意，而不是不满意；不满的对立面是没有不满，而不是满意。如图8-5所示。

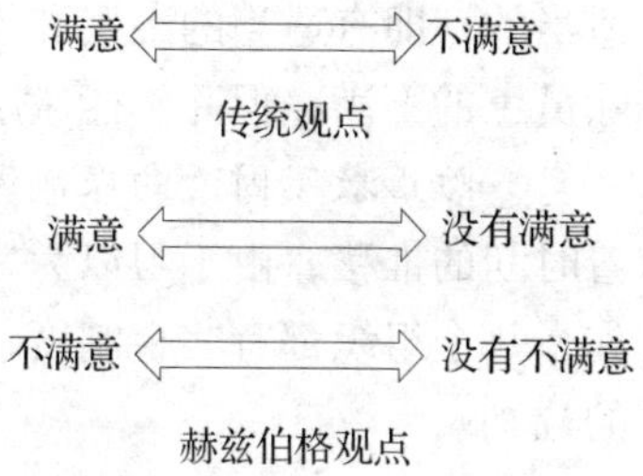

图8-5 传统观点与赫兹伯格观点的比较

赫兹伯格提出，主要有两类因素影响人们的行为：保健因素和激励因素。从不满到没有不满的这类因素称为保健因素(hygiene)，是与工作环境或条件相联系的外在因素，如公司政策、行为管理和监督方式、工作条件、人际关系、地位、安全和生活条件等。这些因素的改善只能消除员工的不满、怠工和对抗，维持工作现状，但不能使员工变得满意，也不能起到激励作用。从没有满意到满意的这类因素称为激励因素(motivator)，是与工作本身相联系的因素，如工作富有成就感、工作成绩能得到认可、工作本身具有挑战性、负有较大的责任、在职业上能得到发展等。这类因素的改善，能够激励员工的工作热情，从而提高工作效率。激励因素和保健因素彼此独立，并以不同的方式影响着人们的行为，具体表现为：当人们缺乏保健因素时会产生很大的不满意，但有了它们也不会对人产生多大的激励作用；激励因素使人们产生巨大的满意，而缺乏它们时也不会产生太大的不满意。

双因素理论实际上是分析了人的各种需求对行为的影响程度，并根据程度大小把人的需求进行了归类研究，以便更好地指导管理实践。这种理论与马斯洛需要层次理论之间具有很强的关联性。如图8-6所示。

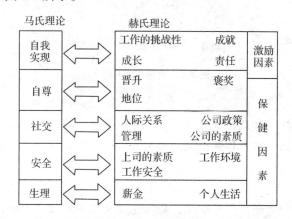

图8-6 马斯洛的需要层次理论与赫兹伯格双因素理论的关系

(2) 双因素理论的管理学意义

双因素理论对于实际的管理工作具有很大的指导意义，具体表现在以下四个方面：

①注意区别保健因素和激励因素 管理者在实施激励时，应注意区分保健因素和激励因素。保健因素的满足可以消除不满，激励因素的满足可以产生满意。

②应确保保健因素的适当性 利用双因素理论来激励员工，管理者应确保保健因素是

适当的,即有适当的工资和收入保障,工作条件要安全等。通过适当地提供这些因素能消除员工的不满,但并不能激励他们。

③防止激励因素向保健因素转化　管理者通过激励因素对员工实施激励后,有时会随着时间的推移,由于习以为常,激励因素便失去其激励的作用,而转变为保健因素。例如,每个组织都有奖金制度,但很多组织奖金发放并不具有激励作用,而是成为一种变相的福利。

④注意激励的深度问题　上级的赏识和荣誉感以及成就感来自工作的本身,被称作内在激励,而工资、奖金、福利、工作条件等,被称作外在激励。随着人们物质生活水平的提高,内在激励的重要性越来越明显。但这种方法只适用于素质比较高和具有强烈成就感的人。

【管理案例】

六边形激励模型

六边形激励模型按照六种需求动机,以两个主维度——成就 VS 自我,区分了六种需求动机,据此区分出内省者、创意者、享受者、群居者、追逐者和学习者六类人,这六类人分别居于六边形的一角,因此称为六边形激励模型(图 8-7)。

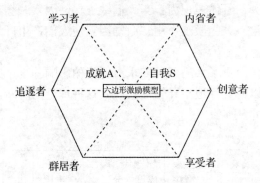

图 8-7　六边形激励模型

(1) 内省者

追求自主,需要从事自认为有意义与影响力的事情,要求工作有自主的权利,喜欢拥有或是建构自己的工作,对工作做出深刻的洞察,善于提出新角度、新方法,但有时会思多于行。

(2) 创意者

要求有自我表达的机会,创意十足,拒绝违背自己的本性,不会为了他人而牺牲自己个人风格,或压抑自己的价值观,对规范和程序缺乏耐性,不循规蹈矩。

(3) 享受者

追求生活的弹性,为了生活而工作,不是为了工作而生活。将工作视为通往目标的手段,希望有更多的弹性让自己去追求个人理想,包括取得工作与生活的平衡,当感觉到生活空间被工作挤占时,会倾向于选择放弃工作。

(4) 群居者

在意归属感，对团队忠心耿耿，不喜欢孤零零的独自一个人，需要和人们一起工作，和团队一起交流，是群居动物，为了团队利益主动帮助他人，但缺乏对工作的洞察，更多地遵照既有的指示行事。

(5) 追逐者

受到进步的驱使，企图心旺盛，希望不断往前冲，特权和地位是主导的激励诱因，并且愿意等待和付出必要的牺牲，有很强的执行力，但有时难以接受新的思想或方法。

(6) 学习者

追求学习成长，只要有学习的机会就很快乐，以能否进步或获得新技能作为评估工作的标准，当觉得自己正在做的工作不能提高自己时，就会对现状感到无聊。

此模型与霍兰德兴趣理论对六边形的运用有些相似，每一种特质的新新人类都有着自己主导的需求，通过利用分类，管理者可以更好地理解新新人类的特点，从而在管理与激励中有的放矢。另外，虽然六个需求并不能完全严格地与前两个理论进行一一对应，但为了易于理解，也可以视为是马斯洛需要层次理论中的高级需求或赫兹伯格双因素理论中激励因素的进一步细分。

（资料来源：http://www.managershare.com/wiki/%E5%85%AD%E8%BE%B9%E5%BD%A2%E6%BF%80%E5%8A%B1%E6%A8%A1%E5%9E%8B）

8.3.3 期望理论

期望理论由美国心理学家和行为科学家维克托·弗鲁姆（Victor H. Vroom）于1964年在《工作与激励》一书中提出。

(1) 期望理论的内容

期望理论认为，人的行为过程实际上是一种决策过程，一个人在做出某种行为之前，总是要对这种行为产生的结果及其给个人带来何种利益进行估计，只有当一个人预期个人的行为会给自己带来既定且有吸引力的成果时，才会被激发去做该种行为。弗鲁姆认为，某一行为对某个人的激发力量取决于他所能得到结果的全部预期价值乘以他认为达成该结果的期望概率。因此，期望理论可用下述公式表示：

$$激发力量(M) = 目标效价(V) \times 期望值(E)$$

从公式中可以看出，进行激励时应该注意以下三个方面的关系：

一是努力与绩效的关系。人们总是希望通过一定的努力达到预期的目标，如果个人主观认为达到目标的概率很高，就会有信心，并激发出很强的工作力量，反之如果他认为目标太高，通过努力也不会有很好绩效时，就失去了内在的动力，导致工作消极。

二是绩效与奖励的关系。人总是希望取得成绩后能够得到奖励，当然这个奖励是综合的，既包括物质层面，也包括精神层面。如果他认为取得绩效后能得到合理的奖励，就可能产生工作热情，否则就可能没有积极性。

三是奖励与需要的关系。人总是希望自己所获得的奖励能满足自己某方面的需要。然而由于人们在年龄、性别、资历、社会地位和经济条件等方面都存在着差异，他们对各种需要要求得到满足的程度就不同。因此，对于不同的人，采用同一种奖励办法能满足的需要程度不同，能激发出的工作动力也就不同。

【管理案例】

九寨沟之旅

为了激励业务员更好地完成销售目标，营销主管发布了这样一项奖励措施：年终销售业绩前两名，奖励九寨沟双飞旅游一次。这项激励政策在小张、小李和老王三个人身上就产生了不同的反应(假定小张、小李和老王都相信主管会兑现承诺)。

小张刚刚大学毕业一年多，别说九寨沟，就是出远门的机会都很少，更没有坐过飞机，听到这项决定后，小张非常兴奋，暗地里发誓一定要努力工作，争取圆满完成任务，出去风光一趟。根据期望理论，小张的效价如果用满分为1来计算，凭小张的能力和干劲，在三个人当中他成功的可能性是50%，那么这项激励政策对小张的激励效用就是：$1 \times 0.5 = 0.5$。

小李是一位工作了将近五年的业务员，全国各地他跑了不少地方，飞机也坐过了，可是九寨沟却一直没有去过，九寨沟风景美丽他早就知道，也想着什么时候有机会去游览一番。这样看来，九寨沟旅游对小李的效价虽然不是1，但也很高，为0.9，凭小李的能力和经验，在三个人中他成功的可能性是80%，那么这项激励政策对小李的激励效用就是：$0.9 \times 0.8 = 0.72$。

老王是一位老业务员，是三位中资历最老也是业绩最出色的一个业务员，全国各地几乎没有他没有去过的地方，九寨沟他已经去过两次，而且，他老婆刚刚动了一次大手术，并因此欠了不少债，人们都知道老王现在最缺的是钞票。可以看出，九寨沟对他已经失去了价值，效价应该是0，凭老王的能力和业务关系基础，在三个人当中他成功的可能性是100%，那么这项激励政策对老王的激励效用就是：$0 \times 1 = 0$。

由此可以得出结论，同一项激励政策在不同的员工身上会产生不同的激励作用，为了达到最佳的激励效果，领导者应在权力允许的范围内，因人而异地制定一些奖励措施，以调动所有员工的积极性。

(资料来源：钱耀军、宋军，《管理学原理》，2016)

(2) 期望理论的管理学意义

期望理论对于实际的管理工作具有很大的指导意义，具体表现在以下四个方面：首先，激励措施要有针对性。管理者不要泛泛地采取一般的激励措施，而应当针对每位员工的不同需要采取效价最大的激励措施。例如，对有些员工采取提薪等物质激励，而对有些员工采取委以重任等精神激励。其次，注意激励措施的综合效价。设置某一激励目标时应尽可能加大其效价的综合值，如果每月的奖金多少不仅意味着当月的收入状况，而且与年终分配、工资调级和获得先进工作者称号挂钩，则将大大提高效价的综合值。再次，注意激励措施的效价差距。适当加大不同人实际所得效价的差值，加大组织期望行为与非期望行为之间的效价差值。例如，奖金平均分发与分成等级，并拉开距离，其激励效果很不一样；只奖不罚与奖罚分明，其激励效果也大不一样。最后，适当控制期望概率和实际概率。期望概率既不是越大越好，也不是越小越好，关键要适当。当一个人的期望概率远高于实际情况时可能产生挫折，而期望概率太小又会减小某一目标的激发力量。因此，当一个人期望概率太大时，管理者应劝其冷静，适当减小；当一个人期望概率太小时，管理者则应给予鼓励，让其增加信心，适当加大。

8.3.4 公平理论

公平理论又称社会比较理论，是由美国的心理学家、行为科学家约翰·斯塔希·亚当斯(John Stacy Adams)于1965年首先提出来的，该理论侧重报酬分配的合理性、公平性及其对人们积极性的影响。20世纪60年代，亚当斯出版了《工人关于工资不公平的内心冲突同其生产率的关系》《工资不公平对工作质量的影响》《社会交换中的不公平》等著作，从而提出了公平理论的观点。

(1) 公平理论的内容

公平理论认为，当一个人因工作或做出成绩而取得报酬后，他不仅关心自己所得报酬的绝对量，而且还会关心自己所得报酬的相对量，因此，他要进行各种比较来确定自己所获报酬是否合理，比较的结果将直接影响其今后工作的积极性。具体而言，比较方式包括横向比较和纵向比较。

一种比较方式是横向比较，即一个人把自己获得的报酬与自己投入的比值与组织内其他人的比值做比较，只有相等时他才认为公平。如下式所示：

$$O_p/I_p = O_c/I_c$$

式中　O_p——自己对个人所获报酬的感觉；
　　　O_c——自己对他人所获报酬的感觉；
　　　I_p——自己对个人所做投入的感觉；
　　　I_c——自己对他人所做投入的感觉。

当上式为不等式时，可能出现以下两种情况：一是 $O_p/I_p < O_c/I_c$，在这种情况下，他可能要求组织增加自己的报酬或减少自己今后的努力程度；他也可能要求组织减少比较对象的报酬或让其今后增大努力程度。二是 $O_p/I_p > O_c/I_c$，在这种情况下，他可能要求组织减少自己的报酬或主动多做一些工作。但随着时间的推移和重新评估自己的技术水平和工作情况，他可能会认为他确实应该得到那么高的报酬，于是他就不会要求组织减少自己的报酬或主动多做一些工作。

另一种比较方式是纵向比较，即一个人把自己目前所获得的报酬与自己目前投入的比值同自己过去所获得的报酬与过去投入的比值进行比较，只有相等时他才认为公平。如下式所示：

$$O_{pp}/I_{pp} = O_{pl}/I_{pl}$$

式中　O_{pp}——自己对现在所获报酬的感觉；
　　　O_{pl}——自己对过去所获报酬的感觉；
　　　I_{pp}——自己对现在所做投入的感觉；
　　　I_{pl}——自己对过去所做投入的感觉。

当上式为不等式时，可能出现以下两种情况：一是 $O_{pp}/I_{pp} < O_{pl}/I_{pl}$，在这种情况下，他会有不公平的感觉，可能导致工作积极性下降。二是 $O_{pp}/I_{pp} > O_{pl}/I_{pl}$，在这种情况下，他不会因此产生不公平的感觉，但也不会觉得自己多拿了报酬从而主动多做些工作。

(2) 公平理论的管理学意义

公平理论对于实际的管理工作具有很大的指导意义,具体表现在以下三个方面:

① 影响激励效果的不仅有报酬的绝对值,还有报酬的相对值 为了避免员工产生不公平的感觉,企业往往采取各种手段,在企业中营造一种公平合理的气氛。如有的企业采用保密工资的办法,使员工相互不了解彼此的收支比率,以免他们互相比较而产生不公平感。

② 激励时应力求公平,尽管有主观判断的误差,也不致造成严重的不公平感 管理者要尽可能公平地对待每一个员工,应该制定一个能够让员工感到公平并且乐于参与和保持的报酬分配制度。如海尔集团通过"3E"卡,每天公布职工每个人的收入,不搞模糊工资,使员工心理上感到相对公平。

③ 在激励过程中应注意对被激励者公平心理的引导,使其树立正确的公平观 管理者要注意对有不公平感觉的员工进行心理疏导,让员工认识到绝对的公平是不存在的,不要盲目攀比,不要按酬付劳。以海尔集团为例,海尔实施了按劳分配、多劳多得的薪酬奖励分配方案,给每一位员工提供了公平的竞争环境。海尔实行计点工资制度,从工作责任、素质要求、环境条件等12个方面对每个岗位进行了测评,并且根据工艺等条件的变化不断进行调整。将一线职工工资100%地与奖金捆绑在一起,按点数分配。在此基础上,又进一步在一、二、三线对每个岗位实行量化考核,从而使劳动与报酬直接挂钩,多劳多得。

【管理案例】

李强的困惑

李强已经在智宏软件开发公司工作了六年。在这期间,他工作勤恳负责,技术能力强,多次受到公司的表扬,领导很赏识他,并赋予他更多的工作和责任,几年中他从普通的程序员晋升到了资深的系统分析员。虽然他的工资不是很高,住房也不宽敞,但他对自己所在的公司还是比较满意的,并经常被工作中的创造性要求所激励。公司经理经常在外来的客人面前赞扬他:"李强是我们公司的技术骨干,是一个具有创新能力的人才……"

去年7月,公司有申报职称指标,李强属于有条件申报之列,但名额却给了一个学历比他低、工作业绩平平的老同志。他想问一下领导,谁知领导却先来找他:"李强,你年轻,机会有的是。"

最近李强在和同事们的聊天中了解到他所在的部门新聘用了一位刚从大学毕业的系统分析员,但工资仅比他少50元。尽管李强平时是个不太计较的人,但对此还是感到迷惑不解,甚至很生气,他觉得这里可能有什么问题。在这之后的一天下午,李强找到了人力资源部宫主任,问他此事是不是真的。

宫主任说:"李强,我们现在非常需要增加一名系统分析员,而系统分析员在人才市场上很紧俏,为使公司能吸引合格人才,我们不得不提供较高的起薪。为了公司的整体利益,请你理解。"李强问能否相应提高他的工资。宫主任回答:"你的工作表现很好,领导很赏识你,我相信到时会给你提薪的。"李强向宫主任说了声"知道了!"便离开了他的办公室,开始为自己在公司的前途感到忧虑。

依据亚当斯的公平理论，李强的困惑主要来自于其领导对员工给予的待遇缺乏公平性。企业吸引人才不能以损伤现有人才(利益、感情等)为代价，企业的激励措施必须既能够吸引到新的人才，又能够激发原有人才的工作热情，不能顾此失彼。公司必须对李强采取物质和精神上的激励措施(加薪、提升等)，以消除其心理上的不满，激发其工作热情。

（资料来源：黄涌波、王岩，《管理学基础——理论、案例、实训》，2014；李强的困惑，https://wenku.baidu.com/view/469e681dcc1755270722087c.html）

8.3.5 强化理论

强化理论由美国心理学家和行为科学家伯尔赫斯·弗雷德里克·斯金纳(Burrhus Frederic Skinner)首先提出。强化理论也被称作操作条件反射理论、行为修正理论，主要讨论刺激与行为的关系。

(1) 强化理论的内容

斯金纳认为，人或动物为了达到某种目的，会采取一定的行为作用于环境。当这种行为的后果对他有利时，这种行为就会在以后重复出现；不利时，这种行为就减弱或消失。人们可以用这种正强化或负强化的办法来影响行为的后果，从而修正其行为，这就是强化理论。

所谓强化，是指对一种行为的肯定或否定的后果(报酬或惩罚)，它至少在一定程度上会决定这种行为在今后是否会重复发生。根据强化的性质和目的，可把强化分为正强化和负强化。在管理上，正强化就是奖励那些组织上需要的行为，从而加强这种行为；负强化是指惩罚那些与组织不相融的行为，从而削弱这种行为。正强化的方法包括发奖金、对成绩的认可、表扬、改善工作条件和人际关系、升级、安排担任挑战性的工作、给予学习和成长的机会等。负强化的方法包括批评、处分、降级等，有时不给予奖励或少给予奖励也是一种负强化。

根据强化的方式，可把强化分为连续强化和间隔强化。连续强化，是对每一个组织需要的行为不间断地给予强化；间隔强化，是对每一个组织需要的行为经过一段间隙才强化一次。间隔强化还可按强化时间间隔的稳定性分为固定时间间隔强化和变动时间间隔强化，前者如员工每月定期发放工资或学生定期考试，后者如员工不定期升级和学生不定期的抽查考试。间隔强化按反映比例又可分为固定比例强化和变动比例强化。前者如计件工资，后者如按销售货物的难易对销售人员进行奖励。

(2) 强化理论的管理学意义

强化理论对于实际的管理工作具有很大的指导意义，具体表现在以下四个方面：

①要明确强化目标　管理者在采取强化方法前应首先明确强化目标或目的，明确预期的行为方向，以使被强化者的行为符合组织的要求。

②要针对强化对象的不同采用不同的强化方法　每个人的需要是不同的，因而对同一种强化方法的反应也各不相同。这就要求管理者应具体分析强化对象的情况，针对他们的不同需要，采用不同的强化方法。

③要尽量运用正强化的方法而辅以必要的负强化的方法　斯金纳发现，惩罚不能简单地改变一个人按原来想法做事的念头，至多只能教会他们如何避免惩罚。事实上，过多地

运用惩罚，往往会造成被惩罚者心理上的创伤，引起对抗情绪，乃至采取欺骗、隐瞒等手段来逃避惩罚。因此，为了尽可能避免负强化所引起的消极效应，应把负强化同正强化结合起来。在执行惩罚时，应使被惩罚者清楚受到惩罚的原因和改正的办法，而当其一旦有所改正时，即应给予正强化，使其符合组织要求的行为得到巩固。

④要及时反馈 为了实现强化的目的，管理者必须通过反馈的作用，使被强化者及时了解自己的行为后果，并及时兑现相应的报酬或惩罚，使有利于组织要求的行为得到及时肯定，促使其重复，不利于组织的行为能得到及时制止。总之，管理者应及时将工作结果告诉行动者，无论结果好坏，对行为都具有强化作用。

8.4 激励的原则与方法

激励既是一门科学，又是一门艺术。其理论基础包括马斯洛的需要层次理论、赫兹伯格的双因素理论、弗鲁姆的期望理论、亚当斯的公平理论和斯金纳的强化理论。正确而有效的激励应遵循相应的原则和采取相应的方法。

8.4.1 激励的原则

为了使激励取得良好的效果，管理者应遵循以下一些原则。

(1) 物质激励和精神激励相结合

员工存在着物质需要和精神需要，相应的激励方式也应该是物质激励与精神激励相结合。物质激励是指由组织掌握和分配物质性资源，如工资、奖金、实物或其他福利待遇等，其缺陷是容易出现激励依赖性，会产生边际效应递减的现象等。精神激励是以精神鼓励方式对员工进行的激励，如对员工的认可、表扬、尊重、荣誉等。物质激励是经济基础，精神激励是上层建筑，因此，激励时应把物质激励和精神激励相结合。当然，随着生活水平和人员素质的不断提高，激励的方式重心可从物质激励为主转到精神激励为主。

(2) 内在性激励与外在性激励相结合

内在性激励与工作本身有关，包括工作本身的内在性价值和完成工作给员工带来的巨大满足感。要提高内在性激励水平，可以采取工作丰富化和工作多样化等措施，让员工经常体验新的工作，感受工作的乐趣和挑战性；鼓励员工参与决策计划的制订，认识自己工作的重要性；加强培训，增强员工解决问题和克服困难的自信心。外在性激励与工作环境有关，包括工作条件、人际关系、工资、奖金、福利等，不同的员工对各种外在性报酬需要不同。因此，要提高外在性激励水平，必须了解员工所需要的外在性报酬的种类及重视程度，以便对症下药。例如，利用各种机会听取员工的意见和建议，向员工进行问卷调查等。鉴于内在性激励比外在性激励要深刻和持久，在激励中管理者应注意将内在性激励和外在性激励相结合，并以内在性激励为主。

(3) 正面激励与负面激励相结合

正面激励是对员工的符合组织目标的行为进行奖励，以使得这种行为更多地出现，即员工积极性更高；负面激励是对员工的违背组织目标的行为进行惩罚，以使得这种行为不再发生，即犯错误员工弃恶从善。没有正面激励，就难以引发员工行为的内在动力；没有负面激励，就难以保证员工起码的努力程度和努力的方向。可见，正面激励和负面激励都是必要而有效的。为此，管理者需要根据不同的强化目标分别采取不同的激励方式。当同一项工作做好时给予正面的奖励，而在完成不好时就要给予负面的惩罚，即既树立正面的榜样，也树立反面的典型。否则，就会助长员工的惰性，长此以往会削弱正面激励的作用。因此，在激励中管理者应注意将正面激励与负面激励相结合，以正面激励为主，负面激励为辅。

(4) 短期激励与长期激励相结合

按激励时间效用不同来划分，可将激励方式分为短期激励与长期激励。短期激励是根据员工短期工作业绩给予的工资、奖金和福利等，它可以起到直接的激励作用，但其缺点在于有可能促使员工更注重自己的短期利益而忽视组织的长远利益。为了避免员工的短期行为，管理者要适当使用长期激励，如晋升、持股、派红利等。组织应为员工提供较多的晋升空间和机会，这样就可以鼓励组织成员的长期行为。例如，海尔的人力资源开发部门，一开始就秉持"人人是人才""先造人才，再造品牌"，人力资源开发中心不是去研究培养谁、提拔谁，而是去研究如何发挥员工的潜能的政策。海尔给员工做了三种职业生涯设计：一种是专门针对管理人员的，一种是针对专业人员的，一种是针对工人的，每一种都有一个升迁的方向。这种做法极大地增强了在海尔就业的吸引力和调动了员工工作的积极性。公司发行内部员工股，可以将员工的经济利益与公司的经营状况直接挂钩，从而激发员工的工作热情，提高公司运营效率。公司向员工授予股票，如小米科技董事长雷军将金山授予的400万股票分给了在职的金山员工，无形中就增强了员工的凝聚力和向心力，获得"财散人聚"效应，有助于管理者和员工共同提升公司经营和市值。因此，在激励中管理者应注意将短期激励与长期激励相结合。

(5) 个体激励与群体激励相结合

个体激励是管理者最先实施、最基本的激励方式，但在组织中个体总是隶属于某一群体，个体行为不可避免地受到其所在群体的影响，群体可以满足成员在安全感、友谊、自尊、自信、成就等多方面的需要，也会用舆论、规范、气氛等影响个体的行为。随着网络技术、全球化、组织变革的兴起，工作更多地是以工作团队、项目组的形式开展，使得管理者有必要制定面向群体的激励措施。实践中主要用到以下几种方法：一是对可比的不同群体进行评比，奖励工作绩效高的群体，促进群体之间的良性竞争；二是在组织中宣传和树立先进群体，以先进群体为榜样来激励其他群体；三是给工作成绩优秀的群体更多的自主权，激发群体成员的团结合作和进取精神。美国通用汽车公司就广泛采用群体激励措施。如其研发部门以科研课题组为群体单位，根据课题组的科研成果及对公司的贡献来奖励他们。一般以科研课题完成时间为一个周期进行考核和奖励。群体激励方法获得了很好的激励效果。

8.4.2 激励的方法

在激励原则的指导下，为了进行有效的激励，管理者应采取以下方法。

(1) 目标激励

作为一个组织，必须要有明确的目标。组织目标是组织在一个时期内通过努力而期望获得的成果，它预示着组织光辉的未来，体现了员工工作的意义，是组织凝聚力的核心。企业应该将自己的近期目标、中期目标和长远目标广泛地进行宣传，以便被组织成员理解和接受，成为激发员工强烈的事业心和使命感的强大动力。由于个人目标的实现是个人参与组织活动的决策基础，因此，在进行目标激励时，企业还应注意把组织目标与个人目标结合起来，使员工认识到企业目标与个人目标的一致性，企业目标中包含着员工的个人目标，员工只有在完成企业目标的过程中才能实现其个人目标。使大家清楚地了解：企业的事业有多大发展，企业的效益就会有多大提高，相应地，员工的工资、奖金、福利待遇才会有大的改善，使大家真正感受到"厂兴我富，厂兴我荣"的道理，从而激发出强烈的归属意识和巨大的工作热情。美国的 IBM 公司、日本的丰田公司、中国的联想公司等企业，在目标激励方面都是卓有成效的。

【管理案例】

目标的激励作用——哈佛大学关于目标对人生影响的跟踪调查

美国哈佛大学有一个非常著名的关于目标对人生影响的跟踪调查。对象是一群智力、学历、环境等条件差不多的年轻人，调查结果发现：27%的人没有目标；60%的人目标模糊；10%的人有清晰但比较短期的目标；3%的人有清晰且长期的目标，并能把目标写下来，经常对照检查。25年的跟踪研究显示，他们的生活状况和分布现象十分有趣：

那3%的人，都生活在社会的上层。25年来他们几乎不曾更改过自己的人生目标，朝着同一方向不懈地努力。25年后，几乎都成了社会各界的顶尖成功人士，他们中不乏白手创业者、行业领袖、社会精英。占10%的人，大都生活在社会的中上层。他们的共同特点是，那些短期目标不断被达成，生活状态稳步上升，成为各行各业不可或缺的专业人士，如医生、律师、工程师、高级主管等。占60%目标模糊的人，几乎都生活在社会的中下层。他们能安稳地生活与工作，但都没有什么特别的成绩。剩下27%的是那些25年来都没有目标的人，他们几乎都生活在社会的最底层。他们的生活过得不如意，常常失业，靠社会救济，并且常常都在抱怨他人、抱怨社会、抱怨世界。

调查者因此得出结论：目标对人生有巨大的导向性作用。成功在一开始仅仅是一个选择。你选择什么样的目标，就会有什么样的成就，就会有什么样的人生。

其实，每个人的内心深处都有一种成功发展的渴望。如果你能发掘它，便能找到成功的方向，找到一种支持你不懈努力的持久力量。然而，正如西方的那句谚语所说，"如果你不知道你要到哪儿去，那通常你哪儿也去不了"。因此，需要为成功制订一份书面计划。

有的人将成功界定在良好的教育背景和先天的环境条件上。虽然这些也是事业发展的基础之一，但远远不能带来真正的成功。成功的事业还需要准确的、文字性的计划。确定自己的职业目标，规划自己的职业生涯，提高自己的就业能力，制订自我发展的行动计划，对于个人的发展来说必不可少。

哈佛大学对大学毕业生进入职场的收入变化进行了长期的研究。研究结果表明，形成文字性计划的重要作用毋庸置疑。83%的人对职业发展没有设定过目标，他们的收入在这里作为参考基数。14%的人对职业发展有清晰的目标，但没有书面记录下来，他们的工资是前者的3倍。3%的人对职业发展有清晰的目标，并书面记录下来，他们的平均收入是第一类人收入的 10 倍。

从离开校园到职场人生,10 年也许只是弹指一挥间。然而,10 年过去,当同窗好友再一次相聚时,在职场的地平线,一个无可回避的现实是:昔日朝夕相处、平起平坐的同学,有了明显的"社会价值等级"。造成这种等级区分的,当然有机遇、关系以及与之相对应的环境,但是,一个更为重要的因素却是个人的职业生涯规划。

(资料来源:李毅、周燕华、孙宇,《管理学》,2013;目标的激励作用——哈佛大学关于目标对人生影响的跟踪调查,http://blog.renren.com/share/244006501/3152565487)

(2) 榜样激励

从心理学的角度看,任何人都有强烈的模仿心理,因为人类普遍存在一种想完善自身的需要。榜样激励是通过满足员工的模仿和学习的需要,引导员工的行为到组织目标所期望的方向。因此,管理者要在组织中树立正面典型,号召和引导员工加以模仿学习,以他们良好的行为鼓舞员工,创造佳绩。例如,厦门供电段漳厦龙泉片区团委 2015 年组织开展"学劳模、敬劳模、争当'王威式'好青年"活动,片区团委组织团员青年与先进代表许永和(厦门供电段)、吴金盛(厦门车站)、姚秀梅(漳州车务段)、陈勇(龙岩工务段)等现场跟班学习,以榜样的力量激励青年们立足岗位建功立业,让劳模精神在团员青年中传承与发扬。

(3) 领导行为激励

领导行为激励强调领导者对下属的示范作用,即领导者本人应做到以身作则,率先垂范。员工不只看领导干部怎么说,更看重怎么做。这正是"喊破嗓子,不如做出样子"。孔子云:"其身正,不令而行;其身不正,虽令不从""不能正其身,焉正人何?"这些话肯定了领导身教的重要性,说明了领导行为激励具有重要的意义——身教重于言教。联想公司总裁柳传志曾经制定一条规则:开二十人以上的会,迟到者要罚站一分钟,否则无法开会。第一个罚站的人是柳传志原来的老领导。柳传志本人也被罚过三次,其中有一次他被困在电梯里,电梯坏了。因此,领导言行一致,以身作则,才能教育指导感染员工,收到良好的激励效果。

(4) 感情激励

人是有感情的动物,感情激励对员工的工作积极性有着重大影响。感情激励就是管理者与员工进行感情沟通,尊重员工、关心员工,解决员工的后顾之忧,与员工之间建立平等、真诚和亲切的感情,让员工体会到领导的关心、企业的温暖,从而激发出主人翁责任感和爱厂如家的精神。关心员工,领导就要善于摸清情况,对于员工,尤其是生活较困难员工的个人、家庭情况要做到心中有数,时时给他们安慰、鼓励和帮助。员工或其家人生病了要及时探望、批假或适当减轻其工作量。如果员工家庭遭受了不幸,领导者要予以救济,缓解燃眉之急。尊重员工,做法之一就是每天上班时经理迎接员工上班。例如,浙江台州温岭老板谢继友,每天早上,他都会弯腰 90°深鞠一躬迎接员工上班,嘴里说"早上好"。员工们说:"虽然不大习惯,但感觉受到了尊重,一整天心情都很好。"显然,这将极大地调动员工工作的积极性和责任心。

(5) 竞争激励

竞争是个体或群体间力图胜过或压倒对方的心理需要和行为活动。竞争是市场经济的重要特征之一。在实行市场经济体制的我国,竞争激励就是管理者通过一定的方法创造公平、适当的竞争环境,让员工进行良性竞争,促使每个人都想抓住机遇,做出显著业绩,从而有助于开发员工所具备的最优秀的品质和潜能,使其具有更强的竞争力。因此,组织中可经常开展必要的评比、竞赛,能使员工的情绪保持紧张,克服惰性,提高士气,激发工作干劲。同时,通过评比、竞赛,能使员工的业绩得到公正合理的评价,促使他们为企业做出更大的贡献。例如,海尔的人力资源发展的战略——"赛马不相马"做法,给每个人提供充分实现自我价值的发展空间。"赛马"遵循着"优胜劣汰"的自然规律。任何人,不能满足于已有的成绩,不进取,就要被严酷的竞争所淘汰。海尔的"赛马"是全方位开放式的,所有的岗位都可参赛,岗岗是擂台,人人可升迁,而且向社会开放。在这里,没有身份的贵贱、年龄的大小、资历的长短,只有技能、活力、创造精神和奉献精神。是人才,赛中看。"赛马"使得员工将命运掌握在自己的手中。

(6) 企业文化激励

企业文化是指一个企业全体成员在长期的生产经营活动中培育形成并共同遵循的最高目标、价值标准、基本信念和行为规范。企业文化是企业的灵魂,是推动企业发展和增强核心竞争力的不竭动力。企业文化激励就是管理者对员工特别是新进员工进行企业文化培训,向他们灌输企业的目标和文化,以适应组织的需要。一个优秀的企业文化会使员工深受启发和鼓舞,其中共同的价值观念使每个员工都感到自己存在和行为的价值,企业精神和企业形象会对员工产生强烈的荣誉感和自豪感,这将形成强大的激励作用,他们会加倍努力工作,用自己的实际行动为企业的发展添砖加瓦。在这方面,海航集团做得就比较好。如海航集团总裁陈峰先生对新员工培训海航文化极为重视,每一年都亲自对新员工进行海航文化培训,让员工学习海航企业文化《同仁共勉守则》。这不但增加了员工对企业的自豪感和凝聚力,而且提高了企业素质和整体实力。优良的企业文化也是组织必不可少的激励手段。

▲思考题

1. 简述激励的含义及构成要素。
2. 简述经济人假设、社会人假设、自我实现人假设的主要内容及管理学意义。
3. 简述各种激励理论的主要内容及应用。
4. 激励的原则有哪些?
5. 管理者如何更好地激励员工?

▲百家争鸣

七嘴八舌:雷军给员工发"股票"引发的思考

雷军将金山授予的400万股票分给了在职的金山员工,此举引发了极大的社会反响,与前段时间企业惩罚员工"剃光头""长跑""爬操场"等惩罚行为形成了鲜明对比。这不禁引发了对企业管理的思考:到底什么才是奖惩的底线?

三年前,雷军接受金山董事会重托,出任金山集团的董事长。金山打破了自上市以来的股价低迷,由 2 港元直冲 33 港元，现股价维持在 24 港元左右。如今，金山集团为感谢雷军的贡献授予雷军 400 万股金山股票，而雷军将 400 万股分给金山在职员工每人 1000 股。

雷军如此大规模的派发"红利"，不仅迎来网上众多网友的热议和眼红，而且对比华西都市报的一篇报道：某企业老板树立严格的奖惩制度，并带头自罚酷暑中爬马路。两条新闻形成了极大的反差。那么，怎么看待企业老板管理企业、对待员工的各种奇招怪招？另类的奖罚措施有用吗？新华财经的资深编辑、记者们七嘴八舌地讨论了起来——

杰西：好的企业管理，不仅在管人，更要树人，惩罚不是目的，应当以帮助员工理解和成长为重。"鼓励无上限，惩罚有底线"的公司，才是好公司。

发愤图强：千金易得，团队难求。IT 行业员工流动性很高，换到曾经的对手公司工作是很常见的事情。与靠跳槽增收一比，雷军"红包"平均到每个人也不那么高大上了。如果靠老板发股真能实现"财散人聚"，那还真是一个合算的买卖。

秋天不会来：雷军散股，此招无论从企业管理、员工激励、个人形象塑造来说就是一个字——高。对于个人而言，雷军可能少得了近亿元的收入。但另一方面，如果能买得众将一心，共同提升公司经营和市值，雷军现有的持股所获得的增值则远超亿元，并且还增得漂亮，无论对个人的名声还是金山公司来说都是加分的。可是，又有多少企业家参得透这其中的得失呢？

小舟大航：雷军发福利如此"高大上"，倒让我想起了一件事。之前河南一民营房企在年会上发千万奖金，人家那可是用麻袋装钱，那种激励应该是极其强烈的吧。倒不是想说用什么方式奖励员工更好，而是想说如今许多民企还透露着一股"水浒梁山"式的气质，奖则酒肉，罚则"断头"，如此"狼性"的企业，也该向着现代文明进化一些了吧。

工资跑不赢 CPI：对于技术类企业，全员持股、派红利等手段无疑是增强向心力的最有效手段之一。这类企业劳动密度低、工作强度大、流动性高，老板给员工这类激励和回馈是值得赞赏并且明智的。毕竟，21 世纪人才最贵，老板的慷慨解囊换来员工的废寝忘食，对于双方来说都是不错的买卖。

九戒：企业福利既是对员工的激励，也是企业发展的润滑剂。适当的激励有利于激发员工的积极性和创造力，而过分的奖惩分明将使员工缺少归属感，认为自己是公司的雇员而非一员。奖罚适当是企业发展的最佳模式，每一个管理者都在探究企业该如何奖惩，而每一个员工都在奖惩中努力工作着。

（资料来源：http://news.xinhuanet.com/fortune/2014-07/09/c_126732129.htm）

讨论：
1. 你同意案例中的哪些观点，为什么？
2. 你认为如何才能做好企业中的奖惩工作？

第 9 章 控 制

【引导案例】

小肥羊的管理控制模式

内蒙古小肥羊餐饮连锁有限公司(以下简称"小肥羊")成立于 1999 年 8 月,以经营特色火锅及特许经营为主业,兼营调味品及专用肉制品的研发、加工及销售。2008 年 6 月小肥羊在香港上市,成为中国首家在香港上市的餐饮企业,被誉为"中华火锅第一股"。

"小肥羊全自动火锅汤料生产线"的加工工艺已经达到国内领先水平,生产全过程实现无菌操作,产品采用无水、分体、一次性成型的包装工艺,严格控制产品的质量。先进的设备、精选的原料、秘制的配方、科学的工艺、严格的管理、高素质的员工队伍、高指标要求的工作环境是生产高品质产品的保障。

从 2005 年开始,小肥羊花大力气完善后台系统和食品安全体系,并在内蒙古建立中国最大的羊肉屠宰生产基地和世界最先进的火锅汤料生产及物流配送体系。基地建成后,小肥羊火锅与几十万农民建立了稳定的合作伙伴关系,使产品实现了田间地头到餐桌的全程控制。小肥羊通过标准化的作业和统一性的生产管理控制产品的质量和数量,高品质的产品以及具有鲜明特色火锅底料是小肥羊进行有效管理控制的第一步。

小肥羊的连锁经营,最初是依靠品牌输出来实现盈利。各地经营者申请加盟后,仅需向代理商缴纳费用即可,这种关系极其松散,管理鞭长莫及。有的连锁店缺乏品牌意识,只顾眼前利益,不严格按照合同约定经营;有的连锁店服务人员素质差,管理水平低;有的连锁店技术人员知识掌握不牢固,以次充好现象时有发生,这严重影响了小肥羊的声誉。2003 年,小肥羊对连锁店进行整治和处理,不惜强行关闭一些问题严重的加盟店及代理店,增加直营店的数量。经过调整,小肥羊的营业额和利润保持了稳健的增长态势。

2004 年,小肥羊在建立自己财务模板的基础上开始了信息化建设。公司在每个直营店安装运营信息系统,该系统从原料到成品,从库房到餐厅,从开单、上菜到收银的一系列流程都在电子信息系统的严格监控之下。2005 年,小肥羊也和蒙牛一样使用了 ERP 系统,实现了小肥羊管理的标准化和信息化,实现了传统的粗放管理向现代化信息管理方式的跨越升级。

管理的控制职能是按照既定的目标、计划和标准,对组织活动各方面的实际情况进行检查和考察,发现差距,分析原因,采取措施,予以纠正,使工作能按原计划进行。正如小肥羊的故事所展示的,事情并非总是按计划进行,而这正是控制如此重要的原因。本章将介绍控制的基本要素,包括控制过程、控制类型,以及影响控制选择的因素。

9.1 控制概述

在计划的执行过程中,由于受到组织内部因素以及外部因素变化的干扰,难免会产生各种偏差,导致无法实现既定的目标。管理的控制职能,能够对组织内部的管理活动及其效果进行衡量和校正,以确保组织的目标及为此拟定的计划得以实现。控制是管理过程中不可分割的一部分,是企业各级管理人员的主要职责,正确地运用控制原理和方法,能够使控制工作更加有效。

9.1.1 控制的内涵

(1) 控制的含义与目的

控制是人们生活中常见的活动,如电冰箱恒温效果的保持,就是通过控制系统使冰箱的温度保持在人们预先设定的标准水平,即当冰箱温度超过设定温度时,压缩机开始制冷,使温度下降;当温度下降到设定温度以下时,压缩机停止工作,冰箱的温度又会回升。管理控制的原理与电冰箱控制的原理是类似的。

控制是组织在动态的环境中,为保证各项活动按计划进行并纠正各种偏差的过程。控制既可以理解为一系列检查和反馈的活动,即控制活动;也可以理解为检查和纠偏的过程,即控制过程。控制的根本目的是保证组织活动的过程和实际绩效,与计划目标及计划内容相一致,以保证既定目标的实现。

作为管理职能之一,控制的目的是为组织管理和组织目标服务。在不同情境下,控制的目的是不同的。控制的目的可能因不同组织、不同层次、不同工作、不同对象、不同时刻、不同地点而存在较大差异,但良好的控制必须具有明确、可量化的目标,必须体现组织管理的总目标和意图,符合组织的发展要求。往往组织规模越大,控制目标也越多元。

控制的目标在组织的不同层级和部门中不断被分解。越是在组织基层,控制的目的越具体,越具有可操作性。例如,从企业集团角度看,企业总体目标是实现收入和利润目标,这就需要分解目标到各部门甚至个人。在企业层面,企业需要控制企业的战略业务业绩目标的实现;在部门层面,需要控制成本,控制员工流失和员工努力程度;在个人层面,需要控制行为,以实现组织给自己确定的目标。控制的目的和目标需要真实反映组织管理和发展的需要,不能为控制而控制,不能搞形式主义。同时,质量和生产安全控制,始终是各种组织需要高度重视的控制对象。管理者的重要任务之一就是对总目标进行分解,并通过控制性措施来保障目标的顺利实现。

(2) 控制系统的构成

①控制的目标体系　任何控制活动都是围绕着特定目标展开的,不存在无目的的控制活动。在一个组织中,总目标及其派生出来的分目标及各项计划指标,构成了组织的目标体系。这一目标体系是控制活动的基本依据。目标越明确,计划越全面和完整,控制工作就越有成效。如果管理者不清楚他期望什么,他也就不可能判断各组织环节的作为是否符合期望要求。因此,控制的目标体系是与计划相辅相成的。

②控制的主体　管理控制活动是由人来执行和操纵的，组织中控制的主体就是各级管理者及其所属的职能部门。既然控制工作的目的是保证计划同实际活动相协调，那么组织中由谁来负责评价计划执行状况，协调或纠正偏差，则是进行控制工作首先要明确的，即明确控制主体。如果一个企业最高领导知道库存太多，但弄不清应由哪个部门或主管人员对这种偏差负责，那么这个企业的控制主体是不明确的。控制主体水平的高低，是控制系统发挥作用大小的决定性因素。控制主体是由组织各层次的管理者组成的，他们所处的位置不同，决定了他们承担的控制任务有所不同。一般说来，中、基层的管理者执行的主要是例行的、程序性的控制，而高层管理者则主要履行例外的、非程序性的控制责任。

③控制的客体或对象　组织内部控制系统的控制对象是整个组织的活动，它可以从不同的角度划分：从横向看，组织内的人、财、物、时间、信息等资源都是控制的对象；从纵向看，组织中的各个层次，如企业中的部门、车间、班组等都是控制对象；从控制的阶段看，组织内不同的业务阶段和业务内容也是控制对象，如企业中的产、供、销、服务等阶段都需要控制。但是，无论从哪个角度考察的控制，在实际生活中都是相对独立的工作，它们都必须在整体上协调和统一。也就是说，不同角度考察的控制对象，实际上有许多是相互重合的。企业对产、供、销过程的控制，就包括了对人、财、物、信息等资源的控制，也包括了对部门、车间和班组的控制。因此，组织的管理控制要防止顾此失彼，注意控制活动的整体性和统一性。

(3) 控制的重要作用

①修正计划与实际活动的偏差　组织的目标和计划总是在一定的时间和环境条件下制定的，如果组织活动的环境不发生变化，组织的实际活动可以按照计划进行，因此也就无须进行控制。但是，现代组织所面临的环境常常是复杂多变、不确定的。组织内、外部环境因素的多变性和不确定性，必然影响到组织实际活动与计划的一致性水平，甚至可能产生较大偏差，因此，组织必须了解和把握各类环境因素变化的程度和原因，并采取有效措施对计划与实际活动的偏差进行调整和修正。

②保证组织运行的秩序和协调性　随着社会各方面的迅速发展，各类组织的规模和内部结构也在不断趋于庞大和复杂化。每个组织的目标实现，都要经历一系列环节和过程，并且与组织结构的各个方面的实际活动的程序、协调、效率和效果紧密相关。组织活动的复杂性，要求组织不仅要制定明确的目标，还要使组织在各个环节上协调一致，以保证每一项具体活动顺利进行。有效的组织控制是必不可少的。

③发现和纠正管理活动中的错误　任何组织在其发展过程中，都不可避免地出现一些错误和失误。认识和纠正错误，是管理水平提高的重要标志，也是组织各项工作不断进步的前提。而控制活动正是发现和纠正错误的有效手段。通过控制，把实际活动的情况及时反馈给管理者，管理者将反馈的实际活动情况同计划的要求进行对照和分析，从中发现存在的问题和产生问题的原因，进而采取相应的措施纠正偏差，保证不断总结经验，改进工作。

总体而言，控制是管理的重要职能之一，是组织有秩序、高效率运行的保证。控制贯穿于管理的各个方面，同管理的其他职能存在着密切的关系，一方面，计划、组织、领导等职能是控制职能的基础，控制不是目的，而是手段，它必须要以计划为依据，有计划、有组织地进行；另一方面，控制又是计划、组织和领导活动有效进行的保证，离开了适当的控制，计划、组织和领导都可能流于形式，得不到实际效果。

9.1.2 控制的基本原理与原则

(1) 控制的基本原理

从系统理论角度出发，企业可以被看作一个开放的系统，在这个系统中，各要素之间存在耦合关系。控制论就是研究耦合运行系统的控制和调节的。为了达到控制目标，势必要确定控制过程中的各要素，确定系统的控制标准。控制标准也会在不同情况下有所变化，如在经济系统中经济增长速度会在经济周期不同阶段有所调整。而且，可以通过系统输入来纠正系统输出与控制标准之间的偏差，从而实现对系统的控制。

企业也是一个耦合运行系统。企业生产经营活动的全过程就是由严密的因果关系连接起来的。通过控制投入生产的资金、人力、物资及管理和技术信息等，就可以控制企业生产经营活动的产出。以汽车制造厂为例（图9-1），汽车生产制造是一个典型的耦合系统，涉及多种资源和环节。

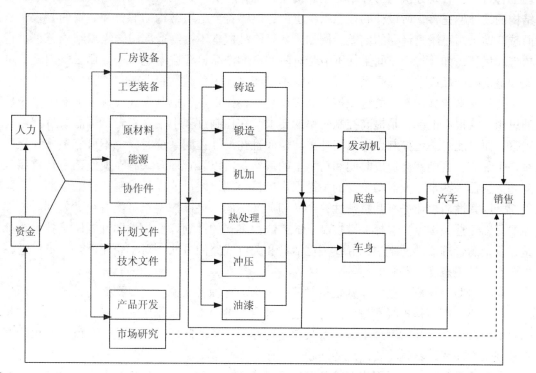

图9-1　汽车制造厂耦合系统示意图

从图中可以看出，企业的最终产出——汽车的数量、质量和期限受到企业系统内一系列因素的影响，形成了一个严密的因果关系链。为了保证企业目标的实现，不仅需要制订严密的计划，还要把生产过程紧密地组织起来。在计划执行过程中，由于受到企业系统内外各种干扰因素的影响，企业各生产与管理环节的实践活动可能会偏离计划预定的目标。如果必须把计划作为控制标准，那么就必须通过调节企业各子系统和各生产与管理环节的活动，纠正可能发生的偏差，以保证企业系统目标的实现。

(2) 建立控制系统的基本原则

一个适宜、有效的控制系统，是帮助管理者确保各项活动都符合计划要求的重要条件。一般说来，建立和运行一个适宜、有效的控制系统，应当遵循以下六项基本原则：

①反映计划要求原则　正如前面所提到的，控制是实现计划的保证，控制的目的是实现计划，因此，计划越明确、全面、完整，所设计的控制系统越能准确反映计划的要求，控制工作也就越有效。在实际工作中，每一项计划都有其自身的特点，尽管为不同计划设计的控制系统的基本运行过程是一致的，但在确定什么标准、控制哪些关键点和重要参数、收集什么信息、如何收集信息、采取何种方法评定成效，以及由谁来控制和采取纠正措施等方面，都必须按计划的特殊要求和具体情况来设计。例如，质量控制系统和成本控制系统尽管都在一个生产系统中，但两者的设计要求是完全不同的。

②组织适宜性原则　控制必须反映组织结构的类型。组织的结构规定了其成员担任的职务和相应的职责，因此，也就规定了由谁来承担执行计划和纠正偏差的职责。如财务经理主管财务，若财务执行与计划产生了偏差，他就有责任纠正这一偏差。因此，一个组织结构的设计越完善，所设计的控制系统也就越能够符合组织结构的职务和职责的要求，从而越有助于纠正脱离计划的偏差。例如，如果产品成本不按制造部门的组织结构分别进行核算和累计，如果每个车间主任不清楚车间产出的产品目标成本是多少，那么他们就不可能知道实际产品成本消耗是否合理，也就不可能对成本负起控制责任。

③关键点控制原则　关键点控制的设计是一种抓重点的控制形式，体现了抓主要矛盾的思想，从根本上说，是提高控制效率的要求。在控制过程中，管理者不可能事事都亲自观察，而只能对关键控制点加以格外关注，而且在设计控制系统时，也不可能考虑计划的每一个细节，否则就会造成时间和精力上的浪费。所以，管理者只有在他们认为是重要的问题上选择一些牵一发而动全身的关键因素进行控制，才可能提高控制工作的效率。不同组织，因其性质、业务有其特殊性，产品和劳务不同，关键控制点可能有很大差别。所以需要仔细甄选关键点。选择关键控制点的方法很多，如计划评审技术即计划网络技术，就是在复杂的管理活动网络中，寻找关键活动和关键线路的方法。对于企业而言，可以选择生产率、员工态度、获利能力等。

④控制趋势原则　这项原则是指对控制全局的管理者来说，需要把握的是现状显示出的某种趋势，而不是现状本身。因为，趋势是由多种因素综合作用的结果，是在一个较长的时期内形成的，并对管理工作起着长期制约作用。掌握问题反映的趋势，就是要求管理者从现象中敏锐地察觉将要出现的问题，从而事先采取措施防止偏差发生。

⑤例外原则　这一原则表明管理者越是只注意一些重要的例外偏差，也就越把控制的主要精力集中在那些超出一般情况的特别突出的情况，控制工作的效率也就越高。质量控制中广泛运用例外原则控制工序质量。工序质量控制的目的是检查生产过程是否稳定。如果影响产品质量的主要因素，如原材料、工具、设备、操作人员等无明显变化，或在允许的变化范围内，那么产品质量也就不会产生很大的差异。这时，生产过程是稳定的，或者工序质量处于控制当中。反之，如果生产过程出现违反规律性的异常状态，或者影响产品质量的因素的变化幅度超出了规定的上限或下限范围，就应立即查明原因，采取措施使之

恢复稳定。

⑥直接控制原则　直接控制是相对于间接控制而言的。无论是管理者还是操作者，都难以避免工作的失误和错误，而通常对这些失误或错误的纠正是在分析了原因后进行的。这种控制方式实际上是一种间接控制，它的缺陷就是出现了偏差之后才进行纠正。而直接控制的实质在于保证管理者的素质和工作质量。管理者及其下属人员的工作质量越高，就越不需要进行间接控制，即管理者越能胜任他的工作，越能把握在什么地方、什么情况下可能产生偏差，从而主动采取措施来预防偏差发生。

9.2　控制过程

控制过程包括四个步骤：第一步是为计划和实际活动制定控制标准；第二步是衡量实际业绩，与标准进行比较；第三步是如果业绩与标准不相符合，要进行相应的偏差分析；第四步是针对偏差，采取一定的纠偏措施。通过上述步骤，可以帮助管理者更好地实施控制。

9.2.1　控制的步骤

(1) 制定控制标准

控制主要是对组织活动进行监督和约束，保证实际活动按计划进行。因此，控制过程开始时，必须确定某些标准作为评价和衡量实际活动是否符合目标要求的尺度。组织的计划和目标，无疑是制定这些标准的依据，但是，由于计划的详细程序和复杂程度不一样，管理者也不可能观察每一件事的进展情况，因此，不可能也没有必要对计划和实际活动的所有细节都定出控制标准。一般说来，可操作的控制标准，是从整个计划工作方案中选择出对工作成效进行评判的关键控制点的标准。

选择关键控制点的能力是一项管理艺术，因为健全的控制取决于关键点。如影响企业成本的因素很多，但如果能在人工费用、原材料费用和库存、运输和销售费用上有效地进行节约，就可能控制产品的成本消耗。同时，关键点必须要有相应的控制标准。控制标准可分为定量标准和定性标准两大类。

①定量标准　主要分为实物标准、价值标准和时间标准。实物标准是非货币衡量标准，如产量、人力投入量、物质资源投入量、废品数量等；价值标准是货币衡量标准，如工时定额、收入等；时间标准也属于非货币衡量标准，如工时、工期等。

②定性标准　主要是有关服务质量、组织形象、人员素质等方面的标准。这些方面一般都难以定量化，管理者应该努力寻求一种相对合理的主观衡量方法作为评价难以定量化的活动的标准。虽然定性的标准有很大的主观局限性，但总比什么标准都没有要好。尽管如此，为了使定性标准便于掌握，也要尽可能采取一些可以度量的方法。如麦当劳公司为了在经营上体现"质量、服务、清洁、价值"的宗旨，制定的工作标准是：95%以上的顾客进餐馆后三分钟内，服务员必须迎上前去接待顾客；服务员必须在就餐人离开五分钟内把餐桌打扫干净。

(2) 衡量实际业绩

制定标准是为了衡量实际业绩，即把实际工作情况与标准进行比较，找出实际业绩与控制标准之间的差异，并据此对实际工作做出评估。一般说来，如果有了合理的标准，又有能确切评定下属人员实际工作情况的手段，准确地衡量业绩就主要决定于如何及时、准确地收集有关信息。从管理控制的目的看，除了要求信息准确外，对信息还有以下三项要求：

①信息的及时性　对那些不能追忆或不能再现的信息，如产品质量的检验信息、班产量信息、生产调度信息、重要会议决议等，应当及时记录；对已经获得的信息要及时加工并传递给管理者或有关人员，以便他们不失时机地决策。

②信息的可靠性　信息可靠性也就是信息的真实性，它不仅同信息的精确程度有关，也同信息的完整性有关。例如，市场上家用吸尘器一时滞销，并不能说明吸尘器市场的长期趋势，对于据此准备扩大生产规模的企业来说，这个信息是不可靠的。企业必须收集有关消费者的平均收入水平、消费结构、竞争者的生产能力，甚至宏观经济政策的导向等信息进行综合分析，才可能做出正确的判断。

③信息的适用性　管理控制工作需要的是适用性信息，即不同的管理部门对信息的种类、范围、内容、详细程度、精确性和需要频率等方面的需要不同，只有满足相应部门需要的信息，才是有用的信息。因此，信息必须经过有效的加工。如反映企业利润情况的信息，可以把利润表示为销售收入的百分比、投资回收百分比、总资金百分比等，通过这样的信息，使管理者便于掌握利润的全面情况。而如果仅有一个利润额数字信息，就难以做到这一点。

在掌握了必要的信息基础上，就可以根据标准对实际活动进行衡量和比较，确定实际工作业绩与标准之间的偏差。对某些活动来说，偏差是难以避免的，因此，确定可以接受的偏差范围十分重要(图9-2)。如果偏差显著超出这个范围，就应该引起管理者的注意。在比较过程中，管理者要特别注意偏差的大小和方向，分析不同变化的原因，以便采取调整和修正措施。

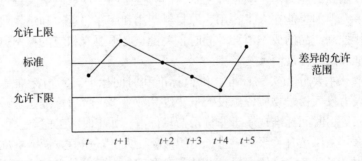

图9-2　定义可接受的偏差范围

(3)进行偏差分析

通过实际业绩与控制标准之间的比较，就可以确定这两者之间有无差异。如果无差异，工作按原计划继续进行；如果有差异，则首先要了解偏差是否在标准允许的范围之内。如果在允许的范围之内，工作可以继续进行，但要对产生偏差的原因进行分析，以便改进工作，尽可能缩小偏差；如果偏差在允许的范围之外，则应当深入分析产生偏差的原因。弄清产生偏差的原因是采取相应措施的基础，偏差分析首先要确定偏差的性质和类型。偏差可能是在执行任务过程中由于工作失误而造成的，也可能是由于原有计划不周所导致的，必须要对这两类不同性质的偏差做出准确的判断，以便采取相应的纠偏措施。

偏差可分为正偏差和负偏差。正偏差是指实际业绩超过了计划要求，而负偏差则是指实际业绩未达到计划的要求。这两种偏差的原因都需要进行分析。如果由于环境变化而出现有益的正偏差，则需要修改原有计划以适应环境的变化。下面的案例可以帮助理解这个问题。

【管理案例】

啤酒销售的偏差

里奇是一家啤酒公司的销售经理，这家企业在美国东部沿海的几个州销售进口啤酒。里奇在每月的第一周准备一份上月按品牌分类的销售情况表。表9-1中显示了7月的定额标准和实际销售数量（以百箱为单位）。里奇应该对7月的销售情况引起注意吗？总销售量比原定目标要稍高一些，这能说明没有显著的偏差吗？尽管整体的业绩还不错，但有些品牌的情况还是值得销售经理注意的。然而值得注意的具体数量依赖于里奇认为的"显著"程度，究竟有多大的偏差才会使里奇采取正确的行动呢？

表9-1　美国东部各州批发商7月销售业绩　　　　　　　　百箱

品牌	标准	实际	超(欠)
Heineken	1075	913	(162)
Molson	630	634	4
Beck's	800	912	112
Moosehead	620	622	2
Labatt's	540	672	132
Corona	160	140	(20)
Amstel Light	225	220	(5)
Dos Equis	80	65	(15)
Tecate	170	286	116
合计	4300	4464	164

有几个品牌上的差异很小，毫无疑问，这些不是值得特别注意的。这些品牌包括Molson、Moosehead和Amstel Light。Corona和Dos Equis的销售不足是否明显，这是里奇本人应该做出的判断。Heineken的销售比里奇预定的目标少15%，这是值得注意的。里奇必须找出原因。在此例中，里奇认为销售的不足是由于国内产品的广告攻势和促销活动。由于Heineken是头号进口产品，所以在国内产品的促销打击下最容易受到侵害。如果Heineken销售量的下降不是短期的，里奇就应该减少这种啤酒的订货并降低库存。这就是改变原有计划来适应环境的变化。

过低估计销售量引起的后果与过高估计是同样有害的。比如，Tecate牌啤酒在7月出人意料地受到欢迎，这是否表明它所占的市场份额增加了？这个案例说明过高或过低的偏差都应当引起管理者的注意。

(4) 采取纠偏措施

在分析了业绩同目标之间的偏差原因后，管理者要根据不同的偏差、不同的原因，采取不同的纠偏措施。一般说来，纠偏措施包括以下三个方面：

①改进工作方法　在很多情况下，工作方法不当是造成实际行动业绩与计划目标产生偏差的主要原因之一。例如，在企业中，生产和计划的目的之一是生产出高质量的符合社会需要的产品；对产品生产过程的控制，是企业控制活动的主要内容；而对产品生产来说，生产技术（工作方法）则是生产过程的主要环节。在很多情况下，产品生产的业绩与目标之间的负偏差，源于技术上的原因。在这种情况下，就应当采取技术措施，及时处理生产上的问题，以纠正偏差。又如前面啤酒销售商的例子，里奇可能认为 Heineken 牌啤酒出现负偏差的原因是国内产品的广告和促销，所以可能会通过改变促销预算等方式来纠正这一偏差。

②改进组织和领导工作　控制职能与组织、领导职能是相互影响的。从组织方面来看，或者是计划制订后，组织实施方面的工作没有做好，或者是控制本身的组织体系不完善，不能对已经产生的偏差及时跟踪和分析。在这两种情况下，都应改进组织工作，如调整组织机构和责权利关系，改进分工协作关系等。偏差也可能是由执行人员的能力不足或积极性不高而导致的，那么就需要改进领导方式和提高领导艺术来纠正偏差。

③调整或修正原有计划或标准　工作中的偏差也有可能来自脱离实际的计划或标准，也就是说标准定得太高或太低。在这种情况下，应当考虑的是标准而不是工作方法或组织领导的问题。在上述例子中，销售经理可能需要提高 Tecate 牌啤酒的销售标准以反映其市场接受程度的提高。需要注意的是，调整计划或标准不能脱离组织总的发展目标。在一般情况下，不能以计划迁就控制或根据控制的需要随意修改计划。在现实生活中，当人们的行为结果达不到标准要求时，常常先想到的是责备标准，而不是自身的因素。这就在对产生偏差的原因进行分析时带上了不正确的主观色彩。因此，只有当事实证明计划标准确实过高或过低，或环境发生了重大变化，对计划或标准的修改才是合适的。

综上所述，控制过程基本是一个在标准形成、衡量、比较和管理行动之间的连续流动过程（图9-3）。

9.2.2　控制过程的要求

要使控制过程富有成效，除了要遵循上述原则外，还要特别注意满足以下要求：

(1) 控制系统应切合主管人员的个别情况

控制系统和信息是为了协助每个主管人员行使其控制职能的，因此，如果所建立的控制系统不为主管人员所理解、信任和使用，那么这个控制系统设计得再完善也没有多大用处。所以，建立控制系统必须符合每个主管人员的情况和个性，使他们能够理解和运用它。例如，不同的人提供的信息形式是不同的，统计师喜欢用复杂的表格形式；工程技术人员喜欢用数据或图表形式。同时，在选择控制技术和方法上，同样需要考虑主管人员的具体情况，并不是控制技术和方法越精密越好。只要适合主管人员理解和运用，即使是简单粗糙的控制技术和方法也是有效的，这样才能达到控制的目标。

(2) 控制工作具有灵活性

尽管人们努力探索未来、预测未来，但未来的不可预测性始终是一个客观现实。管理

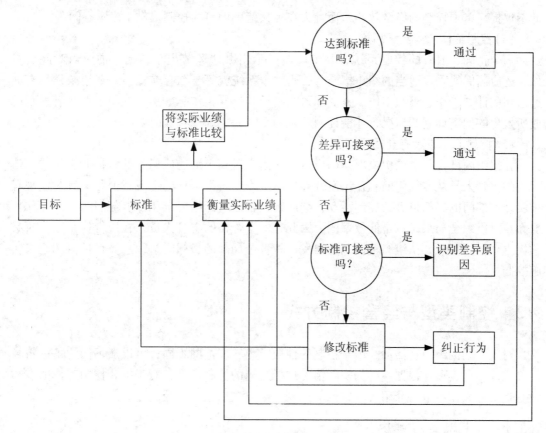

图 9-3 控制过程

者应当努力追求预测、实际业绩评价和差异分析的准确性,但不确定性总是会存在。如果控制没有弹性,在执行控制过程中就可能出现被动。因此,要使控制工作有效,控制系统就要具备一定的灵活性,即要求制订多种应对变化的方案,留有一定的后备力量,并采取多种灵活的控制方式来达到控制的目的。控制应保证在某些未能预测到的事件发生时仍然有效,如环境变化、计划疏忽、计划失败等。因此又要有多样化的替代方案。同时,控制应当具体情况具体对待,不能单纯依赖正规的控制方法如预算、监督、检查、报告等,这些控制工具在一定条件下也会出现失灵的情况。例如,仅仅根据销售预测数控制销售可能导致偏差,这反而失去了控制的意义。因此,适当采用一些随机应变的控制方式和方法,如弹性预算、跟踪控制等,会有利于提高控制的效率。

(3) 控制工作应讲究经济效益

控制是一项需要投入大量人力、物力和财力的活动。因此,控制所支出的费用必须是合算的。这个要求尽管简单,但执行起来却有相当的复杂性。因为是否进行控制,控制到什么程度,花费多少投入进行控制活动等,都需要主管人员进行分析、比较和测算。控制要讲究经济效益,一是要求实行有选择的控制,即要认真选择控制关键点,太多会不经济,太少又会降低控制效率;二是要求努力降低控制的各种消耗,提高控制的效果,即通过改进控制方式和手段,以尽可能少的成本查出偏离计划的现有或潜在的原因,费用的降低不仅提高单项控制的经济效益，而且为在更大范围内事项控制提供了成本空间。

(4) 控制工作应有纠正措施

一个正确、有效的控制系统，除了应能揭示出哪些环节出了差错，谁应当对此负责外，还应确保能采取适当的纠正措施，否则这个系统就等于名存实亡。一般说来，只有通过适当的计划工作、组织工作、人员配备、指导与领导工作等方法，来纠正那些已显示的或所发生的偏离计划的情况，才能证明该控制系统是正确和有效的。

(5) 控制工作应具有全局观点

在组织内部，各个层次或部门的成员都在为实现其个别的或局部的目标而工作，具体部门的主管人员从本部门的利益出发开展控制工作，是很正常的情况。但是，有时这种只求实现本部门的局部目标的控制活动，会同组织整体目标的要求相悖。部门的控制工作再努力，对组织全局来说也是低效率的。因此，一个合格的主管人员，在进行控制工作时必须树立全局的观念，从组织整体利益出发，将各个局部的目标同组织总体目标协调起来实施控制。

9.3 控制类型与经营控制方式

对于不同的组织和活动，由于控制的性质、内容、范围不同，可以从不同的角度将控制分成许多种类型。根据不同的实际情况选择适当的控制类型，对于提高控制工作的有效性有重要意义。本节将介绍几种常见的控制分类方式以及经营控制方式。

9.3.1 控制类型的划分

(1) 事前控制、现场控制和事后控制

按照控制点的不同，可分为事前控制、现场控制和事后控制。

①事前控制　也称为事先控制，是指一个组织在一项活动正式开始之前所进行的领先性管理活动。事前控制主要是对活动最终产生的确定和对资源投入的控制，其重点是防止组织所使用的资源在质和量上出现偏差。因此，事前控制的基本目的是：保证某项活动有明确的绩效目标，保证各种资源要素合理投放。可以说计划是典型的事前控制。市场调查和可行性分析、入学考试和测验、对投入要素的检测等，都属于事前控制活动。

②现场控制　也称为实时控制或即时控制，是指在某项活动或工作过程中进行的控制活动，即管理者在现场对正在进行的活动给予指导监督，以保证活动按照规定的政策、程序和方法进行。它包括管理者向下级指示恰当的工作方法和工作过程；监督下级的工作以保证计划目标实现；发现不合标准的偏差时，立即采取纠正措施。在实际工作中，大量的管理控制工作，尤其是基层管理者的控制工作大多属于这种类型。由于这种控制活动是在现场进行的，管理者的个人素质、作风、指导的表达方式以及下级对指导的理解程度等，对控制的有效性有着直接的影响。其中，管理者的"言传身教"具有很大的作用。如当工人的操作出现错误时，班组长就有责任向其指出并做出正确的示范动作帮助其改正。生产进度控制、学生期中考试等都属于这类控制。

③事后控制　是指发生在行动或任务终了之后的控制活动。这也是历史最悠久的控制

类型，传统的控制方法几乎都属于此类。例如，传统的质量管理往往局限于成品的检查，从成品中把次品和废品挑出来，以保证出厂的产品都符合质量标准。事后控制的主要特征是：根据事先确定的控制标准对实际工作业绩进行分析、比较和评价，然后对评价的结果采取相应的措施。在某种意义上讲，事后控制是通过对一个活动过程和结果的评价积累经验，为下一个活动过程的事前控制和现场控制打下基础。

表 9-2 是这三种类型在啤酒厂的实际应用。

表 9-2　三种类型控制在啤酒厂的实际应用

控制类型	核心问题	啤酒生产例子
事前控制	在工作开始前应该做哪些必要的管理工作	为保证质量，对所有啤酒生产所需的配料进行筛选
现场控制	在工作进行过程中应该进行什么管理工作以便改进绩效	对整个发酵的过程进行控制，以便保证达到适当的发酵比
事后控制	工作完成后结果如何	批量酿造出来的啤酒在装瓶前应进行检测，以便保证出厂啤酒的质量

(2) 预防性控制和纠正性控制

根据控制的性质，可以把控制分为预防性控制和纠正性控制。

① 预防性控制　是指为避免产生错误和尽量减少今后的纠正活动，防止资金、时间和其他资源浪费而进行的预先控制。例如，企业制定各种规章制度、操作规程和对工作人员进行上岗前培训等，就是使企业的各项工作有章可循，使工作人员知道应当怎样去做，按照什么标准去做，以减少工作失误，最大限度地减少纠正偏差的工作。在设计预防性控制措施时，人们所遵循的原则都是为了更有效地达到组织的目标，但是要使这些预防性的规章制度等能够真正被遵守，还要有完善的监督机构予以保证。这种控制的运用，要求管理者能够准确把握整个活动的关键控制点，并能对可能出现的问题有较强的预见性。

② 纠正性控制　是指当出现偏差时，采取措施使行为或活动返回到事先确定的或所希望的水平的控制。在实际管理工作中，纠正性控制的使用更普遍。例如，政府有关部门发现某些地区由于企业生产的原因，造成了环境的污染，为了消除环境污染，政府制定了针对企业排放污染物制定有关规定，并建立检查机构，促使企业根治污染源。又如，根据国家审计有关规定，定期对企业的财务等活动进行检查和审计，以便及时发现问题和解决问题等。

(3) 集中控制、分散控制和分层控制

根据控制时所采取的控制方式，可以将控制分为集中控制、分散控制和分层控制。

① 集中控制　是指在组织中建立一个控制中心，由它来对所有的信息进行集中统一的加工、处理，并由这一控制中心发出指令，操纵所有管理活动的控制方式。如果组织的规模和信息量不大，而且控制中心对信息的取得、存储、加工效率及可靠性都较高，采用集中控制的方式有利于实现管理控制的最优化。企业中的生产指挥部、中央调度室、学校的教务处等的控制工作都属于集中控制。但是，如果组织的规模和信息量都比较大，采取集中控制就可能拉长信息传递的时间，造成信息反馈的时滞，使组织反应迟钝，延误决策时机。同时，一旦中央控制发生故障或失灵，整个组织就可能陷于瘫痪。因此，在这种情况

下，就不适宜采取集中控制的方式。此时，采取分散控制方式则更适宜。

②分散控制　是指不采取统一的集中控制，而是根据组织活动各环节的需要分别进行控制的方式。分散控制对信息的存储和处理能力的要求相对较低，易于实行。由于反馈环节少，信息反馈传递时滞短，应变能力强，控制效率较高。采取分散控制，即使个别控制环节出现了失误或故障，也不会引起整个系统的瘫痪。但是，分散控制可能会造成系统各环节之间控制的失调，使各分散系统的目标与总体目标产生偏差，从而不利于整体优化。

③分层控制　是指把集中控制和分散控制结合起来的控制方式。它具有两个特点：一是各子系统都具有自己独立的控制能力和控制条件，从而有可能对子系统管理实现独自的处理；二是整个管理系统分为若干层次，上一层次的控制机构对下一层次各子系统的活动进行指导性、导向性的间接控制。在采取分层控制方式时，应当注意防止上层控制机构对下层控制机构活动的不适当干预。

(4) 反馈控制和前馈控制

按照控制信息的性质可以把控制分为反馈控制和前馈控制。

①反馈控制　是指根据已经进行了的工作情况和计划执行的结果，将它与控制标准相比较，发现已经出现的偏差并分析原因，及时拟订纠正措施并予以实施，以防止偏差继续发展或防止其今后再度发生的控制类型(图9-4)。

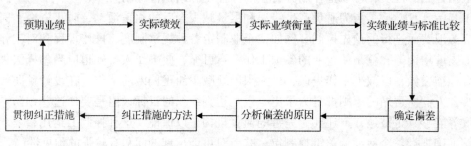

图 9-4　管理部门反馈控制回路图

反馈控制可以用来控制活动的最终成果，如产量、销售收入、利润等，也可以用来控制活动的中间结果，如生产计划、生产过程、工序质量、产品库存量等。前者称为端部反馈，后者称为局部反馈，局部反馈对于改善管理控制系统的功能起着重要作用。通过各种局部反馈，我们可以及时发现问题，排除隐患，避免造成严重后果。工序质量控制、月度检查、季度检查等都属于局部反馈。反馈控制具有稳定组织因素等特性。例如，当员工对某些问题意见纷纷，情绪不稳定时，通过开辟对话渠道，加强领导与员工的对话，能够在一定程度上起到稳定员工情绪的作用。但是，尽管反馈控制应用广泛，它却不是能够有效解决一切控制问题的最好控制类型。因为，从发现偏差到纠正偏差之间存在着时间延迟现象，即分析偏差产生的原因、制定出正确的纠偏措施并实际执行纠偏，总要花费一段时间，而这段时间内实际情况又有可能发生了变化。例如，在企业的库存控制中，由于要对包括原材料种类和数量、备件配件种类和数量、半成品成品种类和数量等多种项目进行控制，如果采取反馈控制，发现偏差并采取纠偏措施所需的时间就可能较长，从而影响控制的有效性。在这种情况下，采用前馈控制的效果可能会更好。

②前馈控制　也称为预先控制，是指通过情况的观察、规律的掌握、信息的分析、趋

势的预测等，预计未来可能发生的问题，并在问题发生前即采取措施加以预防的控制类型。生活中前馈控制的例子很多，如高射炮打飞机需要提前量，汽车驾驶员在上坡前要提前加速等。在管理活动中，前馈控制是一种面向未来的控制，因此，它的工作重点是防止各种资源在质和量上产生偏差，而不是控制行动的结果（图9-5）。例如，某公司的销售预测表明，销售额将降到比预期更低的水平，这时，主管人员就会通过制订新的广告宣传计划、增加销售人员和零售网点、开发新产品等，以期改善销售的预期结果。

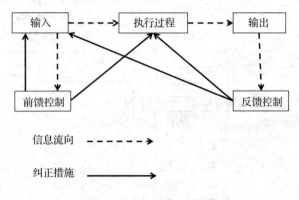

图 9-5　前馈控制与反馈控制

实行前馈控制的优越性在于，前馈控制能使主管人员通过预测，及时掌握被控制对象的有关信息，并根据这些预测的情况采取提前的控制措施，防患于未然。因此，前馈控制克服了反馈控制中因时间延迟所带来的控制不及时的缺陷。由于前馈控制是事先的控制，因此，控制系统本身必然是相当复杂的，因为它不仅要输入影响计划执行的各项变量，而且要输入影响这些变量的各种因素，同时还要注意一些意外的或无法预计的干扰因素。因此，要采用前馈控制，需要满足一些基本条件：必须对计划和控制系统做出认真彻底的分析，确定重要的输入变量；建立前馈控制系统的模型；注意保持模型的更新，即要经常检查模型，以便了解已确定的输入变量及其相互关系是否仍然能反映现实情况；必须定期收集输入变量的数据，并把它输入控制系统；必须定期估计实际输入数据与计划输入数据之间的偏差，并评价其对预期结果的影响；必须有措施保证。同其他控制方法一样，前馈控制不仅要向控制者指出问题，更重要的是采取措施来解决这些问题。

【管理案例】

库存计划系统

通过下面库存计划系统的例子（图9-6），可以帮助理解前馈控制系统的内容。

图9-6是经过简化的投入变量示意图。从图中可以看出，在库存控制系统中，某些变量相互作用，有的变量起着反向作用，而有的则起着正向作用。如库存模型的工厂领用对预期库存量起反向作用，而进货则对预期库存量起着正向作用。同时，前馈控制模型关于各种变量对计划运行过程影响的描述也表明，如果不及时采取一定措施，任何脱离计划投入的偏差都有可能造成不符合计划的产出。在库存模型中，如果出现进货量大于计划，或者工厂使用量低于计划数量的情况，如不采取纠正措施，就会造成高于计划的库存量。不

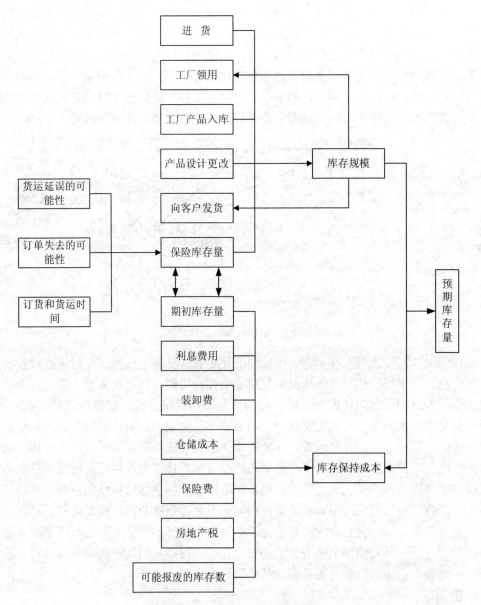

图 9-6 库存计划及控制流程图

言而喻,要使前馈控制发挥作用,就必须严格地监控投入变量的情况。

9.3.2 经营控制方式

经营控制是指管理者对组织中的人、财、物等资源运用状况和成效的控制。常见的经营控制方式包括时间控制、数量控制、质量控制、安全控制和信息控制等。

(1) 时间控制

从一定意义上说,一切资源的消耗都可以还原成时间的消耗。因此,对时间的控制,是组织高效率地实现其目标的重要条件。通过对时间的控制,可以使组织合理地安排各项工作，以尽可能少的工时消耗获得最大的工作成效。

时间控制在企业生产中表现为控制生产的生产周期、投入时间、完工时间、工时定额、交货期等。时间控制的目的，一是缩短单位产品的加工时间，以减少制造单位产品的工时消耗；二是使劳动对象在车间之间、班级之间、工地之间运动时，在时间上相互衔接和配合，以缩短生产周期。时间控制有利于提高工时利用率，降低生产成本，按时交货，提高合同履约率，从而提高企业的声誉。

时间控制的关键是要确定各项活动的进行是否符合预定时间表的时间安排。在时间控制中，网络技术是常用的工具。利用网络技术有助于物资、设备、人力等在指定的时间内到达预定地点，保证生产各环节紧密配合。

(2) 数量控制

控制数量是管理控制的主要内容之一。管理者只有对自己的管理工作内容做到心中有"数"，才能够把握全局，有的放矢。例如，企业管理者必须了解客户订货的数量和一定时期的销售数量，才可能对平均每日产量和合格的库存量进行有效控制，才可能根据客户的需求及时组织生产，按时提供合格的产品。

控制数量，关键是要确定控制的数量标准。根据控制对象要求的不同，数量控制标准的制定方法也各不相同。如通过盈亏平衡点分析法，可以制定产量、成本和价格等标准；通过物料需求计划法(MRP)可以制定物料的订购批量和最佳库存量等。

(3) 质量控制

质量控制是管理控制的另一重要内容。质量和数量是一个问题的两个方面，没有质量也就没有数量，更没有效益。企业经营活动中，从战略的角度看，质量比数量更为重要。加强质量控制是一项非常花费时间和精力的工作。随着影响质量的因素复杂化，提高质量需要组织中的每个成员、每项工作和每个活动的环节之间的协调配合，因此，质量控制应当是全员参与的全面质量管理。质量控制方法主要是种类统计方法，如找出影响产品质量主要因素的主次因素排列图法、控制工序质量的直方图法、评定工艺过程质量状态以及发现和消除工艺过程失控的控制图法等。

(4) 安全控制

安全控制包括人身安全、财产安全、资料安全等方面的控制。这类控制关系到组织成员人心的稳定、财产的保障等，因此是经营控制的一个重要方面。

①人身安全控制　其核心是控制各种工伤事故和职业病的发生。在所有的组织中，人是最宝贵的财富，因此，管理者的重要责任首先是保证组织成员的人身安全。为此，要努力营造安全的工作环境，防止各种隐患；要加强对全体成员的人身安全教育，使之遵守安全操作方法和规程；对已发生的事故，应做好调查和记录工作，分析原因，防止再次发生。

②财务安全控制　组织中的各种财产是组织各项工作得以开展的物质保证，对于组织中的各种物资要妥善保管。要建立适当的保管制度，根据不同物资的特性确定不同的保存要求，防止变质、丢失、火灾等事故的发生；要建立警卫制度，对保存重要物资的部门设置安全门、警灯等系统及其他警备设施；要建立检查制度，定期或不定期地清点各类物资，做到财物相符，并检查各种设备是否保持在正常状态，以便在需要时能及时投入

使用。

③资料安全控制　各种文件、资料、档案都是组织过去的历史记录，对于组织工作中各类问题的处理是非常重要的信息资源。有些资料在不同的时期，对不同的人具有一定的机密性，或因为时机不成熟不宜公开，或可能产生副作用而需加以保密，或因竞争需要而需要实施封锁。因此，对于各种文件档案资料均应建立管理制度，以便妥善加以保管。资料安全制度常常不被管理者重视，实际上，在竞争愈演愈烈的现实生活中，忽视资料安全控制，可能会造成许多意想不到的损失。

(5) 信息控制

信息对组织监控和测量组织的活动及绩效是至关重要的，对企业发展和市场竞争也极为重要。没有充分的信息，决策者和其他管理者往往很难做出正确的决策。而且，在不准确的信息基础上做出决策，会带来很大损失，甚至导致整个组织濒临解体。企业生产安全信息的获取和把握，有利于决策者了解生产安全隐患，有利于企业增强安全监控、增加安全投资。在衡量绩效时，管理者需要全面掌握在其责任范围内所发生事情的信息，也需要了解绩效考核的标准及可接受的偏差范围。如果实际绩效和绩效标准之间存在重要的偏差，管理者应依赖这些偏差信息来帮助其采取适合的纠偏方案和纠偏行动。因而，信息是组织监控和衡量组织绩效的重要工具。

经理人对市场信息的掌控，有利于他们掌握消费者需求，做出正确的营销方案，做出适合消费者需求的产品设计和创新。通过掌握竞争者的信息，了解竞争者的行为，有利于企业家及时应对竞争者的挑战，制订可行的策略。信息也是组织经营的重要基础。

信息控制不严格将导致组织的安全问题。客户信息的泄露，为客户安全带来重大威胁，导致企业客户大量流失。如果企业核心技术信息和重大战略信息泄露，可能会导致企业面临竞争劣势，丧失竞争能力。尤其是在现代信息技术发达的今天，客户信息很容易被企业泄露，可能会给客户带来重大损失。

目前，管理者常利用信息管理系统来帮助自己实施信息管理、决策分析等。管理信息系统(management information system，MIS)里存储着大量的数据，数据(data)是未加工的、未经分析的东西，如数字、名字或数量。未加工的、未分析的东西对管理者没有什么用处。当这些数据得到分析和处理后，它们就变成了信息(information)。MIS 收集数据并把它们变成管理者可以利用的相关信息，可以为管理者提供信息查询、数据分析等服务，尤其是 ERP 的运用，极大地增强了管理者掌控信息的能力，提高了决策全局性和正确性。

9.4　控制方法

企业管理实践中运用着多种控制方法。有些方法属于传统的控制方法，如视察、预算控制和非预算控制。另外一些方法，如网络计划技术，则代表新的发展方向。从控制范围来看，有些方法适用于局部控制，如程序控制方法，而另一些方法适用于综合控制，如审计法。本节将重点介绍预算控制和非预算控制的理论与方法。

9.4.1 预算控制

(1) 预算的概念

控制中运用最为广泛的方法就是预算。预算是一种以货币和数量表示的计划,是一项关于完成组织目标和计划所需资金的来源和用途的书面说明。一般来说,预算的内容包括三个方面:首先是"多少",即为实现计划目标的各种管理工作的收入(或产出)与支出(或投入)各是多少;其次是"为什么",即为什么必须收入(或产出)这么多数量,以及为什么需要支出(或投入)这么多数量;最后是"何时",即什么时候实现收入(或产出)以及什么时候支出(或投入),必须使得收入与支出取得平衡。

作为一种控制手段,预算以数量化的方式表明了管理工作的标准,通过预算就可以使计划具体化,以便于控制。编制预算实际是控制过程的第一步,即拟订标准。控制过程的第二步是考核实际业绩。这为控制提供了具体、明确的指标,从而更便于发现偏差,制定和实施纠正措施。

国外使用的预算概念与我国在含义上有所不同。在我国,预算一般指经法定程序批准的政府部门、事业单位和企业在一定时期的收支预计;而在国外,则是指计划的数量说明,而不仅是金额方面的反映。

(2) 预算的种类

对于不同的组织和活动,预算的内容也各有特点。按照不同的内容,可以将预算分为经营预算、投资预算和财务预算三大类。

① 经营预算 是指企业日常发生的各项预算,主要包括销售预算、生产预算、直接材料采购预算、直接人工预算、制造费用预算、单位生产成本预算、推销及管理费用预算等。其中最基本的是销售预算,它是销售预测的正式的、详细的说明,由于销售预算是计划的基础,加之企业主要是靠销售产品和劳务所提供的收入来维持经营费用的支出和获利,因而销售预算也就成为预算控制的基础。生产预算是根据销售预算中的预计销售量,经过对生产能力的平衡,排出分季度的生产进度日程表,在此基础上可以编排直接材料采购预算、直接人工和制造费用预算。这三项预算构成了对企业生产成本的统计。推销及管理费用预算包括制造业务范围以外预计发生的各种明细项目,如销售费用、广告费、运输费等。

② 投资预算 是指对企业的固定资产的购置、扩建、改造、更新等,在可行性研究的基础上编制的预算。它具体反映在何时进行投资、投资多少、资金从何处取得、何时可获得收益、每年的现金流量多少、需要多少时间收回全部投资等。由于投资支出数额大、回收时间长,因此,在进行投资预算时要力求与企业的战略和长期计划结合起来考虑。

③ 财务预算 是指企业在计划期内反映有关预计现金收支、经营成果和财务状况的预算。它主要包括现金预算、预计收益表和预计资产负债表,这样,财务预算就成为各项经营业务和投资的整体计划,所以财务预算也称为总预算。其中,现金预算主要反映计划期间预计的现金收支的详细情况,据此可以知道企业在计划期间需要多少资金,财务主管人员就可以预先安排和筹措,以满足资金的需求;预计收益表,是用来综合反映企业在计划期末那一天预计的财务状况,其编制需要以计划期间开始日的资产负债表为基础,然后根

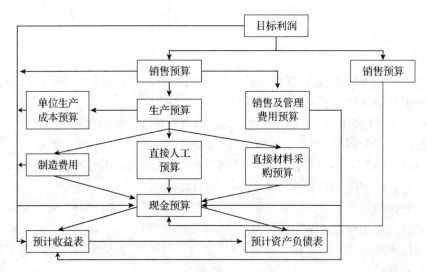

图 9-7　企业预算的主要关系

据计划期间各项预算的有关资料进行必要的调整。

以上论述的三种主要预算，实际上构成了企业的预算体系，它们之间的相互关系如图 9-7 所示。

(3) 预算的积极作用和局限性

预算是广泛运用的传统控制手段，其具体作用主要体现在以下几个方面：第一，有助于管理者掌握全局，控制组织运行的整体情况。预算可以使管理者了解资金的状况，从而可通过对资金的运筹，控制好组织整体活动。第二，有助于管理者合理配置资源和控制组织中各项活动的展开。作为一种重要的杠杆，预算可以通过资金的收支，调节人力、物力和财力等资源分配，进而影响组织中各项活动的轻重缓急及规模。第三，有助于对管理者和各部门的工作进行评价。由于预算为各项活动确定了投入产出的标准、运用范围及责任人，因此，在正常情况下，就可以根据预算执行的情况，来评价各部门的工作成果，并以此作为对责任人进行相应奖惩的依据。第四，有助于培养组织成员勤俭节约、精打细算的工作作风。由于预算一般不允许超支，而且预算又通常被作为考核工作能力和业绩的依据，因此，预算客观上对管理者形成了一种要求节约的压力，促使他们尽可能精打细算，杜绝铺张浪费。

虽然预算方法在控制工作中有广泛的使用，但它也存在着一些不可忽视的局限性。概括起来说，预算的局限性主要表现在以下几个方面：第一，过细过繁的预算可能剥夺管理者必要的自主管理权力。如果预算对活动的收支做过于细致的规定，就有可能使管理者失去对本部门必要的管理自由，以至于当实际情况与预算设想不相符时，管理者可能无权进行灵活的调整。第二，预算可能造成预算目标代替组织目标这种喧宾夺主的现象。在强调预算目标的情况下，管理者只是热衷于使自己部门的费用尽量不超过预算的规定，但却忘记了自己的首要职责是实现组织的目标。第三，预算可能造成低效率。预算有一种因循守旧的倾向，过去所花费的某些费用，可以成为现在预算同样一笔费用的依据；如果某个部门曾经支出过一笔费用购买物料，这笔费用就成了今后预算的基数。出现这种问题，就需要编制可变预算或零基预算予以解决。第四，无灵活性可能是预算中最大的危险。预算标准的数量化，使得标准的刚性较强，即缺乏灵活性。要保证预算的有效性，就必须使预算是可变的和灵活的，需要对费用项目进行分析，确定哪些是不变的，哪些是部分可变的，哪些是完全可变的，据此来制定相应的预算。

(4) 可变预算的编制

由于缺乏灵活性的预算会带来危险，因此，与效率相一致的最大限度的灵活性，是良好的计划工作的基础。所以，编制具有一定弹性或灵活性的预算，越来越为管理者所重视。

可变预算一般是随着销售量或其他产品计量尺度的变化而变化的，因此主要限于费用预算。可变预算的工作任务就是选择某种能反映产量的计量单位，检查各种费用项目（通常根据会计报表），通过统计研究以及其他方法确定这些费用如何随产量变化而变化。在这一阶段，每种费用与产量都相关，有些费用随产量增加而逐步增加，有些则是在产量增加时按一定比例系数相应地增加。然后按各项目传达给各个部门，同时也告诉他们各自的固定费用或基本费用的准确金额。在此之后，定期（一般按月）将下一阶段的预测产量通知各个部门负责人，并按此来计算可变费用总额及编制预算。

(5) 零基预算

零基预算的含义大体可以表述如下：在每个预算年度开始时，将所有还在进行的管理活动都看作重新开始，即以零为基础。

零基预算的具体程序是：组织下属各部门结合计划期内的目标和任务，提出所需费用项目及具体方案、目的和费用数额；对每一项目方案进行成本—效益分析，对各个费用方案进行评价比较，确定轻重缓急，排出先后顺序；按照所确定的顺序，结合计划期间可动用的资金来源，分配资金，落实预算。

零基预算的优点体现在：一切以零为起点，有利于对整个组织做全面的审核，提高管理人员计划、决策、预算和控制的水平；有利于克服机构臃肿和各种随意性的支出；有利于把长远目标和当前目标以及实现的效益有机结合起来，强调了预算控制的动态性、现实性和科学性。零基预算的缺点主要在于：每年全面地审查各部门提出的预算计划，是一项极其繁重的工作，要投入大量的人力、时间和物力，主要适合事业单位、政府机关和企业组织内的行政部门和辅助性部门，对于制造活动等具有明显投入产出关系的组织有较大的局限性；在安排活动或项目的次序上难免存在着相当程度的主观性。

9.4.2 非预算控制

(1) 财务报告分析

财务报告分析是反映企业经营的期末财务状况和计划期内的经营成果的数字表及说明书。它来源于会计系统，由一系列表组成，如资产负债表、损益表、财务状况变动表、收入报告、资金来源与使用表及财务状况说明书。对财务报表进行分析可使管理者弄清组织的经营状况。财务报表分析通常包括三方面内容：利润率分析——分析企业收益状况的好坏；流动性分析——分析企业负债与支付能力是否相适应，资金的周转状况和收支状况是否良好等；生产率分析——分析企业在计划期内生产出多少新价值，又是如何进行分配，将其变为人工成本、应付利息和所获利润。财务报表分析方法主要有实际数字法和比率法两种，前者是用财务报表中的实际数字来分析，后者是求出实际的数字的各种比率后进行分析，又可分为两大类，财务比率(说明企业的财务状况)和经营比率(说明企业经营活动的状况)。

(2) 统计资料

收集和整理企业经营管理的各个方面的资料对于控制工作来说是非常重要的。大多数主管都容易理解以统计图来表示的关系，从而找出偏差确定纠偏措施。此外，统计图表表示的未来趋势可使主管推断出在各个管理环节上工作的进展情况，以预测偏差的发生。

(3) 视察

视察也叫"走动管理"，它是管理者通过亲临现场获得第一手的信息，从而及时进行控制的一种方法。基层管理人员通过视察可以推断出产量、质量的完成情况以及设备运转情况和劳动纪律执行情况等；职能部门的主管通过视察可以了解到工艺文件是否得到认真贯彻，生产计划是否按预定进度执行以及生产过程中存在哪些偏差和隐患；上层主管通过视察可以了解到组织方针、目标、政策是否深入人心，职工士气如何。

(4) 审计法

审计是常用的一种综合控制方法，它包括财务审计和管理审计两大类。所谓财务审计是以财务活动为中心检查并核实账目、凭证、财物等，以判断财务报表的真实可靠性。管理审计是检查一个组织管理工作的好坏，其目的在于通过改进管理工作来提高效益。此外，审计还有外部审计和内部审计之分，外部审计是指由组织外部的人员对组织的活动进行评价；内部审计也称经营审计，是组织内部的审计人员对企业的会计、财务和其他业务经营活动所做的定期的和独立的评价。

(5) 网络计划技术

网络计划技术是通过网络图的形式反映和表达计划的安排，据以选择最优方案，组织、协调和控制生产的进度和费用，以期达到预定目标的一种科学管理方法。它作为一种控制方法可以有效地对项目所使用的人、财、物资源进行平衡，能控制项目的时间和成本，能够在实施出现偏差时找出原因和关键因素，并从总体上进行调整，以保证按质按量实现目标。

9.5 影响控制选择的因素

在现代管理系统中，人、财、物等要素的组合关系是多种多样的。环境技术变化、内部运行和结构的变化等都会影响既定计划的实现。因此，组织管理人员必须建立一个控制体系来帮助其监测、预测对组织活动有重大影响的变化。控制体系的建立涉及多方面因素，要想构建一个良好、有效率的控制体系，管理人员要充分了解影响控制选择的因素。本节将从组织内部因素、组织外部环境因素和控制运行成本三个方面分析影响控制选择的因素。

9.5.1 组织内部因素

企业控制体系的建设是企业内部行为，加强控制体系建设的原动力应当来源于企业自身，而内部环境是直接造成各企业内部控制形式和内容差异的根本原因。内部环境也称内部条件，指的是组织内部的物质、文化环境的总和，包括组织资源、能力、文化等因素。组织控制文化即组织内部有关控制的一种共享价值体系，包括有关控制的指导思想、理念和作风等。组织的物质条件决定着能否建设理想的控制体系，包括资本条件和盈利状况。物质条件较好时，可以较好地建设控制体系。内部环境是组织内部控制的基础，影响组织成员的控制意识，为控制体系建设提供了基本规则和构架。所以，组织内部因素的好坏直接影响到组织内部控制的贯彻和执行以及组织目标及整体战略目标的实现。

(1) 组织规模

组织规模对控制体系的选择有着重要影响，在组织发展的不同阶段会有明显差异。在初创期，组织规模较小，企业业务发展不明确，人员较少，资本额低，组织的规范化程度比较低，组织架构松散，控制体系建设很不完善，往往是通过人治强权管理代替制度规范管理，通过对组织成员及事务实施紧密的集权式管控来增强生产运营的控制，以提高效率。在企业发展壮大后，有足够的资本来建设和完善组织控制体系，制定和实施严格的规章制度，标准化作业也得到有效实施，组织内部规范化程度高，无论是控制对象的明确性还是控制手段的多样性，都有了极大提升。而且，由于日常经营管理事务增多，组织层级增加，组织决策的速度和质量、信息传递的速度都会下降，集权式管控模式往往不能适应较大规模的组织，管理者需要通过放权的方式来激发组织活力，变集权式管控模式为分权式管控模式。商业巨头万科从 1984 年开始，较长时期内实行的是集权式管控模式，有限的专家资源全部集中在总部，各地子公司的投资、人员、资金和专业性的决策都上报给集团，由集团总部来做决策。而随着企业规模的快速扩张，区域子公司的规模不断增大，子公司的数量也增加不少，在集权式管控体系下，集团总部需要对全国多个城市运作的众多项目做出快速反应，这既增加了集团总部的决策难度，也降低了决策速度。集权式管控模式根本无法适应竞争日趋激励的行业发展态势，因此，万科在 2005 年对管控模式进行了重大变革，由集权型管控模式向分权型管控模式转变。

(2) 发展战略

发展战略可分为高度专业化、相关多元化和无关多元化三种类型，不同类型的发展战略影响着企业集团未来发展的全局性部署。如果企业集团采用高度专业化战略，下属企业的业务类型相似，则在管控模式上可以采用统一的模式，具备了实行集权管控模式的基本条件。而如果企业集团实施的是无关多元化战略，由于下属企业的业务性质有很大不同，具有明显的多行业特点，那么企业集团往往很难采取整齐划一的管控模式，而是需要针对处于不同行业的企业来制定合适的管控方式，从控制成本角度来看，这就意味着很难实施较为紧密的管控模式，分权管控成为必然。对于制定相关多元化战略的企业集团，可根据不同下属企业各自经营业务的特点，在集权与分权的模式切换与结合中保持平衡。

(3) 企业领导人的素质和领导风格

控制的目的不仅在于规范组织行为、保护财产、正确反映会计信息等，还要保证企业的经营活动按照企业受托责任进行，通过合理合法的方式来实现组织目标。企业领导人的职业素养、个人素质、管理理念以及对内控的支持态度，将影响整个控制设计和实施全过程。一个有职业道德的企业领导人，必然会高度重视控制体系，并在控制体系中身体力行，率先垂范，力求在企业内建立有效的控制体系，以实现企业经济效益的提高。反之则相反。

领导人的个人偏好决定了它的领导风格，领导风格影响内部控制不同要素的有效性，影响一个企业组织管理控制系统和控制行为。领导风格是领导人在长期的个人经历、领导实践中逐步形成的，具有较强的个性化色彩。例如，不同风格的领导者会以不同的态度对待控制反馈报告，会采取不同方式向下属反馈，并用不同方式控制和管理下级业务部门。当企业领导者更换后，即使企业组织的管理结构和程序并未改变，但是由于领导者风格不同，决定了其获取信息的渠道、利用信息的方式的不同，从而影响控制系统的设计与实施过程。戈尔曼提出的远见型、民主型、关系型、教练型、示范型、命令型的领导风格中，掌握了四种或者更多领导风格的领导人——尤其是远见型、民主型、关系型以及教练型领导风格——往往会营造出更好的工作氛围和内控环境，并取得最好的绩效。

(4) 员工的素质和对组织的忠诚度

员工的积极参与可以使组织的管理制度的效用得到充分发挥。员工参与到控制管理，并将控制的理念融入到企业文化中，形成控制文化，这有利于组织内部形成相对稳定的对待控制的行事规则和思维习惯，有利于控制体系的有效施行。员工的素质对控制的选择有重要影响，如对于高素质高忠诚度的员工，其本身就能够容易发现控制体系中存在的问题，提出的优化方案也更可行，而且往往对协调控制体系的变革也会有充分考虑，高素质员工的参与使企业能够选择适合自身条件和发展要求的控制体系。

9.5.2 组织外部环境因素

(1) 行业特点

控制方法的选择因行业的不同特点而具有明显的差异化特征。同一行业的企业，其业务相似，因而采用的控制体系差别不会太大。如果某一行业业务运营比较单一，不需要员工做太复杂的经营决策，行业内的企业具备实现集权管控的基本条件；如果一行业员工做出大量个性化经营决策，则企业则往往需要建立分权型管控体系。例如，家电卖场行业里，这个行业业务运营相对较为单一，控制体系主要集中在安全、绩效控制，但在电商的背景下，卖场经营由线下逐步转向线上经营，对于营销的绩效控制要求更高。而对于家电生产企业而言，既有质量控制要求，也有人员绩效考核要求，还有研发需求，控制模式上往往会采取集权和放权契合的方式。所以，行业特点可能会影响控制结构，不同的行业因不同的业务经营特点，不同的经营风险，从而有不同的业务流程，进而影响不同控制要素的有效性。

(2) 环境变化

①宏观政策环境变化　企业难以控制宏观环境，但宏观环境中包含很多决定企业胜负的因素，如质量控制标准的提高、会计制度的变革、排污标准的提高、政府检查频率的增加，都增强了对企业内部控制的约束和规范，会使企业控制体系发生相应的变化。但由于一般环境超出了企业的控制能力而不能将其作为内部控制系统的组成部分。

②产业竞争环境变化　如在产业生命周期的不同阶段，企业绩效考核的要求和标准有所差异，在繁荣期的考核标准会远高于衰退期的标准；在产业竞争比较激烈的市场结构

中，企业对风险控制的要求会更高，尤其是产品运营风险的控制要求。在手机行业，由于竞争激烈，部分企业从市场绩效角度出发不断推出新产品或对部分产品做出调整，都是对产品经营风险的控制。如 IBM 舍弃 PC 业务，即是从产业生命周期和市场竞争两个方面来考量其整体性经营风险的，从控制的角度来看，需要做战略上的调整。

③技术变化　技术因素是影响控制系统设计的极其重要的因素。当组织生产非标准、差异性的产品时，由于技术复杂性较高，不确定性大，生产过程中可分析性低并且存在许多例外情况，管理者及时获取生产信息并衡量生产过程结果都比较困难，此时需要采用灵活的控制方法。当组织生产技术标准化、例行化程度高时，则控制方法也将标准化，尤其是信息技术的影响已非常广泛。信息技术的发展不仅改革了传统的信息处理方式，也对组织内部控制产生了很大影响，成为影响控制系统设计的重要技术因素之一。借助于信息技术，大量的人工控制被信息系统的自动控制取代，可以提高生产过程的安全程度，提高质量控制，提高信息安全程度，达到对流程的有效控制等，提高对"内部人"的监控。

9.5.3　控制运行成本

控制体系的运行是有成本的。无论是人员考勤的控制还是绩效考核，安全生产控制和排污控制，都需要花费成本才能有效实施。成本是衡量企业的生产耗费与工作质量的一项主要经济指标。控制技术越高、越复杂，运行成本往往也会越高；控制体系复杂往往也会提高运行成本。运行成本除了控制体系本身的建设外，还有人工成本、维护与升级成本等，有些控制体系还要有大量的耗材，如污染处理系统等。而成本控制本身就是控制体系中非常重要的工作内容之一。对产品利润空间较大的企业而言，企业有足够的资本来制定和运行较为完善的控制体系，而对于利润空间较小的企业而言，企业有可能难以支付控制体系中某些环节的运行成本，如治污成本等。所以一些小企业因运行成本问题，而往往制定较为简易的控制体系。煤矿事故的发生常集中在中小煤矿，其原因往往是因安全设施的建设运行成本较高而不完善或者不运行造成的。因此，运行成本已经成为控制体系构建的重要因素。

▲思考题

1. 什么是控制？控制的过程是什么？
2. 比较说明事前控制、现场控制和事后控制的优缺点。
3. 结合实例，说明控制类型和经营控制方式。
4. 比较预算与非预算控制的方法及其特点。
5. 影响控制选择的因素有哪些？

▲百家争鸣

博士伦的润明隐形眼镜护理液

在任何时间、地点买到没有任何品质瑕疵的产品，是难以想象的。但每个消费者总希望能够做到这一点，至少是生产商尽可能地确保产品安全，一旦产品出现了问题，希望厂商能够立即采取行动进行控制。

博士伦公司(Bausch & Lomb)最受欢迎且盈利最多的产品之一——润明隐形眼镜护理液遇到了巨大问题，而且越来越突出。自2005年7月在香港首次发现由眼部感染引起的Fusarium角膜炎，到2006年3月，香港、新加坡和美国等国家和地区已有100多人感染了此类眼疾，甚至有一部分人需要做眼角膜移植手术。新加坡卫生部门证实，博士伦公司的润明隐形眼镜护理液和眼部Fusarium感染之间具有很大的关系。尽管2006年2月，博士伦公司战略决定停止在香港地区和新加坡地区销售隐形眼镜护理液。但直到2006年4月13日美国一些零售商将产品单独撤离柜台，博士伦才采取所谓的自愿撤离市场计划的管控措施，要求零售商暂时把这些产品撤离柜台。同时，公司在《今日美国》及区域报纸中建议消费者改用其他品牌的隐形眼镜护理产品。

时任CEO Ron Zerrella说："150多年来，博士伦公司的使命一直都是增强视力。由于在美国本土的工厂生产的一种产品存在安全问题，我们自己处于不利的状况。尽管我们对产品和工厂进行了全面的测试和检查，但并没有发现任何能显示润明隐形眼镜护理液与这些感染相关的证据。可回顾到目前为止发生的感染病例，大部分患者都使用了我们美国工厂生产的润明隐形眼镜护理液。博士伦公司的当务之急是要保证消费者的健康和安全。如果我们的产品存在问题，我们就要找出这些问题并解决它们。"

2006年5月15日，博士伦声称："经过数月的调查，公司发现了产品与可能导致失明的眼部感染之间的联系""在一些异常的情况下，润明隐形眼镜护理液产品成分的独特性质会增加Fusarium感染的风险"。尽管博士伦公司声称已尽可能快速采取行动，以掌握这起突发事件的产品情况并对此做出反应，但是也有人说，行动的速度还不足以避免危险。

讨论：

1. 你认为博士伦公司在解决润明隐形眼镜护理液遇到的问题时，所采取的措施是否足够？其控制系统如何才能更有效？

2. 在博士伦公司遇到的问题里，你认为事前控制、现场控制和事后控制三种控制类型中何种控制最重要？

3. 博士伦公司应当采取哪些措施来纠正遇到的问题？

第 10 章 绿色管理

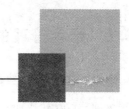

【引导案例】

可口可乐的绿色新成员

一直以来,可口可乐经典的红色形象已经深入人心。但在 2014 年,可口可乐上线了一款新颖的绿色包装。这是食品巨头可口可乐公司推出新品"生命可口可乐",除了使用白糖,这款新品还使用了一种不含卡路里的植物作为甜味剂。这种天然甜味剂名为甜叶菊,不仅是一种零卡路里物质,其甜味更是高达蔗糖的 200~300 倍。这也使得这款天然增甜的新可乐,比普通可乐减少了将近 1/3 的糖分和卡路里。

同时,这款新品包装使用了醒目的绿色,与传统普通包装瓶(传统 PET)30% 的乙二醇(MEG)和 70% 的精对苯二甲酸(PTA)的制作方式不同,新品瓶身材质含有 30% 的植物原料,完全可以回收利用。可口可乐从推出的这款植物环保瓶"Plant Bottle"中,找到了一种可从植物当中提取材料乙二醇的方法,但是,这是一门非常复杂的学科。可口可乐公司表示:"这种瓶子的外观、功能以及回收利用都与传统的 PET 塑料瓶一样,只是所用资源更少,全球碳足迹更轻更环保。我们将致力于生产更加绿色环保的包装,在未来不再依赖化石燃料等不可再生原料。"

可口可乐包装创新团队与全球高校和研究机构人员等多家研究合作伙伴积极合作,以推动从植物废弃物中提取糖的技术,为未来的 Plant Bottle 包装奠定基础。在当今使用甘蔗的同时,可口可乐包装创新团队也希望在不久的将来能够使用茎秆、果皮或者树皮等其他自然材料。为此,他们与合作伙伴共同努力,希望破解植物 PTA 的密码,实现突破性的科学成果,其最终目标是制造出可以实现碳中和、100% 可再生、100% 可完全回收、有可靠采购渠道、让所有人都满意的包装瓶。

目前,"生命可口可乐"已经在美国、加拿大、澳大利亚、日本和阿根廷等 30 多个国家和地区展开了销售。这种主打健康的绿罐可乐,被可口可乐寄予厚望,不知能否挽救销量下滑的可口可乐?

(资料来源:http://info.21cp.com/industry/News/201611/1209967.html;http://jandan.net/2014/11/01/green-coke.html)

随着公众环保意识的不断增强,消费者对绿色产品和服务的需求也日益攀升。在可持续发展的背景下,绿色管理的理念日益渗透到企业的日常管理活动中,指导管理者响应生态文明和绿色发展的新诉求,实现组织永续发展和社会福祉提升。

10.1 绿色管理的内涵

10.1.1 绿色管理理念的兴起

20世纪90年代初,西方发达国家兴起了一股绿色运动的浪潮,许多企业开始注重环境保护的理念。绿色管理(green management)是随着绿色运动的浪潮,将"绿色"这一修饰语拓展到企业经营管理领域而产生的。1991年美国学者帕屈克·卡而森(Patrick Carson)和朱莉亚·莫而顿(Julia Moulden)共同编著出版了《绿就是金:企业家对企业家谈环境革命》一书,讲述了北美的一些世界知名企业通过降低污染、推出绿色产品,创造绿色经营管理奇迹的典型事例和传奇故事,并提出了"绿色管理是更好的管理"和"绿色管理哲学"的概念。1993年德国学者瓦德玛尔·霍普分贝克(Waldemar Hopfenbeck)在其著作《绿色管理革命》一书中也比较早地提出了明确的绿色管理概念。1996年美国密歇根州立大学制造研究协会实施的"环境负责制造(ERM)"研究项目提出了绿色供应链的概念,并对绿色供应链的设计进行了研究。同年,国际标准化组织推出ISO14000系列标准,使绿色管理的研究更加活跃。见表10-1所列,当前已有大量研究和实践表明,绿色管理理念对企业管理具有极大的战略意义。

表10-1 绿色管理理念的演变

关注点	过去	现在
绿色管理的模式	反应型,遵守环境法规	主动型,价值寻求
对环境问题的认知	环境管理活动增加企业负担	绿色管理是竞争优势来源
绿色管理范围	产品生产和销售	整个产品生命周期
解决方案	末端治理	减量和循环利用
参与的组织	单个企业	整个供应链

10.1.2 绿色管理的含义

由于绿色管理涉及生态、环境、资源、经济和社会等不同领域,因此,绿色管理的内涵可以从不同视角进行解读。从生态视角来看,绿色管理主要是指企业应依据生态平衡法则进行生产经营活动,不能因为企业的利益而损害生态环境。从环境视角来看,绿色管理主要是指企业应该加大绿色科技创新的投入和应用,尽量提高能源利用效率,对废弃物进行循环处理,争取达到零排放,使环境污染达到最小。从资源视角来看,绿色管理主要是指企业应对资源节制开采使用,并提高资源的有效利用率,加强对不可再生资源的控制,提高技术水平,使不可再生资源循环利用,并寻找新的可再生能源。从经济视角来看,绿色管理是指企业应放弃传统以利润最大化为目标的生产方式,更注重企业的长远目标,同时关注社会责任,以期达到经济利益、社会利益和环境利益的协调统一。从社会视角来看,绿色管理是指企业应以可持续发展为指导,以消除和减少组织行为对生态环境的影响为前提,以满足顾客需要为中心、创造社会福祉为诉求,通过一系列管理活动实现经济、社会、生态三重效益。

从宏观层面来看，绿色管理是将绿色发展理念纳入社会管理之中，使两者紧密结合形成新的管理模式。例如，绿色管理就是将环境保护的观念融入政府的政策制定过程当中，从宏观调控各个环节着手控制污染与节约能源，在绿色管理思想的指导下，积极研究绿色发展对策，将环保投入当作开拓市场、降低成本、实现高效益的有效手段。目前，越来越多的国家和地区政府高度重视绿色管理，为了实现区域甚至全球经济、自然环境、社会协调可持续发展，利用政策、法律、经济、教育等多种方式和手段，对政府、企业和社会三方面的行为进行协调和整合，为促成环境保护和实现可持续发展进行积极的管理活动。

从组织管理的层面来看，绿色管理是指以组织（包括盈利性组织和非盈利性组织）为主体进行的可持续发展管理活动。其中，企业绿色管理是以绿色观念为指导，对人、财、物等资源进行合理配置，并在产、供、销等流程中严控把关，以期让绿色管理融入到企业各个层次、各个方面，实现企业的可持续发展。在管理目标环节，绿色管理意味着设定并实施可持续发展目标，在企业经营活动的各个环节中避免和减少环境问题的出现。在计划职能环节，绿色管理意味着企业将环境问题融入企业战略规划，开发出可操作策略体系，指导后续的具体活动。在组织职能环节，绿色管理意味着绿色目标完全融入组织范围，倡导组织成员、团队和整个企业，瞄准绿色管理目标战略，通过持续学习和创新手段，获取废物减少、节能减排、社会责任和竞争优势的过程。在领导职能环节，绿色管理意味着企业领导者通过建立持续性的减少或消除环境损害或问题发生的激励沟通机制，在企业当中营造兼具行政性和运营性的积极氛围，引导全体成员参与绿色管理的各项活动。在控制职能环节，绿色管理意味着绿色要贯穿企业整个系统。污染浪费在企业所有的过程中都客观存在，因此需要对生产和运营等各个环节实施控制，而且，为了追求零污染、降低企业运行对环境的影响，不应该只控制最后的终端，更应该在企业运行的所有过程和环节实施相应控制。

10.1.3 企业绿色管理需要关注的问题

第一，绿色管理是长期导向的管理。实施绿色管理意味着企业要具备更开阔的视野，关注更长远的收益和成本，而不能只是关注短期的收益或成本。第二，是绿色管理是优化导向的管理。大量企业的绿色管理实践已经证明，追求环境主义，实施绿色管理行动，就要努力成为实践行动领域的领导者，将环境视为企业的关键目标。第三，绿色管理是开放导向的管理。这要求企业不只努力追求在本地做到，还要努力追求全球视野，采取最高的标准要求。第四，绿色管理是创新导向的管理。绿色管理要追求的不只是零污染，还要追求更高更新的产品质量，更重要的是努力实现企业整体活动质量的改进和提升。第五，绿色管理是人文导向的管理。要关注和倾听社会大众的态度和观点，高度重视人文关怀，关注消费者对于绿色产品和服务的认知和需求，把这些作为企业的重要目标和努力方向。

10.1.4 绿色管理的特征

企业绿色管理的侧重点是环境保护与和谐发展，要求企业按照经济规律和生态规律来安排其系统运行与发展，自觉协调与自然、社会的各类关系，采取绿色经营手段，使得企业在其生命周期中的诞生、成长、成熟等阶段协调发展，从而实现企业的可持续发展。与传统的管理模式相比，绿色管理有以下特征：

(1) 综合性

绿色管理是对生态观念、社会观念进行整合的整体和谐管理。生态观念是企业把市场需求和自身资源条件有机结合，与自然、社会、经济环境相协调。社会观念是指企业根据自身资源条件来满足消费者需求的同时，还要满足消费者及整个社会的持续发展要求，促进人类自身的可持续发展。

绿色管理综合性的特征，体现了现代企业由过去单纯追求利润最大化，转向关注环境、注重自然生态系统与人类社会系统可持续性的经营理念，也体现了企业管理由外部不经济的运作方式转向以内部经济性为主、外部经济性为调整路径的新型经营运作方式。这些管理变革，有助于企业、社会、自然生态系统的和谐与可持续发展，并形成互为支撑点的管理网络，标志着企业人本管理发展进入新阶段。

(2) 和谐性

绿色管理的一个重要评价标准是和谐性，即人与自然、人与人、人自身"三大和谐"。人与自然的和谐包括人与人工自然、人与天然自然、人工自然与天然自然的和谐；人与人的和谐包括个体之间、个体与群体之间、群体与群体之间的和谐；人自身的和谐包括生理、心理、身心和谐。

绿色管理通过建立企业员工绿色价值观，确立企业绿色经营管理目标，进行清洁生产，绿色回收再循环。借用制度动力，实现人与自然的和谐。通过建立绿色学习型组织，沟通企业内部员工之间(人与人)，员工与部门之间(个群)，部门与部门、企业与企业之间(群际)的联系，通过"五项修炼"(自我超越，改善心智模式，建立共同愿景，团队学习和系统思考)协同企业内部各部门之间、外部企业(如供应商、竞争者)与企业以及其他组织(如政府、社会、公共团体)之间的各类行为，减少沟通障碍，降低管理协作摩擦，增强组织的和谐冲动力和协同均衡力，实现人与人的和谐。同时，通过建立绿色学习型组织，经过学习，改变企业员工原有不正确的价值观和环境观，改变不良的行为习惯，树立绿色的系统和谐观，做到人自身的和谐。

高度和谐性是绿色管理有别于以往任何管理模式的重要特征。它注重企业内外各构成要素的协同运行及相互作用、影响，尊重个人在企业组织内外的作用，不追求局部单个子系统的利益最大化，而力争实现人、社会、自然三大系统的综合和谐，其管理维度、管理深度、管理柔度是其他管理模式所不能比拟的。因而，绿色管理也是今后企业管理的方向与发展的必然趋势。

(3) 统一性

绿色管理强调经济效益、生态效益以及社会效益三大效益的有机统一。企业作为经济主体，首先会追求经济效益。同时，作为有远见、有责任的企业，在进行生产、经营活动时，应看到自然、生态系统所提供的无偿服务(如大气、二氧化碳的吸滤、气候的调整、土壤的保持等)。如无节制地使用，无偿生态服务会大大减少且会导致环境成本由外部无偿支付转为内部放大支付，并影响企业的可持续发展。只有在使用自然生态系统提供的无偿服务的同时，提高资源利用率，减少浪费，并对自然资源进行再投资，谋求巨大的生态效益,才能保证企业连续不断的前进动力。企业对自然生态系统的重视与再投资,树立了良好的企业绿色形象,增强企业亲和力,赢得环保组织的支持,提高了其顾客的忠诚度,创造了良好的社会效益。

(4) 全过程性

绿色管理是全过程的绿色管理。过去企业是在决策成为事实之后才考虑其行为对环境的影响,片面强调污染后的治理环节,而绿色管理则从产品的材料选购、结构功能设计开始,到生产制造、售后服务、废弃物品的回收处置的每个环节,都考虑企业生产经营活动对环境的影响,即在产品的整个生命周期内实施绿色管理,把眼光透过产品放到整个生产循环中去,将用于生产产品的资源、用于消费的资源及消费者使用之后留在产品中的资源综合考虑,即开发清洁产品和清洁生产技术,提升企业的绿色生产力,开展绿色营销,以及促使消费者增加绿色消费。

(5) 全员性

绿色管理是全员参与的绿色管理。绿色管理不仅要求生产一线的职工参与绿色管理的实施,而且企业的管理人员更应首先提升自身环保意识,与员工充分沟通,将绿色管理的理念纳入企业经营文化之中,积极参与绿色管理的实施。因此,绿色管理是从企业高层领导到中层管理人员再到生产一线的普通工人全体员工参与的活动。

(6) 全面性

绿色管理是全面性实现"绿色"的管理。企业通过提供产品或服务,促进社会福利的提高,从而谋求自身生存与发展,因此,企业的活动不仅涉及生产而且包括提供的各种服务。绿色管理作为一种全新的管理方法,其范围不仅包括了企业的生产制造过程,而且还包括组织、计划、理财等服务过程,涉及企业的方方面面及管理的各种职能,故是一种全方位的管理理念。同时,产品或服务的质量有赖于员工的身心条件,因此,企业实行全面的绿色管理,还要为员工创造绿色的工作环境、生活环境和社区环境,使企业所有的生产经营活动和内外部环境均处于一个"绿色大系统"之中。

10.2 绿色管理的内容与类型

从绿色管理的概念提出至今,全球范围内的一些先进企业已经开展了大量的实践行动,涉及企业管理、决策、财务、计划、产品的设计、制造生产等诸多环节,绿色管理的内容当前已经非常丰富,关于企业进行绿色管理的层次划分研究也不断发展。

10.2.1 绿色管理的内容

(1) 树立绿色理念

企业要在经营观念上进行一场绿色革命,要用战略的眼光看待环境保护问题。运用绿色理念来指导规划和调整产品结构,并切实制订"绿色计划",实施"绿色工程",制定"绿色标准",树立"绿色标兵",发动全员积极进行一场全方位的"绿色革命"。企业领导要深入学习研究绿色管理和可持续发展的理论,树立绿色经营理念,确立顺应时代潮流、争做地球卫士的企业精神和企业风格,制定绿色管理战略;工程技术人员要不断学习新的环境技术，不断提高自己的环境知识和技能，从设计与制造方面减少或消除污染，并从污染控制转向清洁生产，提高生态效率；对生产第一线的员工，要培育"绿色消费""绿色产品"和珍爱人类生存环境的意识，使"环保、生态、绿色"的理念深入人心。

(2) 取得绿色认证

国际标准化组织顺应世界保护环境的潮流，对环境管理制定了一套国际标准，即ISO14000《环境管理系列标准》，以规范企业的组织行为，达到节省资源，减少环境污染，改善环境质量，促进经济持续、健康发展的目的。ISO14000 系列标准包括 6 个子系统，即环境管理体系、环境审核与环境监测、环境标志、环境行为评价、产品寿命周期环境评估和产品标准中的环境指标，共给出 100 个标准号，即从 ISO14001～ISO14100，几乎规范了包括政府和企业等组织的全部环境行为。ISO14000 适用于一切企业的新环境管理体系，它是一张企业进入国际市场的绿卡。取得 ISO14000 认证，即意味着企业的绿色管理质量得到外部的认可，就等于取得了一张国际贸易的绿色通行证，不受任何绿色贸易壁垒的拦劫。为顺应市场环保的发展趋势，有必要建立产品生产的环境管理体系，并加强对出口产品生产的技术、工艺、设计、包装按照"绿色化"要求进行改造。当前，通过绿色认证，取得国际贸易的绿色通行证，以此来树立消费者青睐的绿色形象是我国企业的必然选择。

(3) 开发绿色产品

绿色产品，就是有利于资源的有效利用，在生产、使用和处置的全过程中对环境无害，有益于消费者身心健康的产品。随着生态意识的增强，人们对绿色产品的需求不断增长，绿色消费已成为世界消费的新潮流，是人类已找到的真正文明的消费形式，它将逐步成为 21 世纪最具发展前景的消费形式。绿色消费的兴起为企业带来了巨大的发展契机，顺应绿色需求开发绿色产品无疑成为时代的呼唤。绿色电视、绿色汽车、绿色建筑、绿色服装等各种绿色产品正在陆续被各国研制或推出，至于绿色食品更是风靡全球。开发绿色产品，要以绿色技术和绿色设计为支撑。进行面向环境的产品设计，包括材料的选择，产品结构、功能、制造过程的确定，把降低能耗、易于拆卸、便于回收和再生利用，以及生态环境保护与产品的性能、质量、成本等因素列为同等重要的设计指标要求。同时，运用绿色技术，减少或避免污染，节约资源。绿色技术具体分为处理技术和防治技术，处理技术主要是指对废弃物的处理，以达到低污染或零污染的目标；防治技术主要是指在污染的源头实行的节能减污技术，以此解决物质资源、能源过度消耗、污染严重等问题，使用绿色技术是实现绿色管理的关键。

(4) 推行绿色产销

所谓绿色生产，是指企业在生产中效仿自然系统内部运作的"低耗高效的循环性能，自我调节和控制的运行机制及和谐统一的美学规律"，以追求节能、省料、减污（无污）、增美的综合效果，满足人们的绿色需求。绿色生产是既可满足人们需要，又可合理使用自然资源和能源，同时能保护环境的实用生产方法和措施，其实质是一种物料和能源消耗最少的人类生产活动的规则和管理，将废物减量化、资源化和无害化，或消灭于生产过程之中。

绿色营销是以常规营销为基础，强调把消费需求、企业利益、环保利益三者有机统一起来，是一种较高级的社会营销。主要包含制定绿色价格、建立绿色销售渠道及开展绿色促销等内容。绿色营销不仅关心和研究本企业产品的消费者，更关心社会和全人类，以创造消费者和企业效益，产生社会和生态效益，谋求社会可持续发展。实施绿色营销，企业一方面应通过自身的绿色形象在新的国际市场环境中提高产品的环境竞争力；另一方面本身承担着相应的社会责任，对公众的消费行为存在导向和强化作用，这有利于开拓绿色产品市场。

(5) 实施绿色再循环

绿色再循环就是将在生产过程、消费过程中所形成的废物和残次品加以充分有效的再利用，以实现环境影响最小化的一系列活动。绿色再循环有很多益处。一是通过减少初级材料的加工处理，可节省能源；二是再循环能减少污染；三是通过消除处理或处置废物，可降低成本；四是废物材料的收集、分类、加工处理，创造了许多就业岗位。

绿色再循环的目的是从用过的、刮擦损伤的产品、部件和材料中回收尽可能多的价值，以达到增加企业收入和使废物量最小化的目的。再循环可被用于回收消费前或消费后的废物。消费前产生的废物，是生产期间在制造过程之外所产生的废物。消费后的废物即消费者扔掉的废物。再循环既可以是闭环的也可以是开环的。闭环是指材料被重复利用以生产同样的部件或产品，这样可显著减少初始原材料的需求，但污染和毁损是重要制约因素。生产期间的废物可用于闭环。在开环再循环中，再循环材料被用于生产不同产品，例如，食品包装材料被用于生产凳子和梳子，但开环不减少对初始原材料的需求。要成功地实现再循环，就必须捕捉和挖掘对再循环产品的需求，保证再循环材料的稳定供给，具有使用再循环材料生产产品的强烈愿望。

在绿色再循环方面，柯达的一次性相机再循环计划自然是一个经典案例。不过，杜邦公司在这方面的作为也颇值得玩味。1989 年，杜邦公司在取得了工业的再循环利用以后，通过与废物管理有限公司合资建立塑料再循环联盟而迈入消费后的塑料再循环产业，该联盟在随后的 10 年内每年有望再循环大约九万吨消费后的塑料。

(6) 进行绿色沟通

绿色沟通就是企业为了在公众心目中树立保护环境的良好形象而进行的一系列公关活动的总称。企业进行绿色沟通是为了获得社会各界的理解支持和密切配合，以便更有效地推行绿色管理，保持竞争优势。在环境运作方面，企业已取得显著的改进，然而，公众仍然觉得企业在环境方面是恶性循环。产生这种感觉的原因主要在于缺乏有效的沟通，绿色沟通实质上涉及识别利益相关者，分析他们的需求，而后评估一个公司的行为表现，并确定在需求与表现之间的差距，采取行动以弥合这种差距，并向利益相关者报告公司的行为表现。认真地进行沟通的公司将得到回报。沟通的群体包括顾客、社区、雇员、媒体、投资者、民间环保组织、执法部门等。绿色沟通可以通过四个步骤来实施：一是绿色思想的培养；二是观察成功的公司的所作所为，将环保作为首要目标，源头削减，公开对话；三是授权下属职员；四是积极参与公共政策的制定。

(7) 开展绿色理财

企业的生产经营活动离不开财务活动，绿色管理要涉及环境资源成本等，因此，在理财过程中要考虑到各种成本、收益，需在原有财会体系基础上加以完善。绿色理财体系包括绿色投资、绿色会计、绿色审计等。

①绿色投资 是指企业抓住机遇,投入绿色环保项目,发展绿色产业,进一步提高企业的绿化程度。企业的发展不能仅局限于现有规模,应适当开发新项目,扩大企业规模,增强企业实力。绿色投资不失为企业绿色管理中的一个突破点。

②绿色会计 是在适应环境问题的需要和对传统会计进行修正的基础上产生的,它试图将会计学与环境经济学相结合,通过有效的价值管理,达到协调经济发展和环境保护的目的。绿色会计的内容除了自然资源消耗成本外,还包括环境污染成本、企业的资源利用率及产生的社会环境代价评估,全面监督、反映经济利益、社会利益和环境利益。

③绿色审计 是指企业对现行的运作经营,从绿色管理角度进行系统完整的评估。包括危险品的存放,生态责任的归属,污染的估计,政府环境政策的影响,绿色运动对企业的冲击,企业绿色形象的优劣等。审计能发现薄弱环节,为开展适应的绿色管理决策提供依据。这样既可降低潜在危险,又能比较准确地判断绿色管理的投入,更重要的是有助于企业发现市场中的新机会。

【管理案例】

柯达一次性相机

虽然柯达已于2012年1月提交了破产保护申请,事实上,柯达的一次性相机产品在欧美的确风靡了很多年,而且应用起来也很方便。

通常来说,这类一次性相机会陈列在超市或者景点的小商店里,以供游客临时起意拍个快照,只要花很少的钱就可以买一个一次性相机。同时,这类相机的配置也较为合理,其使用的胶卷多是中高感光度,即使是没有闪光灯的版本,也能清晰地抓拍影像。虽然塑料镜头和高感光度胶片带来的成像质量已达不到如今消费者对相机的高要求,但在那个通常只冲印五六寸相纸的时代已勉强够用。由于相机价格中包含了冲印的价格,所以照片拍完以后,把相机交给当地的柯达速印店即可,无须支付额外的费用。后来柯达还推出了带有地址信息和邮费的一次性相机版本,用户只要在拍完的相机背后写好自家的地址信息,然后把它丢进邮筒,就可以回家等待柯达把照片冲洗出来然后邮寄过来。

至于相机本身,不免有些人会想,这么好的相机就只能用一次实在太浪费了。在欧美,一开始这类相机真的是设计为冲印店取出胶卷后就可以扔掉的。不过,柯达很快就意识到,回收再利用显然更有利于降低成本,于是大部分用过的机身都会被柯达回收进行二次加工成为新的一次性机身。柯达厦门工厂能实现机身85%的回收率,每台一次性相机都可以重复利用20次左右。

不过,这种有趣的产品销售应用流程只在欧美国家发生过,在国内,柯达一次性相机的冲印便利性和回收业务的开展并不理想。而且似乎中国的消费者通常会选择自己带相机拍照,也不习惯临时在景点买个相机使用,就算在没有相机的情况下想拍照,各大景点最佳视角也总有照相摊子正等待游客大驾光临。所以,柯达一次性相机在国内始终属于不温不火的状态,后来随着数码相机以及手机的逐渐兴起,这种相机也就不得不退出市场了。

(资料来源:http://article.pchome.net/content-1460504.htm)

10.2.2 绿色管理的分类

(1) 根据行为类型划分

①开始者　开始者倾向于处理环境问题，或者通过回避，或者对已有的职位增加责任。例如，给工厂经理或工程师增加环境问题的责任。只是偶尔发布关于环境的相关报告，顶层管理者和普通员工对于环境相关的问题了解得相对少。

②灭火者　这类绿色管理中，企业中有很少人负责处理环境相关的问题，环境相关的项目人员较少，而且通常要去处理优先权更高的企业事务。

③有意识的公民　这类绿色管理对于绿色管理表现出一定的承诺。但是还没有有效的、广泛的、主动的行动。虽然具有环境相关的部门机构，但是在企业中的层级较低，不具有开展重大活动的权力。部门的相关人员也基本只有环境相关的专家和技术人员，不能对组织改变产生重要的影响。

④实用主义者　这类绿色管理主动花费时间管理环境相关的问题，其环境部门具有充分的技能、资金和自主权。他们会研究已有的相关设施，并寻找更好的控制污染的方式。评估潜在的风险并降低可能的风险。关系报告和管理信息流是正式化的，并且企业针对关键员工开发环境相关的教育和培训项目。持续的时间和资金被用于开发政策和指导手册。但是绿色管理仍没有成为企业顶级的优先权事项，项目融资仍然存在困难，环境相关部门在整个组织内的可见性和影响力仍然是有限的。

⑤积极行动者　此类型中，企业的环境相关机构中具有强力的、有动力的、高影响力的个体，这些个体把企业的绿色管理概念进一步推进，超出了遵守和预防的水平。员工的绿色管理培训和意识提升贯穿企业的所有层级，并且被所有分支和商业单元认真重视和对待。环境相关的要求和目标是非常清晰的，用以实现相关目标的系统遍布于各个领域。环境管理通过直接报告、周期性会议、非正式会议，与顶层管理团队之间建立很强的联系。

(2) 根据环境变量划分

这种划分方式基于环境变量在企业组织中的整合程度展开。针对不同企业的绿色管理进行分类，可分为职能性特化、内部整合和外部融合或战略整合三个阶段。

①职能性特化阶段　在职能性特化阶段，企业会对环境法律和管制相关的压力做出一切必要的反应活动。企业会安装污染控制的设备，但不会调整它的生产结构或产品。环境相关的职能是特别化且明显被动型的，并且不涉及企业的竞争性环境及生态战略构建。驱动这一阶段的最基本的原则是预防企业遭遇环境相关的问题，因为这些问题可能会给顶层管理团队和当前战略的实施带来困难。企业并不会把环境因素整合于企业战略之内，看作是获取竞争优势的因素。职能性特化包括以下特征：环境相关的问题是战略中性的；避免产生环境问题是为了实现企业的战略；环境相关的问题初步形成制度化；对于环境相关的法律和管制是被动做出反应的；仍没有考虑环境问题相关的战略潜力。

②内部整合阶段　在绿色管理的内部整合阶段，会考虑到某些绩效目标，主要是与预防污染相关的。企业的环境相关绩效还没有被当作战略性的因素。环境相关的目标是由管理人员建立的，但是仍没有环境相关人员的参与。对于环境相关问题的管理仍是基于管制和市场性的需求，环境问题相关的管理者会根据企业当前的战略，调整他们项目和策略的

内容。尽管会开发一些绿色产品，但是并没有涉及企业的所有分支与职能。企业开始注重追求更加有效率的环境绩效。环境职能相关人员会参与到环境相关分支机构的环境战略目标的设计。内部整合具有以下特征：环境变量的重要性取决于其他职能领域的目标；环境变量不会影响企业的所有职能；对于环境职能的支持只局限于不同分支的特定项目。

③外部融合或战略整合阶段　在外部融合或战略整合阶段中，环境相关的变量被整合进入企业的整体商业战略。这些活动聚焦于开发战略性的机会。企业意识到了向环境管理投入的资源会使企业获得竞争优势，环境管理是企业竞争力的一个重要因素。企业对于环境相关的问题倾向于采取伦理型的态度，而不是被动的态度。他们开始把环境考虑为一个新的商业机会——不仅从技术的视角，还从组织的视角。这意味着环境相关的目标在企业的所有层级上，从顶层管理者到最底层的员工重新定义了企业的竞争力和责任。这种类型的实现需要企业持续不断地寻求新的方式去提高竞争优势。对于环境职能给予其他职能相同水平的重视。环境相关的专家跨越职能参与企业的战略机会寻找。企业把环境相关的战略整合融入到其他的职能与商业战略中。外部融合包括以下特征：绿色管理扩展到了所有的职能领域；环境变量被考虑当作竞争优势的来源；环境变量是企业战略的关键要素；环境变量对于顶层管理团队的决策具有重要的影响。

(3) 根据企业反应划分

依据企业对于日益增长的与环境问题相关的社会压力做出的反应，可将绿色管理分为三个类型。

①被动型　这是一种较低程度的绿色管理类型。组织只是被动地对于环境相关的法律和控制作出反应。绿色管理行动只是局限于运营部门，采取最终端控制来预防污染，避免违反相关的标准或要求。

②预防型　在这种类型中，企业通过提高效率和减少、重新利用或循环材料寻求有效率的策略。为了实现这一点，需要涉及企业的大部分环节，包括部门性和层级性的。

③主动型　对于环境的关注成为企业战略的一个重要成分，并且成功地整合到规划活动中，使企业获得竞争优势。在这种类型中，必须调整产品和生产过程，并且与供应商整合，驱动整个产业链环境绩效的改善。

10.3　绿色管理的实施

在对绿色管理形成了初步的认识后，本节将关注绿色管理的具体实施，深入讨论绿色管理在实践中的方法、过程、要素、步骤与阻碍。

10.3.1　绿色管理的方法

随着环保理念的深入人心，消费者对无污染、无公害、有利于环保和身心健康产品的消费需求不断增强。为了满足人们日益增长的绿色消费需求，迎接"绿色壁垒"的挑战，全球的先进企业正在使用多种方法来实施绿色管理。

(1) 废物最小化和预防

真正有效的绿色管理要求进行污染预防而不是在最终端的废物控制。污染预防是指采用材料、过程减少或根除污染或废物在源头产生。污染预防技术包括在当前生产过程中的材料替代、过程调整、材料再利用，或者在不同的过程中的材料再利用。同时，日益上升的法律责任、污染控制成本、废物处理成本构成了企业寻求更有效的预防污染技术的驱动力。

(2) 需求侧管理

这是一种污染预防的方式。它聚焦于理解客户的偏好和需求以及他们对产品的使用。它有三项基本原则：一是不要浪费产品；二是精准销售给顾客所需的产品；三是使顾客更有效率地使用产品。需求侧管理强迫一个产业用一种新的视角去看自身，这常常会促使其发现新的商业机会。通过发现市场的真实需求，企业可以为顾客提供有益环境的产品。

(3) 面向环境的设计

商业领域慢慢发现，从一开始就注重易分解、可降解、可循环设计，比在产品的最终阶段去进行处理更有效率。这样减少了再次处理的成本，并且可以更快更经济地把产品送到市场。

(4) 产品管理

产品管理是指减少产品的设计、生产、分销、使用和处理相关的环境风险或问题。企业通过使用产品生命周期分析，决定在设计、生产、分销、使用和处理各个阶段减少或消除废物的方式。认真对待产品管理的企业会寻求污染性更小的替代产品或应用，以消除有污染的材料、能源形式及处理方式。

(5) 全成本环境计量

全成本环境计量指识别和量化一种产品、过程或项目的环境绩效成本。应考虑四种水平的成本：一是直接成本，如劳动力、资本、原材料；二是隐藏的成本，如监测和报告；三是依情况而定的能力成本，如罚款和弥补行动；四是更不可见的成本，如公共关系等。

10.3.2 绿色管理的过程

绿色管理是一个创造卓越环境绩效的持续分析和改进过程。

(1) 审计

对于大部分的企业而言，实施绿色管理最好的选择是从审计开始。虽然一些企业正在执行环境审计，但绿色管理要求企业分析其绿色管理系统的整体状态，而不仅仅是企业对于遵守环境相关法律的表现。竞争性分析提供了审计和商业环境之间连接的桥梁。这种分析进行全景式的扫描，扫描分析竞争者在做什么，环境压力如何，相关法律的回顾，对未来趋势和机会的预测等。

(2) 战略

满足绿色管理目标战略的构建是在企业各个层级上完成的。关键是要使制定的战略真正有效，因为战略只有真正落实才能发挥它的作用。改变管理(change management)是改变态度、过程，以及组织实际思考和行为的方式。

(3) 测量

测量是分析真实的结果与预期目标之间差距的管理工具。例如，法国最大的化工集团罗纳·普朗克化工集团(Rhone-Poulenc)已经开发了一种创新性的环境创新来监测它的绩效，当他们跟踪企业的每一家工厂产生的废物时，震惊于处理后产品的真实成本，并随后开始制定措施进行改进。英国的 Lever Brothers 公司紧密地监测消费者对于它们环境负责性产品的反应。绿色化一定要建立进入价格传递、基于活动的成本计量和其他的计量程序，确保使用真实的信息。

(4) 交流

最后一个环节是交流。信息是什么？它是真实的吗？大部分的企业使用环境作为营销的工具，但是企业应当让企业内部和外部都知道相应的信息。良好的信息可以通过形象、雇员的满意感、利于塑造公共政策等形式来改变企业面临的环境压力。德国的 Schering 公司已经开始意识到，公众并不了解其对于环境承诺的愿景，只专注于科学的企业文化使企业对外宣传环境愿景方面做得并不太好。意识到这些之后，他们开始积极打破壁垒，并在社会上宣传自身正在实施的绿色管理活动。

10.3.3 绿色管理的要素

企业想要成功地实施绿色管理需要重点关注以下要素。

(1) 顶层管理者的支持和承诺

顶层管理者认识到绿色管理实践的重要性并且愿意采取行动是极其重要的。因为环境相关部门涉及大量的企业内部机构，而且成本通常是很高的，如果具有来自于顶层的支持就会更加容易。顶层管理者支持的缺乏是绿色管理最重要的障碍。对于大部分的企业来说，顶层管理者只是在经历了多次的环境相关的惩罚和制裁之后，才会决定执行环境相关的政策。管理层应当从其他企业过去的经验中学习，并且更少地去质疑那些为环境问题付出相关努力的人。记录和量化环境问题相关的成本通常有助于高层管理者对于绿色管理做出积极的反应。

(2) 相关环境问题的整合

一致性且影响广泛的政策是企业绿色管理的基础。如果没有认真构思的指导性政策，培育企业内部良好的绿色管理实践承诺是极其困难的。一些企业的与环境问题相关的政策很详细，但是其他的政策却很简略。环境相关政策应当包括以下最基本的目标：遵守环境相关的法律是企业的政策之一，是每一个成员的责任，企业的运营和新产品的开发应当采用对环境无害的方式。有一些企业制定了更加详细的目标，如规定了降低污染的水平，为绿色管理提供了激励。企业文化应支持企业的环境政策，以增加员工执行的意愿。政策的声明应当转化为真实的策略、过程和活动。目标应当足够严格，从而确保对环境的保护，同时具有一定的灵活性。例如，绿色管理在一些没有完善的环境相关法律的国家可能特别麻烦。在这种情况下，管理者应当咨询企业的环境政策，从而决定绿色管理的水平。

(3) 企业与商业单元成员之间的有效界面

只有当企业和商业单元成员之间的有效界面存在时，有力的顶层支持和环境策略才是有效的。这样的界面是组织结构合适的结果，企业和商业单元人员之间存在高水平的信任和尊重，企业内部具有完善的报告制度和实践。有的企业具有高度离散的环境项目，在这种项目中商业单元执行所有的绿色活动；还有的企业则维持集中性的结构。选择一种形式匹配组织的结构和文化很重要。如果一个企业是高度多元化的，并且具有自主运营的商业单元，离散化的形式可能更好。如果一个企业具有离散化的环境问题，集中式的形式可能会导致很多相关的问题难以有效地解决。共同信任和尊重对于不同单元之间的运营和协调也是很重要的。周期性的会议和任务会增强信任和尊重。组织结构一定要培育有力的垂直和水平的报告关系。环境管理部门不会是非常有效的，除非它在企业的生产、咨询、公共关系、政府关系、研发、融资等多方面、多个层级上有紧密的报告关系。

(4) 高水平的员工意识和训练

最成功的企业会在组织的各个层级上发展环境伦理，员工的环境伦理是通过员工的意识和训练项目传递的。有的企业依靠自身的相关培训，还有的会聘请外部的咨询机构来进行相关培训。这些培训项目应当传递绿色管理行动的承诺。这些项目应当定位于常见的环境问题，检测环境问题的原因，如何对问题做出反应。传递对环境的承诺是非常重要的，它使得员工知道何时应该做出反应，如何做出反应。

(5) 科学高效的评价体系

现实中，很多企业的环境部门花费了大部分的预算在审计上。这些审计一般有三种形式：一是从上到下的审计，企业环境部门的相关人员对企业各层级的绿色活动进行审计；二是自我分析的审计，每一个商业单元自身去寻找问题和纠正问题；三是第三方审计，依赖于外部的专业机构进行审计。每种方法都有不同的优势和劣势。从上到下的审计和第三方审计可以保证企业在各个层级对于环境任务的执行，但也有可能出现消极影响，因为审计人员不可能对于所有的部门和层级的相关环境问题都熟悉。自我分析的审计则没有这方面的问题，但是也存在没有外在监督，从而没有动机去完全发现环境问题和改进环境问题的风险。由此，对于评价体系中获得的信息，一定要转变为有效的计划，从而及时纠正相关的环境问题。

(6) 坚实的法律基础

企业很大部分环境相关的成本和责任源于对于法律问题不恰当的处理。合适的处理会帮助企业规避潜在的环境相关的法律风险。不同企业的环境部门与外部法律咨询机构之间的关系也有很大的不同。有的企业的环境部门会聘请法律相关人员作为自己的成员，有的企业却依赖于聘请外部的专家。

(7) 建立环境问题的责任制

由于企业遭遇环境问题的具体原因通常很难确定，因此，企业中各部门会互相推诿。管理者或员工可能想快速获得升迁，或者换到其他更好的企业去，很少有动力去关注环境相关的问题。如果没有建立完善稳固的环境问题责任制度，忽略环境相关的问题或者把环境问题推给其他人都是非常容易的。一些企业试图通过建立基于环境绩效评价或奖励的责任制，使员工关注环境相关问题。虽然有很多激励政策用于质量改进或产品创新的活动，但是关于环境问题的奖励政策仍然较少。

10.3.4 绿色管理的步骤

(1) 分析环境相关风险

由于管制和责任问题涉及面非常广泛，企业必须识别出与绿色管理项目实施有关的所有的部门、人员、运营单元。一些企业发现其潜在曝光度远远高于预期，于是，在一些公共和法律责任之下，企业虽然并不承担污染产生的责任，但是仍然具有减少污染的责任和义务。如一家运送有害化学物品的运输公司，或者确定有害物质填埋场所的企业。识别了潜在风险曝光的范围和水平，可以帮助企业设计有效的环境计划项目，并且决定相应的投入水平。识别风险最常见的方式是针对所有设施开展环境分析或审计。这些分析或审计应当包括识别生产过程及使用的化学物品，识别出所有相关的管制要求，识别出执行实施环境相关项目需要的人员和组织结构，分析当前环境管制计划的遵守水平，识别环境管制计划之外的潜在风险来源，依据环境管制计划和风险对所有设施进行排序。类似这样的报告应当包括所有相关的信息，从而为企业的战略和政策决策提供支持。

(2) 计算绿色管理的成本，并且在企业范围内推进实施更好的绿色管理实践

实施绿色管理项目可能成本非常高、消耗时间、负担沉重，因而企业的高层领导和部门负责人可能不支持绿色管理项目，除非他们明确了放弃绿色管理实践会产生的全部潜在成本。对于很多企业来说，一项环境成本/收益分析可能会给绿色管理实践的实施提供有力的支持。成本可以通过上述的审计过程被确定和识别出来。风险的范围一旦被确定，就可以通过经济学、工程学和法律性的估计预测出潜在的责任和企业可能面临的支付成本。

(3) 寻找管理者

管理者对于绿色管理项目的成败是非常关键的。环境问题的多样性和推动绿色管理实践面临的困难需要有天赋的管理者推进。管理者的职能技能（如法律、工程等）并不是最关键的，而是需要具有管理技巧并且受到员工尊敬，具有企业内部和外部的关系网络，与顶层管理者具有良好的沟通和互动关系。

(4) 组织结构设计与优化

一些企业尝试通过用影响最小的方式把绿色管理项目融入企业已有的组织结构中，虽然这种方式可能会取得成功，但是大部分的绿色管理项目却要求投入很多的努力。在一些企业中，需要建立以处理重大的环境相关问题并直接向 CEO 报告的独立机构。另外，企业可能会需要重新构建部门，从而与环境管理部门建立一种有效的环境问题报告关系。如果不能开发出一种适合的组织结构和有效的报告关系，绿色管理项目将面临很大的失败风险。

(5) 管理和使用信息流

发现环境问题并对其做出回应，需要大量的相关信息。对于任何一个环境相关的问题，管理者可能面对大量的科学数据、冗长的法律条文、管制要求、融资或审计部门的数据等。消化和整合这些信息，极其消耗时间。因此，企业应该聚焦于开发出一种能够分析各种有用、可理解的信息，并可以在整个组织使用的系统。管理信息的流动意味着决定哪些信息是需要的，谁需要，需要以什么形式传递。在理想情况下，信息的整合和分析应当在最接近信息来源的位置完成。同时，对于信息的开发和消化，企业应当建立交流和责任分配的指导原则。管理者应当积极寻求一线员工的反馈。面临巨大环境问题的企业组织应当考虑投资建立信息管理系统。系统的复杂性可能由于具体需要有所改变，但是应该尽可能保持简单。最主要的目标应该是在组织内部和顶层管理层中分解信息，信息应该是可获取和可理解的。

(6) 重新评估和改革已有的绿色管理项目

法律和监管强迫绿色管理持续发展，并且根据新的法律、政策、监管要求等改变。但

是当环境部门要求推行相关改变时却常常遇到困难。具有绿色管理项目的企业应当确认相关项目是有效的,并且周期性地检查相关管制要求的变化。当相关法律和管制要求发生变化时,应当努力去推进企业绿色管理项目进行适当的改进和调整。

(7) 设定优先性,满足目标义务

当今激烈的竞争环境和成本降低的要求,正在引导企业把优先权放在可以使企业获得竞争优势的项目上,通常在这些优先权中被忽略的是与绿色管理相关的项目。由于在短期来看,绿色管理需要大量投入,对于企业的经济绩效可能是负面的,很多管理者常常难以看到给予绿色管理项目优先权的益处。但是绿色管理不是短期性的,它是关乎长期的。如果被企业忽视,将会严重损害企业当前的平衡状态和未来的形象。虽然积极投入绿色管理需要时间、努力和资金,回报却远远超出这些方面。

10.3.5 绿色管理的阻碍

如今的绿色管理涉及供应链的方方面面,其实施过程可能会遇到来自各个环节的阻碍。

(1) 绿色需求不足

目前,我国仍处于发展中国家阶段,面临的环境形式较为严峻。国民接受绿色营销的时间较短,绿色消费者仅是少数,绝大多数消费者尚未形成绿色消费的观念,甚至一些消费者不知道绿色消费,更无法形成内在的绿色需求,进而难以对企业的绿色营销形成强大的购买力。

(2) 绿色观念落后

绿色管理要求企业将环境保护与企业经营决策相结合,开展以保护生态环境为中心的经营活动,其结果不仅要满足消费者需求与获取利润,更要达到社会、经济与生态环境协调发展的目标。企业只有及时调整并转变管理观念,才能成为市场营销中的胜利者。我国绝大多数企业的生产经营仍是在一味追求近期和微观效益的观念下进行的,对眼前利益考虑得多,对环境保护和社会长远利益考虑得少。

(3) 绿色模式欠缺

由于受到传统的生产和经营模式影响,一些企业的经营观念受到传统模式的严重束缚,对绿色营销知之甚少。在生产中仍存在浪费资源、污染环境的现象,经营中同样没能体现出绿色营销的做法。不少企业对消费者绿色需求导致消费需求的变化、绿色问题引起企业竞争能力的差异、环境问题所开拓的新的市场机会等缺乏应有的认识。

(4) 绿色生产滞后

绿色管理的前提是要生产出绿色产品,解决消费环节污染的根本方法需要通过改善生产环节来实现。我国一些企业由于生产方式滞后,投入高,产出低,不仅浪费能源,还产出大量的工业"三废",如果继续沿用这种生产管理方式,必然对环境造成更大的污染,所生产的非绿色产品也将逐渐失去市场。

(5) 绿色创新不足

绿色管理对我国企业的创新策略提出了挑战,首先绿色新产品必将取代非绿色产品逐步成为管理活动的中心,而我国一些企业却普遍缺乏开发绿色产品的紧迫感,现有绿色产品的创新水平也有待提高。同时，企业很少考虑所用材料的环保性，没有将环境保护方面的费用科学地计入成本从而确定绿色价格，特别是一些生产绿色产品的先进企业，还没有担负起绿色信息的传播者、宣传者的责任，缺乏引导绿色消费、开辟绿色市场的时代创意。

(6) 绿色保障薄弱

绿色管理作为一种全新的思想，对协调企业、消费者、社会利益具有重要作用，但它需要政策等外部保障体系的支持。我国近年来在绿色管理上取得了一些进步，但总体来说，还是比较落后，欠缺完善坚实的保障体系，零星分散的环保措施显得有些乏力，与发达国家还有差距，这也容易导致我国的出口产品很难符合发达国家制定的环保标准，从而阻碍了产品的出口和外向型经济的发展。

(7) 绿色愿景不强

在我国，一些企业过度关注外部市场，而忽略了企业的生产活动对外部环境造成的影响，企业管理人员对环境和绿色会计的重要性认识还不够全面，把过多的注意力放在了加强企业的经营与经济效益的管理上，而并没有认识到树立良好的绿色会计的重要性。我国企业绿色环保和环境责任意识不强，"重经济轻环境"的思想和"先污染后治理"等行为较为普遍，企业往往只顾眼前利益，环境保护观念淡薄，对绿色会计建设重视不够。

(8) 绿色核算不全

就我国目前的情形来看，虽然一些企业表面上提出了绿色会计的概念，但是很多事业单位的会计核算中对环境因素与经济因素并未充分考虑，甚至还出现了很多危害环境的现象。绿色会计通过提供的关于环境资源信息，可以使信息使用者了解企业的环境状况，并对其做出正确的评价。但是，在实践过程中，与企业的绿色会计信息相关的企业社会责任以及环境状况和日后影响未充分及时披露，导致绿色会计信息披露不完善。

10.4 绿色管理的评价

本节将从绿色管理实施的内外部以及前后端等视角，探讨绿色管理评价的设计思路。

10.4.1 绿色管理评价的外部驱动

(1) 环境管制

在过去的几十年里，随着公众要求政府设定环境方面的管制和法律限制，从而降低对环境的污染和破坏，致使企业的环境责任大大增加。例如，在20世纪70年代，在美国约有2000项联邦、州和地方性的环境相关的法律，而当前相关的法律已经超过了100 000项。针对环境保护的联邦法律已经超过了税务相关的联邦法律数量。一个环境管理的控制—命令系统已经成为环境性、健康和案例项目得分，以及数以千计的联邦、州和地方性的标准、管制和指导准则的基础。

(2) 费用成本

不遵守环境相关的法律和管制给企业带来的法律和道德危机的代价正在变得越来越大。以美国为例，美国联邦政府正在加大环境管制的执行力度，强化企业管理者的处理环境污染的责任意识，美国环境保护局开展和执行针对企业的大量的环境保护行动。如果只是遵守去年的环境相关法律，在接下来的一年中可能会需要数以千万美元的环境相关的成本，这促使其推进更长远的绿色管理实施。

(3) 利益相关者

建立在削减浪费和降低成本的基本管理准则之上的积极企业环境战略，也是对消费者和股东需求的回应。寻求满足多种利益相关者的企业已经发现，积极的绿色管理需要企业不仅遵守政府的相关法律和管制制度，这种战略要求企业更加有效地利用企业的智慧去重新定义企业的使命，塑造企业的价值系统，在整个组织范围内寻找新的管理改变，加强教育和训练，调整组织行为。对企业而言，为了满足多方面利益相关者对于环境日益提高的要求，需要在现金流、赢利性和环境保护之间寻求平衡。

(4) 行业竞争

全球市场的扩张和国际性交易准则的扩散正在驱动环境质量管理国际标准的形成。例如，截至1996年，国际性的竞争就已经迫使99个国家中超过127 000家企业通过了ISO9000系列认证。全面质量管理对于商业如何看待管理系统具有深远的影响，并且间接促进了企业环境绩效的提升。商业领袖们关于环境保护竞争优势重要性的认可日益增强，正在导致新一轮的环境战略和企业战略的整合。

10.4.2 绿色管理评价的内部要因

(1) 市场机会

消费者日益高涨的环境意识和绿色消费观念，已经为市场提供了推广已有产品优势或引入新的绿色产品的新机会。丹麦的Danfoss公司一直在制造节约能源的恒温器，但是直到最近才有机会推广其产品的环境优势，创造出了相对于竞争对手的真正的竞争优势。顾客愿意付出高于竞争对手20%的价格购买Danfoss公司生产的节约能源的产品。丹麦的制药公司Novo Nordisk销售制造过程中可以在常温使用，并且减少有毒化学物质的洗涤剂酶。顺着产业链向下，Novo Nordisk公司生产的酶允许Lever Brothers公司营销更加浓缩的、效率更高的、可在更低洗涤温度使用的洗涤用的粉末。

(2) 战略规划

企业可通过影响新立法的发展，设定时间表，改变其他人的行为，提高消费者的意识等形式，来设定环境议程。高于当前环境相关法律标准的企业可以使政府采用他们的标准，创造出超过竞争对手的竞争优势。同时，对于认真承担环境责任的企业，在政策和公众压力之下，与其他对手相比，会更积极地引进新技术，最终可能获得比原始投资更高的回报。企业也可以对供应商进行更进一步的控制。

(3) 企业形象

公众和立法机构越来越重视公司是否关注环境，良好的企业形象是非常有价值的。形象对于商业的所有运营都具有广泛的影响，包括与管制者的关系、股票价格和公众的关系。政府在批准规划方案和各种许可时，也更加关注企业的声誉。德国的相关机构在处理企业寻求扩张规划的申请时，明确要求企业做出减少环境污染、改善环境绩效的承诺。加拿大国际镍业公司(INCO)由于坚持对环境的承诺而使股价受益。好的企业形象也会带来高的未来价值。

(4) 创新能力

绿色管理可以创造新的机会，而不只是管理风险。明智的企业正在通过把面临的环境压力转变为旅游业、污染控制设备、能源节约、新产品和废物减少方面的新机会来创造竞争优势。加拿大国际镍业公司已经开发了强制企业安装昂贵的污染控制设备的法律，开发了合金洗涤器，并且从废气中重新处理提取有害金属。新的机会也产生于全新的产品创造或已有产品的重新开发。

(5) 竞争优势

先行者优势、组织改变和管理改变，以及建立在独特的环境竞争力，都是企业可以获得竞争优势的方式。世界铝制品行业的巨头彼施涅集团公司通过向顾客保证高于未来法律标准的包装产品而取得了明显的竞争优势。而且通过循环回收等相关工作，它已经可以创造出超出钢铁的竞争优势。加拿大最大的食品分销商 Loblaws 公司在启动它的绿色产品项目之后的两年内，市场价值增长了 2%，股票价格翻了一番。虽然这不能完全归结于绿色项目，但是 Loblaws 公司已经意识到这项计划正在帮助它从竞争者那里吸引顾客，通过强调开放性、交流和参与，绿色管理要求一种灵活的、反应性的组织。

(6) 成本节约

绿色管理观念和实践得到认可的一个主要依据在于：污染是由于废物引起的，而废物就会引发成本增加。大量的企业因改进的运营方式而节省了能源和材料。加拿大国际镍业公司已经计划投资新技术以实现削减能源消耗，减少二氧化硫的产生，并计划节省 550 万美元。新技术和新方法的实施，帮助 INCO 持续保持着产业内成本最低的生产商的地位。迅速上升的废物填埋成本，为企业通过循环材料节省成本提供了真实的激励。但不是所有的成本节约都是可见的，绿色管理可能会产生潜在的节约。例如，一个环境管理的错误可能导致时间的浪费、顾客的流失、大规模的成本清理、法律罚款等。而且通过提早安装环境相关的控制设备，可以避免当前大量的环境管制，节省未来可能不得不投入环境保护的相关成本。

(7) 员工激励

通过鼓励员工参与，帮助他们在工作中产生自豪感。一些成本的节约和态度的改变源于员工自身，绿色管理会对员工产生激励作用并提高他们的工作效率，员工的旷工和病假也会由于工作环境的提高而减少。优惠的政策和宜人的工作环境，是当前吸引高素质人才的重要条件。

10.4.3 绿色管理评价的框架安排

对于绿色管理绩效的评价开始于 20 世纪 80 年代，最早的一项绿色管理绩效评价的尝试是 1989 年环境责任经济联盟（Coalition for Environmentally Responsible Economies, CERES）对美国埃克森公司 Valde 号油轮原油泄漏事件做出的反应。

绿色管理绩效可以为绿色管理评价提供分析性的框架。这个框架一方面需要区分内部和外部成分；另一方面要从过程和结果方面进行区分，从而构建了一个企业绿色绩效矩阵（表 10-2）。过程维度是指审计、环境问题相关工作人员、使命陈述和交流。结果维度通常

表 10-2　企业绿色绩效矩阵

	内部性的	外部性的
过程	组织系统	利益相关者关系
结果	管制遵守	环境影响

包括更多的对于有害排放、泄露、违反管制标准和惩罚的数据。对于利益相关者而言，如消费者和雇员，过程相关的测量似乎更容易理解，对于结果的解释更加困难，因为这些需要背景信息，而且这些信息通常是由企业自己提供的。同时，在美国之外没有关于有害排放注册和配额公开信息的地区，关于结果的相关数据获取非常困难。

对于绿色绩效的评估，需要更多考虑各项活动之间的关系。最近的评估包括国际标准组织（International Standardisation Organisation，ISO）的 14031 标准、全球报告活动准则[Global Reporting Initiative（GRI）guide-lines]，以及世界商业持续发展委员会（Business Council for Sustainable Development，WBCSD）的环境效率指导（eco-efficiency guide）。

ISO14031 是 European Green Table 于 1999 年提出的环境绩效评估标准，这项标准尝试建立绿色绩效的类别标准。它在绿色绩效指标和环境条件指标（与理解绿色绩效相关的情境性因素）之间进行了区分。绿色绩效指标包括管理绩效指标和运营绩效指标。ISO14031 没有覆盖与利益相关者的沟通相关的测量。

GRI 报告中增加了对于与利益相关者沟通的相关指标。这项报告是 CERES 发起的大量的政府、非政府组织和商业组织的共同行动。2000 年发布的指导准则中聚焦于与各类利益相关者进行关于企业的环境、经济绩效、社会绩效进行沟通的数据的搜集和分类化。

在相关基础上提出绿色管理绩效的评估框架。主要包括三个要素：绿色管理指标、绿色绩效指标、环境条件指标。其中，绿色管理指标是指影响组织绿色绩效的管理努力，包括愿景、战略、政策，绿色管理相关的组织结构、管理系统和相关的文档，环境问题的管理承诺，内部、外部利益相关者的沟通。绿色绩效目标又分为两类，一类是绿色运营指标（与生产过程、使用或者处理产品相关的具体行动相关的指标）；另一类是环境影响指标（结果性的指标，如输出、排放、水和能源消耗、废物等）。环境条件指标包括测量整体环境的一些相关指标，如在当地、国家、国际水平上臭氧层的厚度，全球平均气温，海洋中鱼群的规模；在当地、区域水平上，空气、土壤、地表水、地下水中一种具体污染物的集中程度，一种植物周围的人口密度或噪声水平等。

【管理案例】

阿克苏诺贝尔为何能连续四年坐上道琼斯可持续发展全球指数头把交椅？

道琼斯可持续发展指数（The Dow Jones Sustainability Indexes，DJSI）颁布于 1999 年，主要是从经济、社会及环境三个方面，以投资角度评价企业可持续发展的能力。阿克苏诺贝尔已经连续四年在道琼斯可持续发展全球指数中位列第一。《中国日报》记者在 2015 年曾采访了公司 CEO 唐博纳先生，问及"阿克苏诺贝尔为什么能保持可持续发展方面的领导地位"，以下是唐博纳回答的节选：

"多年来，可持续发展一直是阿克苏诺贝尔的战略核心。我们不仅采用可持续性的技术和产品,而且将更多创新技术带给客户,令其满足更高的可持续发展标准。在过去10年,阿克苏诺贝尔位居道琼斯可持续发展全球指数前三,过去四年则连续第一。这与我们多年来的不懈努力密不可分。我们的员工深谙可持续发展的意义,因此,他们改变自己的行为和思维方式,让我们的产品和技术具备了可持续发展的优势。我很高兴地看到,中国的客户选择阿克苏诺贝尔产品不只是因为产品的质量,他们更愿意与我们讨论产品的可持续性。"

"多一点创新、少一些传统解决方案;多使用可再生能源和材料、减少使用化石能源;多关注价值链、减少内向思维。因此,我们采取了大幅提升效率的策略,在这个有限的世界里,与客户和供应商共同开拓无尽的可能性。"

通过以上回答可见,"可持续发展是我们的业务,我们的业务就是可持续发展"。而且,资料显示,阿克苏诺贝尔不仅对供应商在可持续发展方面有一定的要求,公司在招募新员工时,会对新员工进行培训,将可持续发展的理念灌输给每一个员工。而公司的发展方向也是以可持续发展为前提,寻求解决方案。如通过涂料实现建筑物的保温;利用涂料减少阻力,降低能耗;使用更多可再生资源作为原材料等。

除了绿色研发上的坚持,在绿色生产上,通过科学的管理手段结合持续完善的改造方案,坚持做到更节气、更节水、更节电。例如,公司下属企业坚持将绿色生态(eco)与色彩(color)结合,力图在所有制作过程中减少污染,降低能源消耗,并致力于绿色技术的研发,生产绿色环保产品,通过不懈努力将绿色理念贯彻始终并衍生至全社会,共同实现保护环境、实现绿色生活的最终承诺,永续大地精彩。

▲ 思考题

1. 请根据案例,进一步查找资料,总结阿克苏诺贝尔的绿色管理举措。
2. 从不同视角谈谈你对绿色管理的认识,以及绿色管理的动因。
3. 结合专业特点,谈谈在本专业领域如何开展绿色管理?
4. 走访身边的绿色企业,探究它们如何进行绿色管理,遇到哪些问题?如何解决?

▲ 百家争鸣

治霾与停产

近年来,河北石家庄晋州市槐树镇为治霾频繁关停工厂,但空气质量仍变差,雾霾时空气质量指数常"爆表"。当地工厂老板揭秘,雾霾来袭,厂子常被紧急叫停,空气转好后,无人监管,设备未改,排污如故;遇上级检查,当地政府提前通知停工,风头一过,机械复轰鸣。

"停停开开,企业迟早会关门。"河北石家庄晋州市槐树镇矿棉厂老板牛国栋突然又接到紧急通知,未来几天将出现重度雾霾,要求马上停工。三天前刚启动的生产设备还在缓慢磨合,拉闸将导致线路出现一系列问题,但他不敢怠慢,紧急停工。

工厂中上百名临时工又被遣散,五份新接的订单被取消。镇政府原本通知2017年1月3日可复工,因雾霾一直不散,开工一再推迟,向客户承诺的交货时间多次更改,一位不明中国国情的迪拜客户觉得被戏弄,中止合作。

牛国栋苦笑,此前停工55天,已损失上百万,这次停工后,雾霾不散,复工或遥遥无期,损失无法估量。

与牛国栋有相同遭遇的还有石家庄几万家企业的工厂老板。2016年11月17日,为了改善连续数月的重污染天气,完成全年$PM_{2.5}$浓度下降10%的考核任务,石家庄重拳出击,推出史上最严"利剑斩污"抗霾行动,要求全市所有钢铁、水泥、焦化、铸造、玻璃、陶瓷、钙镁行业全部停产。

停产期间,槐树镇响应上级号召,展开风暴专项治霾行动,全镇企业基本关停,其中包括并无污染的龙骨厂。39名乡镇干部,每人分包3家企业,全天候监控企业,巡逻到午夜,目标只有一个:不让企业开工。

石家庄其他涉污企业也基本关停,但专项行动45天,全市雾霾不降反升,多日"爆表",甚至空气污染指数破千,当地政府高层对媒体表示:"很着急。"

直到2017年1月9日,治霾专项行动结束的第九天,一阵西北风出面解围,雾霾散去。槐树镇工厂接到通知:有关单位许可后方可开工生产。1月16日,雾霾再次来袭,工厂又被叫停。

近三年,槐树镇运动式治霾行动频繁,企业生存举步维艰。雾霾加剧或领导视察,企业常被勒令停工,动辄一个月三四次,甚至整月关停,风头一过,便无人监管。如此反复,雾霾治理成效甚微,企业订单大量流失,生产成本急剧增加,致使镇上三分之一的工厂破产或外迁,村民失业逃离。

(资料来源:中钢网 http://news.steelcn.cn/a/110/20170206/8941425E47D09F.html)

讨论:
1. 面对因治理雾霾大面积停工,致使工厂破产的情况,你认为该怎么做?
2. 如何看待经济发展与环境治理之间的关系?
3. 如何用绿色管理的理论帮助工厂解决经济发展问题?

第 11 章 管理的未来

【引导案例】

Darby 的顾虑

Darby 通信公司是一家位于美国西岸的中型企业。Darby 公司拥有很多专利,其中有一项是能够在八公里半径范围内通话的无线电话专利。这种电话并不包含什么顶尖技术,而且生产成本极低。因此,中国政府对于在国内生产和销售这种产品表现出极大的兴趣。

Darby 公司与中国政府在最初的讨论中达成了以下几项共识:①Darby 将与中国当地的一家企业共同发起成立一家合资企业,这家企业将根据 Darby 的技术要求进行生产;②生产出来的产品将以成本两倍的价格出售,Darby 获得利润的 10%;③Darby 需要对新工厂投资 3500 万美元的生产设备,这些成本在五年内计价折旧得到偿还;④北京市政府保证每年 10 万只电话产品的销售底线,如果达不到,政府方面将会购买以抵补差价。Darby 公司管理层现在还不能确定这究竟是不是一笔好买卖。他们担心这项技术一旦公开,中国方面是否会抛开他们而自行生产这些电话。因为这项专利技术并不高深,真正的利益来自于低成本的生产,因此,对于专利技术的保护很困难。

对于这个问题,中国政府承诺与 Darby 公司签署一份书面合同,同意如果就合同的执行问题发生争执,任何一方都有权利将对方告到海牙国际法庭以求裁决。如果发生这样的情况,任何一方都将各自承担诉讼费用,但是中国方面承诺将接受国际法庭的一切裁决。

Darby 公司有 30 天的时间考虑是否与中国签订合同。在这之后,中国将与一家很大的欧洲通信公司就一个很大的合作项目进行谈判。但是 Darby 公司的低成本对于中国政府来说似乎更有吸引力。无论如何,中国政府都已决定在中国境内进行蜂窝电话的大规模生产。

"我们的未来一定是和高科技通信紧密相关的,"中国财政部部长最近对 Darby 公司总裁说,"这也是为什么我们希望能够和贵公司合作的原因;你们的电话不仅质量好,而且价格便宜。"听到如此亲切的话语,Darby 公司管理者心中的疑虑稍有消除,但是仍然不能确定这桩买卖到底是不是公司真正想要的。

(资料来源:汪长江,《现代管理学》,2016)

随着各种规模和类型的企业在世界各地进行生产和贸易往来,国家之间的界限变得模糊。Darby 想要与中国合资成立跨国企业,其管理者不仅要考虑中国的政治、经济和技术环境是否对其发展有利,还要考虑对这项无线电话专利技术的保护。如果说诞生在美国的科学管理引发了管理的"第一次革命",那么在人类走向 21 世纪之时,全球的企业管理将迎来以"人性化"的知识管理为标志的管理"第二次革命"。研究如何有效开发利用知识资产去创造财富，以及通过智力资本的投资，保证知识资产的不断增值，已经成为现代管理者不得不考虑的一个重要课题。

11.1 管理理论新发展

自 20 世纪 90 年代以来，随着经济全球化、信息化和知识化的迅猛发展，市场竞争更加激烈，组织及其管理的发展面临新的环境、机遇和挑战。随之而来的是，全球的企业界和管理理论界掀起了新一轮的管理变革浪潮，在现代管理理论的基础上，许多新型的经营管理理念、方法和模式应运而生。本节仅从知识管理、学习型组织、企业再造几个方面介绍管理理论的新发展。

11.1.1 知识管理

(1) 知识管理概述

知识管理是网络新经济时代兴起的管理思潮与方法。早在 1965 年，管理大师彼得·德鲁克就预言道："知识将取代土地、劳动、资本与机器设备，成为最重要的生产因素。"他还提出，"21 世纪的组织，最有价值的资产是组织内的知识工作者和他们的生产力"。20 世纪 90 年代以来，在信息化蓬勃发展的背景下，知识管理与信息技术紧密结合，共同构建组织的商务职能，并成为组织核心竞争力的源泉。所谓知识管理(knowledge management, KM)就是在组织中构建一个人文与技术兼备的知识系统，让个人与组织的知识和信息，通过获得、创造、分享、整合、记录、存取、更新和创新等过程，不断地回馈到知识系统内，使知识和智慧永不间断地累计和循环，成为组织的智慧资本，从而有助于组织做出正确的决策，以适应市场变化。

知识管理是信息管理发展的新阶段，它不仅通过信息技术来管理信息，而且更侧重于知识的创造和应用，还注重对人的管理和对人的智力的开发。知识管理涉及许多相关的研究领域，如学习、创新、教育、记忆、文化、人力资源管理、心理学、脑科学、管理科学、信息科学、信息技术、图书馆学和情报学等，这些都和知识管理联系在一起。它并不单纯是一种管理理论，而是涉及从技术到管理，再到哲学的多个层面。

(2) 知识管理的主要内容

①组织内部知识的交流和共享　知识只有在交流中才能得到发展，也只有通过共享和交流才能产生新的知识。有四种方式可以加强和实现组织内部的信息交流和共享：建立内部信息网，以便员工进行知识交流；利用各种知识数据库、专利数据库存放和积累信息；在组织内部营造有利于员工交流和验证知识的宽松环境；制定激励政策鼓励员工进行交流，以促进组织内部知识的生产。

②外部知识的获取、消化和吸收　组织要不断地创新就必须积累和扩大组织的知识资源，而这种知识积累不能仅依靠组织自身的知识，还要注重从外部获取相应的知识，并进行消化和吸收，成为组织自己的资源。例如，关于供应商、用户和竞争对手等利益相关者的动向报告，专家或顾客的意见，行业领先者的标杆等，都可以成为组织外部知识的

来源。

③知识资源与产品及服务的融合　知识管理的直接目的是组织创新，组织创新是使组织的知识资源转化为新产品、新工艺核心的组织管理方式。所以，知识管理的一个重要内容就是明确组织在一段时间内所需要的知识以及其开发的方式和途径，保证组织知识资源的积累和扩大与组织的产品、服务和生产过程紧密结合，以贯彻相应战略思想。

④组织知识资产的管理　组织知识资产管理的内容主要包括四个方面：市场资产、知识产权资产、人力资产和基础结构资产。市场资产是组织所拥有的、与市场相关的无形资产，包括各种品牌、客户、社会关系、备用存货、销售渠道和专利专营合同协议等。知识产权资产包括技能、商业秘密、版权、专利和各种设计专有权，以及贸易和服务的商标等。人才资产是指群体技能、创造力、解决问题的能力、领导能力和组织管理技能等，所有这些体现在组织成员身上的才能构成了人才资产。基础结构资产是使组织得以运行的那些技术、工作方式和程序，包括组织文化、评估风险方式、管理销售团队的方法、财务结构、市场和客户数据库等。

(3) 知识管理的实施步骤

①认知　是组织实施知识管理的第一步，其主要任务是统一组织对知识管理的认知，梳理知识管理对组织管理的意义，评估组织知识管理的现状，帮助组织认识是否需要知识管理，并确定知识管理实施的正确方向。认知的过程有两个关键点：第一，组织文化和管理模式对采用何种制式管理实施方法有着决定性的作用，因此，不应忽略组织文化和组织管理的现状；第二，知识管理的推广需要组织结构、业务流程和绩效管理机制的配合，因此必须得到组织高层的重视，并将知识管理提升到战略高度，这样才能保证知识管理的顺利推进。

②规划　建立在对知识管理现状、知识类型和业务流程进行详细分析的基础上。在规划中，必须注意知识管理只是过程，而不是目的，不能为了知识管理而进行知识管理，必须把管理融入到组织管理之中，才能充分发挥知识管理的实施效果。

③试点　是指按照规划选取适当的部门和流程进行知识管理的局部实践，并从短期效果来评估知识管理规划的效果，同时结合试点中出现的问题对规划进行修正。知识管理系统实施难度较大，需要建立强有力的项目保障团队，做好业务部门、咨询公司和系统开发商等方面的协调工作。

④推广　推广的目的是在试点阶段不断修正知识管理规划的基础上，将知识管理规划在组织内进行大规模推广，以全面实现其价值。推广的具体内容包括五点：将知识管理试点部门的实践成果在组织的其他部门进行复制；将知识管理全面融入组织的业务流程和价值链；初步建立知识管理制度；全面运用知识管理系统；全面运行学习型组织、头脑风暴等知识管理提升计划。

⑤制度化　制度化阶段既是知识管理项目实施的结束，又是组织知识管理的一个新开端，同时也是一个自我完善的过程。要完成这一阶段的任务，组织必须重新定义战略，并进行组织构架及业务流程的重组，准确评估知识管理在组织中的实现价值。这时，组织开始意识到知识管理是组织运作的一种战略，而且有必要成为组织运作机制的一部分，从而把知识管理全面融入组织战略、流程、组织结构和绩效管理等体系。

11.1.2 学习型组织

(1) 学习型组织概述

学习型组织的提出是现代管理的一个重大创新成果。彼得·圣吉(Peter M. Senge)于1990年出版了《第五项修炼》一书,立即引起了管理学界的轰动。彼得·圣吉也被誉为20世纪90年代的管理大师和"学习型组织之父"。

系统思考的能力是一种运用整体和动态的观点,将组织的各种事物在时空上联系起来思考的能力。这正是现代组织所欠缺的,因为现代组织分工、负责的方式将组织切割,使得组织的不同成员的行动在时空上相距较远,当不需要为自己的行动结果负责时,人们就不会去修正其行为。为此,需要构建学习型组织,使组织成员通过有效的学习,自觉修正自己的行动,以符合系统的整体性和动态性要求。

所谓学习型组织(learning organization),是指通过培养弥漫于整个组织的学习气氛、充分发挥员工的创造性思维能力而建立起来的一种有机的、高度柔性的、扁平的、符合人性的和能持续发展的组织。学习型组织包含一些学习团队形成的社群,它有崇高而正确的核心价值、信心和使命,具有强韧的生命力与实现共同目标的动力。人们在学习型组织中,能够不断获得创造未来的能量,培养全新、前瞻而开阔的思考方法,以系统的观点去解决问题,从而全力去实现共同的愿望。学习型组织能够树立持续学习、终生学习和共同学习的信念,不断进行组织再造,以便在剧烈变化的外在环境中维持和提高组织的竞争力。

(2) 学习型组织的五项修炼

第一项修炼:自我超越。自我超越(personal mastery)的修炼过程会历经不断深入学习,加深个人的真正愿望;集中精力,培养耐心;不断认识自己,客观地观察现实,认识外界的变化,不断地赋予自己新的奋斗目标;由此超越过去,超越自己,迎接未来。自我超越是学习型组织的精神基础,组织整体对于学习的意愿与能力,根植于每个成员对学习的意愿和能力之中。

第二项修炼:改善心智模式。心智模式是根深蒂固于每个人心中或组织之中的思想方式和行为模式,它影响人或组织了解这个世界和采取行动的许多假设、成见、图像以及印象。个人与组织如果不了解自己的心智模式,就会对自己的一些行为无法认识和把握。改善心智模式(improve mental)的修炼就是要把镜子转向自己,学会发掘内心世界的图像,进行严格审视,发现和克服弱点,并加以改善。在这个过程中,需要学会有效地表达自己的想法,以开放的心灵容纳别人的想法,以利于不断改善自己的心智模式。

第三项修炼:建立共同愿景。共同愿景是组织成员所共同设想和期待的理想愿望的未来图景。建立共同愿景(building shared vision)的修炼是指组织必须建立起全体员工都衷心希望实现的共同目标,这样大家就会努力学习,协作工作,追求卓越。其中的关键问题是必须学习一套发掘共有"未来景象"的技术,以建立使组织成员主动而真诚地奉献和投入的共同愿景。如宝丽来公司的"立即摄影"、福特汽车公司的"提供大众公共运输"、苹果电脑公司的"提供大众强大的计算能力"等,都是组织共同努力的愿景。

第四项修炼:团队学习。团队学习(team learning)的目的在于充分发挥整体协作的力量。当团队真正地进行团队学习的时候，不仅使团队整体取得出色的成果，也使得每个成员成长的速度比其他的学习方式快。团体学习的修炼从深度汇谈开始。深度汇谈是一个团体的所有成员提出心中的假设，自由交流想法，从而真正实现一起思考，获得比个人深入的见解和方法。深度汇谈的修炼也包括学会找出有碍学习的互动模式。

第五项修炼：系统思考。系统思考(system thinking)的修炼就是要培养人与组织进行系统观察和系统思考的能力。在现有的组织中，组织如果缺乏进行整体思考的主动性和积极性，就会造成成员们把眼光局限于常规的本职工作，忽视了那些细微却不寻常的变化，固守经验，一旦出现问题就常常归罪于其他部门。

(3) 学习型组织的领导

学习型组织的形成是从组织领导人的头脑中开始的。学习型组织需要有头脑的领导，他能理解学习型组织，并能帮助其他人获得成功。学习型组织的领导具有以下三个作用：

①设计社会建筑　社会建筑是组织社会中看不见的行为、态度、结构和程序等。组织的社会建筑设计的第一个任务是培养有组织目的、使命和核心价值观的管理思想，用来指导组织成员；第二个任务是设计支持学习型组织的新政策、战略和结构，并进行安排实施，以促进组织新的行为；第三个任务是设计有效的学习程序，并通过领导的创造力，保证它们得到理解、改进和有效执行。

②创造共同愿景　共同愿景的设想是由领导或员工提出，经过共同讨论形成组织的愿景。创造共同愿景是学习型组织领导的一项重要任务，能够体现组织与员工所希望的长期结果，所以必须得到广泛的理解并被深深铭刻在组织和成员之中。在实际工作中，员工可以自己自由地识别和解决眼前的问题，以利于组织愿景的实现。如果没有提出协调一致的共同愿景，员工就不会为组织整体效益的提高而行动。

③培养服务型领导　学习型组织需要那些愿意为他人和组织的愿景而奉献自己，并主动为他人服务的领导者。而那种试图靠自己一人建立组织的领导者形象不适合学习型组织。学习型组织的领导者应将权力、观念、信息分给大家，将自己奉献给组织，为下属和员工提供有利于实现组织愿景的各种服务。

需要说明的是，学习型组织领导面对的是一种横向结构。学习型组织是一场面向知识经济的组织结构的革命，是更人性的组织模式。学习型组织废弃了使管理者和员工之间产生距离的纵向结构，同样也废弃了使个人与个人、部门与部门相互争斗的支付和预算制度。团队型横向结构是学习型组织的基本结构。在学习型组织里，实际上已经排除了老板，团队成员负责培训、安全、安排休假、采购，以及进行工作和支付的决策。在组织经营活动的全过程中，人们一起工作为顾客创造产品和提供服务，部门之间的界限被减少或消除。而且，组织之间的界限也变得更加模糊，组织和组织之间以前所未有的方式进行合作。新兴的网络组织和虚拟组织就由若干个组织组成，它们为了达到某种共同目的而联合起来。这些新的组织结构为适应迅速变化的竞争条件，提供灵活的组织模式。

【管理案例】

华为的"学习型组织"是如何炼成的？

世界经理人做了一项"构建学习型企业"的调查。初步的调查结果显示，55%以上的受访人认为华为是最符合"学习型组织"的企业。创立于1987年的华为,历经30年的成长,从籍籍无名成长为手机行业的领头羊。截至2014年年底,华为公司掌握的技术专利数量已在行业内处于领先位置。这显然是组织学习与创新学习的结果。有人说,正是学习型组织的构建,使华为公司成长为有竞争力的世界级公司。为了建立学习型组织,华为做出了以下四方面的努力:

(1) 学习动力

如何才能让新员工主动学习、提高自己呢?华为采取的办法是全面推行任职资格制度,并进行严格的考核,从而形成了对新员工培训的有效激励机制。除任职资格制度外,华为还通过严格的绩效考核,运用薪酬分配这个重要手段,来实现"不让雷锋吃亏"的承诺。华为就是通过这样的方式,来识别最优秀的人,给他们更多的资源、机会、薪酬和股票,以此牵引员工不停地向上奋斗。

(2) 导师制

华为是国内最早实行"导师制"的企业。华为对导师的确定必须符合两个条件:一是绩效必须好;二是充分认可华为文化。这样的人才有资格担任导师。同时规定,导师最多只能带两名新员工,目的是确保成效。华为规定,导师除了对新员工进行工作上指导、岗位知识传授外,还要给予新员工生活上的全方位指导和帮助,包括帮助解决外地员工的吃住安排,甚至化解情感方面的问题等。

(3) 岗位轮换、人才流动

华为员工的"之"字形个人成长,是指一个员工如果在研发、财经、人力资源等部门做过管理,又在市场一线、代表处做过项目,有着较为丰富的工作经历,那么他在遇到问题时,就会更多从全局考量,能端到端、全流程地考虑问题。任正非一直强调干部和人才的流动,形成例行的轮岗制度,并要求管理团队不拘一格地从有成功实践经验的人中选拔优秀专家及干部。

(4) 授权与决策

华为强调"让听得见炮声的人来呼唤炮火",就是要求"班长"在最前线发挥主导作用,让最清楚市场形势的人指挥,提高反应速度,抓住机会,取得成果。这要求上级对战略方向正确把握,平台部门对一线组织有效支持,"班长"们具有调度资源、及时决策的授权。其基础是组织和层级简洁(比如三层以内),决策方式扁平,运营高效。这样战争的主角——优秀"班长"就在战争中主动成长,从而成为精英中的精英。

(资料来源:中国人力资源网)

11.1.3 企业再造

(1) 企业再造概述

企业再造(re-engineering)也译为"公司再造""再造工程",是20世纪90年代开始在美国出现的关于企业经营管理方式的一种新的理论和方法。20世纪80年代初到90年代,信息技术革命使企业的经营环境和运作方式发生了很大的变化,西方发达国家经济经过短暂的复苏后又重新跌入衰退状态,许多规模庞大的公司组织结构臃肿,工作效率低下,难以适应市场环境的变化,出现了"大企业病"的现象。研究发现,公司进行作业流程的重构是提高企业效率和效益的根本出路，而这种流程的改造不仅仅是财务部门的问题，还应当从整个企业流程的改革入手。

企业再造是指针对组织业务流程的基本问题进行反思，并对它进行彻底的重新设计，以便在成本、质量、服务和速度等当今衡量组织业绩的重要指标上取得显著的成果。组织在当今环境下，需要面对顾客、竞争和变化三方面的挑战，组织不再需要、也不再适宜根据传统的劳动分工原理去组织自己的工作，以任务为导向安排工作岗位的做法已经过时。取而代之的是，组织应以流程为中心去安排工作，也就是实行企业再造。企业再造包括组织战略再造、组织文化再造、组织营销再造、组织结构再造、组织生产流程再造和组织质量控制系统再造等内容。

(2) 企业再造的主要程序

① 原流程的分析　原流程的分析需要根据组织现行的作业流程，绘制细致、明了的作业流程图。一般地说，原来的作业程序是与过去的市场需求和技术条件相适应的，并由一定的组织结构和作业规范作为保证。当市场需求和技术条件等变化使现有作业流程难以适应时，作业效率或组织结构的效能就会降低。因此，需要从现有作业的功能障碍、重要性和流程再造的可行性等几个角度来分析现行流程中的问题。

② 流程改进方案的设计与评估　流程改进方案的设计与评估是组织为了设计出更加科学、合理的作业流程，群策群力、集思广益并鼓励创新，提出多种流程改进方案。然后对这些方案从成本、效益、技术条件和风险程度等方面进行评估，选取可行性强的最佳方案。

③ 企业再造实施方案的制订　组织作业流程改进方案确定后，需要制订更加详细的实施方案和计划。企业再造的实施需要以相应组织结构、人力资源配置方式、业务规范、沟通渠道甚至组织文化作为保证，必须以流程改进方案为核心，形成系统、详细和可行的企业再造实施方案和计划，才能达到预期的目的。

④ 企业再造的实施与持续改善　企业再造的实施必须精心组织，谨慎推进。既要态度坚定，克服阻力；又要积极宣传，达成共识，以保证企业再造的顺利进行。此外，再造工程的实施并不意味着组织再造活动的终结。在社会发展日益加快的时代，组织总是不断面临新的挑战，这就需要对组织再造方案不断地进行改进，以适应新形势的需要。

(3) 企业再造的效果与问题

企业再造在欧美的企业中受到了高度的重视，因而得到迅速推广，带来了显著的经济效益，涌现出大批成功的范例。在企业再造取得成功的同时，人们也看到了再造工程在组织实施中失败率很高的问题。一项调查表明，约有75%的企业再造是不成功的。组织再造理论在实施中易出现的问题主要有以下几方面：流程再造未考虑组织的总体经营战略思想；忽略作业流程之间的联结作用；未考虑经营流程的设计与管理流程的相互关系。

企业再造成功的关键因素包括三个方面：一是人的因素，参加企业再造的人员主要有五类——领导者、流程负责人、再造小组、指导委员会和再造总监，这些人员的能力与工作质量是企业再造成功的关键；二是技术的因素，信息技术的充分应用是企业再造的前提；三是文化的因素，组织文化的再造是企业再造成功的保证。

企业再造对管理理念的革命性意义在于它打破了传统组织的部门职能界限，从而能够使组织更加专注于创造真正客户价值的职能终端对终端的组织流程。正在发生的新一波的再造工程是基于互联网的再造工程。流程不再是各个组织内部的事情，无论是产品的开发、规划与预测，还是一系列其他的流程，都具有了跨组织的性质，客户与供应商也都卷入了整个流程中，互联网实现了跨越组织边界的信息共享，而这更加速了组织之间超越边界的流程再造。

11.2 管理国际化

全球经济的时代，原材料供应、产品市场和商业竞争都在世界范围内进行，而不仅仅限于本地或本国范围。这也是一个受到全球化力量极大影响的时代。经济全球化给全球范围内的采购、生产和销售都提供了巨大的机会。但是，当企业的触角伸向世界各地时，全球化的过程也在不断地改变着传统的商业模式。大型的跨国公司正在逐步转变其本土身份，慢慢地发展成全球公司。这些公司在世界范围内的逐步成长和渗透被一些人视为对民族经济、本地企业、劳动力市场和文化的潜在威胁。随着管理层进入一个全新的、未知的竞争领域，所有这些都带来了巨大的不确定性。

11.2.1 管理国际化的含义

管理国际化(management internationalization)是指企业的管理具有国际(战略)视角，符合国际惯例和发展趋势，能在世界范围内有效配置资源。管理国际化是一个普遍现象，几乎一切管理领域都面临环境扩大化的问题，许多国内管理也需要把国际环境纳入考虑的内容之中，一些原先不可能与国际关系有任何联系的领域也受到变动着的国际环境的影响。管理国际化需要管理人员能够与具有不同教育和文化以及价值观念的员工打交道，还必须应对各种法律、政治及经济因素，因此，企业的管理人员除了掌握一般的管理知识之外，还必须掌握国际企业管理技能以及跨文化沟通的知识与技能。管理者还必须有全球一体化的理念，把被动管理变为主动配合。

在传统的管理中，组织是属于某一国家、民族或地区的组织，组织的运营以自我为中心，组织所在地的政治、经济、文化等方面的状况是组织存在与发展的环境，并且这种环境具有单一性和可预测性的特征，因此，组织运营的外在变量是一个相对较弱的因素，组织可以把对自身利益的直接追求作为组织的目标。

现代跨国界经营的早期阶段是从传统管理模式向现代国际化管理的过渡阶段。与前两个阶段不同，现代跨国界管理既告别了组织的"自我中心主义"，也不同于"国土本位主义"或"民族中心主义"，也就是说，跨国公司的母公司不再以狭隘的民族主义观点对待子公司，而是对于子公司的经营给予相当大的自主权，在子公司的管理层中，尽可能聘用当地公民。这也就意味着，母公司把自己的下属子公司看作是其所在国经济体系中的一分子，是与所在国的政治、经济、文化密切联系在一起并相互影响的；母公司与子公司之间的关系是一种合作关系，保持双向沟通，母公司对子公司的具体管理不做干预。对此，学术界称为"多中心主义"。这样一来，跨国公司既避免了过去那种狭隘的民族主义可能造成的与东道国之间的矛盾冲突，又拥有了国内公司所不具有的种种优势。一方面，由于它们同属于一家跨国公司，能够利用许多不同国家中的商业机会，在经营和生产中相互合作，也能够在全球范围内筹募资金和获取资源；另一方面，由于母公司与子公司之间的关系比较松散，子公司获得了更多的经营自主权，能够根据所在国的情况及时调整自己的经营内容、经营方式，从而比"民族中心主义"时代的跨国公司有更多的灵活性，因而也有了更多的发展机会、更强的生存能力，以及更稳定的利润收入。

跨国公司是全球经济一体化的产物，或者说由于全球经济的一体化，促进了公司组织的发展，出现了跨国公司及复合企业。跨国公司的主要特征就是一个企业可以跨地区、跨国界经营，也可以同时进入不同的市场及互不相干的行业。随着全球经济的迅速发展，这种趋势将有增无减，这类组织则呈现出其独有的组织特点，最为突出的就是管理的国际化。当代跨国公司的管理代表着一个新的管理趋势，即国际化的趋势。也就是说，在今天，管理国际化的具体内涵是跨国公司管理问题，未来可能会成为更多的组织发展类型的选择。所以，管理国际化在当前是指跨国公司的管理，同时又包含着一般管理的一个重要趋势。

在管理学界，有许多人把国际化管理看作是一种特殊类型的"公共管理"，理由是这种管理不能归类为传统具体组织或公司的管理。因为在跨国公司中，企业管理者的地位、身份发生了根本性的变化，所有权与经营权完全分离开来，各个层级上的管理者都是专业管理者。运作层面上，两者的区别也只是公共管理中的管理者所承担的是社会责任，而跨国公司中的管理者所承担的是利润责任，在这些责任实现的途径上却没有区别。因此，管理学家认为，由于跨国公司的发展，管理国际化的普遍化，大量需要的不再是工商管理类的人才，而是公共管理类的人才。

总之，现代跨国公司代表着一个新的管理趋势，甚至有可能意味着一个全新的管理时代，即管理国际化的时代。在这个时代中，不同国家、不同地区、不同民族类型的组织间有着广泛的联系和密切的合作关系。但是，它们之间很少存在隶属关系，即使是跨国公司这样的组织，隶属关系也被冲淡，代之以平等互利的合作。所以，管理国际化意味着国际间在管理领域中的合作，而不是传统意义上的那种母公司把管理意志强加给子公司的跨国家、跨地区管理，一切合作都是建立在每个单元组织充分的经营自主权基础上的。

11.2.2 跨文化管理模式

(1) 文化的常见维度

①语言　语言是文化的媒介，提供了从事商务活动和发展个人关系所需的理解文化的途径。世界各地的语言各不相同，即便是同一种语言，在不同国家的用法也有很大的差异。尽管我们不太可能懂得当地的语言，但在国际商务交易中，寻找一些通用的第二语言来交流逐渐变得普遍。良好的外语训练对一个真正意义上的全球经理人而言非常关键。人类学家爱德华·丁·霍尔(Edward T. Hall)指出，低情境文化(low-context cultures)是指通过书面和口头方式进行大部分交流的文化，例如，在美国、加拿大和德国，信息以非常精确的措辞来传递，人们必须仔细地聆听和阅读以更好地领会信息传递者的意图。而在高情境文化(high-context cultures)中，情况就大不相同了，此时大量的交流都是通过非语言和情景线索完成的。在这些文化中，语言只传递一部分(有时甚至是少部分)信息，剩下的信

息就需要从上下情境(身体语言、物理环境,甚至是这些因素之间过去的关系)中得出,这个过程往往非常费时而且需要仔细考虑。举例来说,日本就属于高情境文化国家,十分强调社交环境。在这种环境中,潜在的生意伙伴建立起关系并逐渐了解对方。只有完成了以上过程,才能实现未来的交易。

②人际距离　霍尔把人际距离的运用看作文化的一种重要的"无声语言"。举例来说,阿拉伯人和很多拉丁美洲人在交流时偏好比美国标准距离更近的距离。当两者交谈时,如果一方走上前以拉近两人之间的说话距离而另一方却向后退,就可能产生误会。世界上一些地区的文化比其他地域的文化更重视空间。美国人就倾向于宽敞、私人的办公空间,而日本人在利用空间时就比较讲究效率,在大部分公司里,即使是管理者也会共用办公室。

③时间导向　时间导向是文化的另一种无声语言。人们在对待和处理时间的方式上差别很大,例如,墨西哥人如果希望客人在约定的时间到达,就会在邀请函上明确注明"hora Americana"的字样,否则准时赴约就会被认为是不礼貌的行为。然而当你在越南工作时,准时是非常重要的,表示你对主人的尊重。霍尔描述的单一时间文化(monochromic cultures)指人们倾向于在同一时间内只做一件事。标准的美国商务实践就是安排一次会面并在约定的时间内与拜访者专心交流。与之相对的多元时间文化(polychromic cultures)则倾向于在同一时间内完成许多不同的事情。例如,当一个美国人去拜访埃及客户时,可能会觉得很受挫,因为其他人进出办公室以及进行各种交易活动会不停地打断他们。

④宗教信仰　当你在其他国家工作和旅游时,必须留心当地的宗教传统。宗教影响着许多人的生活,这些影响甚至延伸到穿着、食物和人际行为等方面。宗教是伦理和道德的源泉,对个人与集体都有重要的意义。比如,中东的伊斯兰银行为客户提供贷款时收取利息,从而与《古兰经》的教旨保持一致。旅行者和商人应当对各种宗教中的仪式、圣日和安息日等保持一定的敏感度。例如,在马来西亚工作时,将商务晚宴安排在20:00以后是礼貌的做法,这是为了让穆斯林客人可以在晚宴前完成祷告。

⑤合同与协议　不同的文化在对合同和协议的运用上也存在一定的差异。在美国,合同被视为具有最终约束力的协议声明,这与低情景文化的实践往往是一致的。而在高情景文化中,书面合同可能更多地被视为一个起点。在双方签订合同且合作一段时间后,有可能发生变化,需要对合同加以修改。麦当劳在中国就遭遇过类似的事情,当时政府不顾它在北京商业区的餐厅租约,强行拆除一栋大楼以便为一个发展项目腾出空间。此外,在美国,人们都希望签订书面合同。然而要求一个已经做出口头承诺的印度尼西亚人签订书面合同会被视为不礼貌的行为。

【管理案例】

不同国家文化的差异

荷兰学者兼国际管理顾问吉尔特·霍夫斯泰德(Geert Hofstede)对一家在40个国家运营的美国跨国公司的员工进行了研究,这项研究的成果首先在其著作《文化的影响:工作相关的价值观中的国际差异》中发表,该研究为我们展示了理解民族文化中巨大差异的初步见解。图11-1显示了所挑选的国家在五个维度上的排名,这些维度如今被霍夫斯泰德运用到模型中。

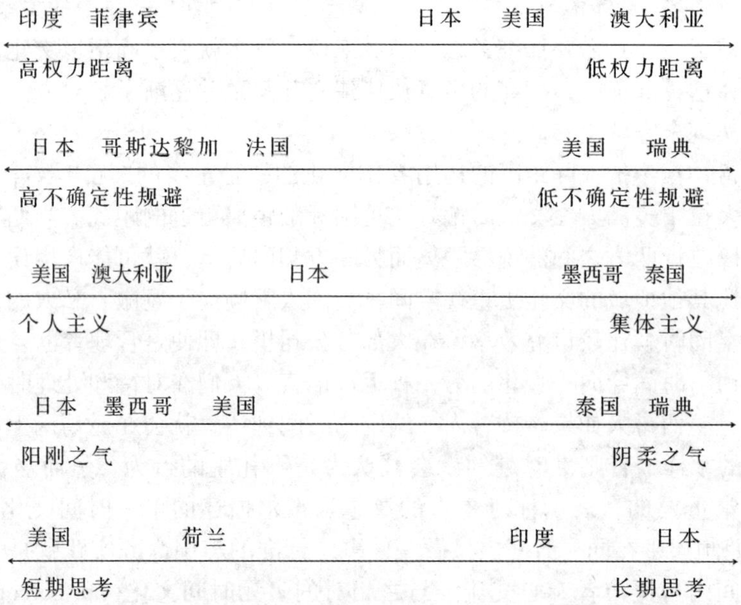

```
印度    菲律宾                          日本    美国        澳大利亚
├──────────────────────────────────────────────────────────┤
高权力距离                                              低权力距离


日本    哥斯达黎加    法国                        美国    瑞典
├──────────────────────────────────────────────────────────┤
高不确定性规避                                        低不确定性规避


美国    澳大利亚            日本                  墨西哥    泰国
├──────────────────────────────────────────────────────────┤
个人主义                                                集体主义


日本    墨西哥    美国                            泰国    瑞典
├──────────────────────────────────────────────────────────┤
阳刚之气                                              阴柔之气


美国        荷兰                              印度        日本
├──────────────────────────────────────────────────────────┤
短期思考                                              长期思考
```

图 11-1　各个国家在霍夫斯泰德的民族文化维度上的比较

权利距离：一个社会接受或拒绝权力在组织或社会机构的人群中不对等分配的程度。

不确定性规避：一个社会对风险、变革与环境的不确定性感到不适相对于容忍它们的程度。

个人主义—集体主义：一个社会强调个人成就与自我利益相对于集体成就与集体利益的程度。

阳刚之气—阴柔之气：一个社会重视自信和物质成功相对于重视感觉和关系的程度。

时间导向：一个社会强调短期相对于更多地关注未来的程度。

霍夫斯泰德的上述分析框架有助于我们了解这些潜在的文化差异带来的管理启示。比如，来自新加坡这种高权力距离国家的员工可能对前辈和那些具有高权威的人表示高度的尊敬；在法国这种高不确定性规避的文化中，增加工作安全性的雇佣实践很可能得到人们的支持；在美国这种高度个人主义的社会中，员工可能更想强调自我利益而不是集体忠诚；旁观者可能还会发现，在日本这种更宣扬男子气概的社会中，工作场所呈现出更严格的关于性别的界定；同样，在更注重长期发展的文化中，公司战略很可能倾向长期导向。

(2) 跨文化的管理过程

① 计划和控制　复杂的国际商务环境中，计划和控制变得极具挑战性。设想一个总部设在美国芝加哥的公司在亚洲、非洲、南美洲和欧洲均开展业务。在制订计划时，该公司必须考虑不同的国家、文化和需求等因素，兼顾总部与国外分支机构。新科技（通过大幅改良的通信系统）逐渐使全球运营计划的制订和控制变得更容易，基于计算机的全球性网络和安全的网关使得总部和分部之间能够共享数据、传输电子文件、召开远程会议，甚至不需要见面就可以进行群体决策。在国外投资的公司也必须在计划制订过程中考虑跨越政

治和经济的界限从事商务活动的风险。其中之一就是货币风险。像麦当劳这样的公司最终必须将外汇收入兑换成美元,而汇率是变化的,导致以美元计的收入和以其他外币形式计的支出不断变化。另一种国际商务风险是政治风险,即由于东道国的不稳定或政局动荡导致外商在国外资产投资或管理控制权方面遭受潜在的损失。如今,政治风险的威胁主要来源于恐怖袭击、内战、武装冲突、军事政变、选举或强制接管造成的政府权力更替,以及一些新的法律和经济政策。

②组织和领导　在国际商务环境中,全球化的力量是很复杂的。组织在开展国际业务的初期,通常采用的组织方式是任命一位副总裁或其他高级经理监督所有的海外运营。这种方式适用于相对有限的国际活动,但随着全球业务的持续拓展,就需要更复杂的安排。在图11-2中展示的全球区域结构将生产和销售职能安排到单独的以地区划分的单元中,这使得世界重要地区的运营能得到管理者的特别关注。另一种组织方式是全球产品结构(图11-2)。这种结构对产品组经理赋予了世界范围内的责任,他们将获得研究公司员工的区域专家的协助。这些专家可以对不同国家或地区的独特需求提供指导。举例来说,当卡莉·菲奥丽娜(Carly Fiorina)成为惠普公司的首席执行官后,发现公司与很多国际客户都失去了联系。为了使这些客户在世界任何地方都能更容易地购买到惠普公司的产品,她将公司重组为全球性的销售和营销团队,从而更好地将全球服务与当地需求相匹配。

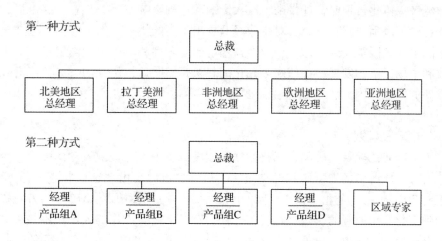

图11-2　全球运营的多国公司可选择的组织结构

国际运营人员的配备一条法则是:雇用有能力的本地人才,重用有能力的本地人才,倾听有能力的本地人才。另外,可以依靠移居海外者,他们因为长期或短期任务而在国外生活和工作。对于进取型公司来说,安排总部人员参与国外运营的方式越来越被认为是一种战略机会。这不仅给员工个人提供了具有挑战性的工作经历,而且能吸纳一些富有文化意识的高层管理者——他们往往具有全球视野以及全球范围内的人际网络。当然,不是每个人都能出色地完成海外的工作任务,是否成功取决于一些个人特质,如极高的自我意识和文化敏感度,真正想在国外生活和工作的意愿,家庭的灵活性和支持,以及个人在工作上的技能。

11.2.3 管理实践的国际比较

(1) 全球经济一体化

20 世纪 90 年代以来,全球经济一体化的趋势日益明显。主要表现在以下四个方面:一是世界范围内出现了许多自由贸易区以及区域性经济合作组织。以欧盟(EU)为例,它的前身是成立于 1992 年的欧洲经济共同体(ECC),后来演变为欧洲国家的联盟,使用统一货币——欧元。其他的一些区域性经济合作组织,如北美自由贸易协定(NAFTA)、东盟(ASEAN)等也在促进地区经济发展,解决贸易争端中发挥着重要作用。二是社会主义国家的市场经济改革加快了全球经济一体化的进程。中国改革开放政策的实施、苏联解体、德国统一以及东欧的一些原社会主义国家的市场经济改革,使得全球性的市场逐渐形成。三是跨国公司在全球范围内的业务拓展使得企业管理跨越国界。跨国公司在全球范围内开展业务的趋势日益明显,而且这些业务并不单纯集中在劳动密集型产业,也包括一些高新技术产业,许多欧美跨国公司甚至将研发机构或总部迁到了中国等亚洲国家和地区。四是贸易壁垒的消除进一步加快了经济一体化的步伐。当今世界,除了世界贸易组织(WTO)之外,还存在许多地区性自由贸易协定(FTA),这些无疑进一步促进了全球经济的一体化。

全球经济一体化给企业管理带来了巨大影响。这种影响主要表现在,一方面,全球化要求企业在全球范围内配置资源,对企业经营提出了新的挑战;另一方面,企业竞争的范围从一个国家或地区扩大到全球,企业经营环境的复杂性和不确定性随之增加。随着中国改革开放和市场经济的发展,价值观多元化的趋势日益明显,传统的管理模式已经不再适应企业发展的要求,因此,中国企业需要借鉴世界优秀企业的经验,应对全球化带来的挑战。

(2) 美国管理实践特点

① 人力资源的流动性 美国市场化的薪酬制度减少了人力资源流动的障碍,企业可以通过发达的人力资源市场来招聘和甄选员工,员工也可以自由地选择职业。有研究表明,日本职工有 70% 在一个企业工作 10 年以上,而美国这一比例仅为 37%[①]。人力资源的流动性还受到文化和价值观的影响。在美国,社会对经常变换工作的人不仅不歧视,反而认为他们是有能力和具有市场价值的人。而在日本,尽管在历史上有"有能耐的工匠不带隔夜钱"的说法,最近几年也出现了一些观念上的变化,但是从整体的价值取向上看,员工对于变换工作还是心存顾虑的。

② 员工培训的专业性 美国企业的员工培训主要培养的是专才,而不是通才。这种特点表现在以下两个方面:首先是培训内容的针对性和实用性。企业在选择员工时很注意其与企业发展战略和所面临的问题的关联程度,培训的产生、运转和发展完全由企业发展战略和所面临的问题所制约、所决定。因此,企业一般会根据员工的层次和特点选择较为实用的方式和内容。其次是培训方式的多样性和灵活性。除了课堂学习外,还包括研讨会、案例研究、角色扮演、文件筛选以及管理游戏等。同时,美国企业还重视利用政府、行业

---

① 戴军. 美国人力资源管理模式的启示[J]. 中国人力资源开发,2004(5).

协会、职业学校等社会培训渠道。

③劳资关系的对立性　在美国，劳资关系的对立有很长的历史。从传统上看，在美国企业的管理理念中，劳资关系常常被一些人视作一种纯粹的经济契约关系，认为企业管理是管理者的事，员工的职责就是完成上级下达的任务，其劳动贡献通过工资就可以补偿。如果劳资双方在劳动者的待遇等问题上不能达成一致，工会可以行使争议权进行交涉甚至举行罢工。劳资关系的对立在某种程度上具有保护员工合法权利的一面，但是由此产生的人工成本上升和劳资间的对立有时也会成为企业发展的障碍。

(3) 日本管理实践特点

①培训　日本企业的人员配置和培训与进入公司时选择的系列有关，以在岗培训和脱岗培训相结合为主，企业内的培训具有以下三方面的特点：第一，尽管正式员工具有选择专职或综合类工作的权利，但是管理人员通常从综合类工作中选出。第二，通才型的培养目标也决定了日本企业更多地采用在岗培训为主、脱岗培训为辅的方式。日本的大型企业都有各自的技能等级考试制度，这种技能等级只在本企业内得到认可，公司定期组织符合条件的人员参加晋升考试。第三，员工的培训强调以老带新，重视榜样的力量。负责带新员工的老员工有时是企业指定的，有时是在工作中自然形成的。不管是哪种情况，都要求老员工无论在业务上还是在人品上都十分优秀，确实能够成为新员工的楷模。

②激励　日本企业强调员工的归属感，重视以情感来维系与员工的关系。首先，重视绩效考评，通常关注三个方面：一是能力考核，包括显在能力和潜在能力两个方面。二是业绩考核。传统上业绩被放在能力的次要位置，但是近年来日本企业也开始重视员工的工作成果。三是态度考核，即使员工的业绩并不突出，只要工作态度认真、有进取心，同样会得到肯定。其次，重视沟通。相比较正式沟通，日本企业尤其重视非正式的沟通，这也体现了日本的企业文化。例如，日本企业的决议草案既可以是上级制定的，也可以是下级部门提出要求后由上级决定的；管理者比较重视在工作时间之外的非正式场合沟通，促进彼此之间的相互了解。日本甚至发明了一个词——"nomunication"，实际上这是一个组合词，由日语中的"饮酒"（nomu）与英文中的"沟通"（communication）组合而成，意为"通过饮酒进行的沟通"。

③人力资源的配置　在企业内部的人力资源配置层次的整合中，日本企业有两方面的特点：第一，整合主要通过岗位轮换的方式来实现。岗位轮换的主要功能是培养通才型人才，但是同时也可以优化人力资源的组合，如果员工或管理人员适合某个岗位，公司就会相应地延长轮换的周期。第二，通过企业内部的竞争实现人力资源的整合。日本企业的员工之间围绕晋升等问题，产生激烈的竞争。这种竞争不仅包括能力和业绩方面的竞争，还包括人际关系等方面，而且日本同龄人之间的横向攀比意识使这种竞争愈演愈烈，其结果是整合了人力资源。

【管理案例】

索尼公司不为员工创造幸福？

目前，对日本式经营的探讨已经达前所未有的高度。但是，不管是在日本还是美国，任何企业成功的背后都没有什么秘诀可言。促使事业成功的既不是理论，也不是战略规划,更不是政府的政策。如果说日本式经营存在什么秘诀的话,那就是把人当作事业的基础。

在日本,企业经营管理者最重要的职能之一就是与员工建立健全的人际关系。也就是说,在企业内部形成一种家庭般的气氛,换句话说,就是要让员工感受到企业是一个命运共同体。在日本,成功企业的共同之处在于让全体员工具有命运共同体意识,与美国那种将企业相关人员划成股东、管理者和劳动者三个群体大相径庭。

如果仔细考虑一下就会发现:"以人为本"的理念应该是一个不言自明的道理,然而,却很少有人能够将这种理念运用到实践中,尽管我们坚信日本的企业经营者用事实证明这种理念给他们带来了成功。不过,外国企业要引进日本式经营的方式恐怕就没那么简单了,这是因为任何人都受到传统文化的束缚,不敢轻易尝试改变传统。"人本主义"这一提法毫无疑问是正确的,但在某些时候又会伴随着极大的风险。

如果从长远的观点来看,不管高层管理者有多么优秀的管理方法,也不管他取得了多么大的成功,企业的命运归根到底掌握在员工的手中。因此,盛田昭夫几乎每年都参加新员工的欢迎仪式,直接与员工对话,这一习惯已经持续了40多年。例如,在1986年的仪式,盛田昭夫是这样讲的:

"我们把各位招入公司不同于征兵,企业也不是军队,大家根据自己的意志选择了索尼,所以责任在你们自己。大家进入公司后,通常会在此度过20年乃至30年的时光,而人生却只有一次。对于你们来说,今后的二三十年应该成为人生和事业的巅峰时期,然而这也同样只会光顾一次。我希望在30年后大家退休或者走完人生旅程时,不要懊悔在索尼度过的时光。后悔就是悲剧。我再次强调,选择本公司的责任在大家。我想说的是,大家在进入公司后的两三个月时间里,要好好想一想在索尼工作对自己来说是不是一种幸福,这一点非常重要。虽然我们将大家招入了索尼,但是我们作为经营者或者说作为管理者,不可能给他人提供幸福。因为幸福要靠自己去追求。"

(资料来源:盛田昭夫,朝日新闻社,1987)

11.3 管理信息化

2015年7月4日,国务院印发《国务院关于积极推进"互联网+"行动的指导意见》。"互联网+"利用信息通信技术以及互联网平台,让互联网与传统行业进行深度融合,创造新的发展生态,充分发挥互联网在社会资源配置中的优化和集成作用,将互联网的创新成果深度融合于经济、社会各领域之中,提升全社会的创新力和生产力,形成更广泛的以互联网为基础设施和实现工具的经济发展新形态[①]。

2015年9月,国务院印发《促进大数据发展行动纲要》(以下简称《纲要》),系统部署大数据发展工作。《纲要》明确,推动大数据发展和应用,在未来5~10年打造精准治理、多方协作的社会治理新模式,建立运行平稳、安全高效的经济运行新机制,构建以人为本、惠及全民的民生服务新体系,开启大众创业、万众创新的创新驱动新格局,培育高端

---

① 引自百度百科 http://baike.baidu.com。

智能、新兴繁荣的产业发展新生态。"互联网+"和"大数据"在我国逐渐受到政府和业界人士的重视，正与管理信息化的趋势相契合①。

11.3.1 大数据时代

(1) 大数据的产生

大数据，是指超过常规尺度所能测量的海量数据，用来描述大规模和不断产生的数字数据集，这些数据集通过与网络技术的相互作用产生。大数据有四个特征：大量化(volume)、多样化(variety)、快速化(velocity)、价值密度低(value)。有学者将其扩展为"5V"，即加上数据真实性(veracity)。《大数据时代》一书中指出，大数据不是随机样本，而是全体数据，即样本=总体；不要求精确性，接受混杂性和模糊性；关注相关关系，不追求因果关系。大数据的价值就像漂浮在海洋中的冰山，第一眼只能看到冰山的一角，绝大部分都隐藏在表面之下，只要善于、敢于发掘，就会带来无穷的价值。

大数据是云计算、互联网等技术飞速发展和广泛应用的产物，是始终相伴相生的概念。"云计算"是一种将网络、服务器、存储和软件应用等通过泛在、方便、按需获取的方式，从可分配计算资源池中获得服务的方式。有五个最突出的特征：泛在的网络接入，资源共享，弹性，可扩展性，按需付费。"大数据"与"云计算"的关系是同一问题相辅相成的两个方面，"大数据"必须依托"云计算"强大的存储、管理、传输、分析、挖掘功能才能转化为应用，实现价值增值；反过来，有了"大数据"，才会有"云计算"发挥作用的空间。而"互联网+"是互联网与传统产业形态深度融合后产生的新产业新形态，其本质是追求"一加一大于二"的效果，甚至是加法变乘法，带来几何级数的效果。

"大数据""互联网+""云计算"不是简单的名词创新，也不仅仅是技术的革新，更重要的是其颠覆了传统思维模式，为人类提供了新的思维模式和认识世界及自身的方式方法，为大学治道变革、院系治理现代化的思维转换、制度创新、文化塑造提供了实践指南和方法论基础。

(2) 大数据的发展

无论在科学研究和生产制造领域，还是在社会管理和国防安全领域，数据正在爆发式增长，一个数据产生重大价值、数据驱动创新的时代已经来临。大数据将逐渐成为现代社会基础设施的一部分，许多领域都会因它而发生本质上的变化，政府、产业界和学术界必须做好迎接大数据趋势的准备。现代公民应具备数据意识，数据素养应成为每个公民的基本素养之一。

在国内，信息化行业首先感知大数据的到来，股票券商情况未明就迅速推出市场分析报告，其他各行各业的企业、商家、技术研发部门也都先后跟进，经济媒体的传播及赶制出来的有关大数据的中外图书迅速畅销，使得大数据开始成为社会大众关注的热点。而媒体曝光的美国一家商店比父亲更早知道女儿怀孕的报道，不仅让人们了解到数据分析的威力，更凸显了个人行为"数据化"的风险。

大数据之所以成为一种大趋势，是多方因素促成的。首先是数据本身，随着信息采集

---

① 引自百度百科 http://baike.baidu.com。

技术的发展与大规模推广应用,加上近几年社交网络异军突起,带来了最活跃的数据源,其中新增部分绝大多数都是非结构化的数据。其次是一些信息技术企业和研究部门多年来深耕细作,在信息采集(如物联网)、分析(如商务智能和机器学习、自动推理)以及分布式并行处理(如云计算)等方面取得了一定突破。这种类似"原料"的急剧增长和"工具"的逐渐成熟是造就大数据趋势的重要原因。另外还有一个不可忽略的因素,就是需求的拉动。在世界范围发生的经济危机暴露了全球经济发展缺乏突破性的创新,曾经最活跃的信息技术虽然不断出现新动向,但是在推进产业和社会发展方面一时缺乏显著的突破口,产业界热切期盼新的创新动力。而建立在平台上的开放式创新、"集体智慧",以及智慧地球、智能电网等前沿应用,无不要求前所未有的数据处理和分析能力,广泛的社会应用需求造就了大数据趋势。

11.3.2 大数据中的管理问题

(1) 大数据的获取问题

正如自然资源开发和利用之前需要探测,大数据资源开发和应用的前提也是有效地获取。一些大型信息技术企业已经收集并存储了大量数据,掌握了较为成熟的大数据技术和管理机制,并建立了自身比较完善的大数据技术体系和服务框架。中国的相关企业和组织也已经意识到大数据资源的重要价值,如百度、阿里巴巴、腾讯等信息技术企业已经将大数据相关业务作为重要的发展战略之一,尝试推出了相关服务。中国要想发挥大数据在经济社会发展中的价值和作用,就需要政府采取各种有效政策措施推动和保障大数据采集和获取的相关产业发展。

大数据的获取能力在一定意义上反映了对大数据的开发和利用能力,大数据的获取是大数据研究面临的首要管理问题。制定大数据获取的发展战略,建立大数据获取的管理机制、业务模式和服务框架等是这一方向中需要研究的重要管理问题。

(2) 大数据的处理方法问题

大数据资源的开发和利用主要基于传统的计算机科学、统计学、应用数学和经济学等领域的方法和技术。例如,有研究基于数据挖掘视角,提出了数据驱动的大数据处理模型。麦肯锡公司也在其大数据报告中总结了可用于大数据处理的关键技术。除了大数据的基础处理方法外,基于不同的开发和应用目的,如市场营销、商务智能、公共安全和舆情监控等,还需要特定的大数据资源开采技术和处理方法,称为应用驱动的大数据处理方法。

针对具体的应用问题,设计合理高效的应用驱动的大数据处理方法是这一方向需要研究的重要管理问题之一。大数据的处理方法问题是大数据发展中重要的基础性管理问题。

(3) 大数据的应用方式问题

大数据资源的应用需要考虑的重要问题是如何将大数据科学与领域科学相结合。大数据资源的应用方式可以分为三大类:首先,在领域科学的框架内来研究和应用大数据资源,称为嵌入式应用;其次,将大数据资源的开发和利用与领域科学相结合,二者相互作用,这种方式称为合作式应用;再次,大数据资源的开发应用还可能引起领域科学的变革,称为主导式应用。

为了更好地发挥大数据的决策支持功能，其应用方式问题是不可忽视的重要管理问题。这一方向具体的研究内容包括对不同的应用方式进行选择和设计等。

(4) 大数据的所有权和使用权问题

目前大部分大数据资源掌握在大型企业或组织的手里，如互联网公司、电子商务企业、搜索引擎公司、软硬件服务商和大型企业或公共部门等，而个人拥有的数据则相对较少。然而，这些企业或组织拥有的"大数据"是由大量"小数据"组成的，而"小数据"是由一个个用户产生的，产品和服务提供商垄断所有用户产生的这些数据，对用户和利用这些数据开展研究的研究人员来说是不公平、不合理的。

因此，通过有效的管理机制来界定大数据资源的所有权和使用权是至关重要的管理问题，这就需要建立产业界和学术界协作及数据共享的稳健模型，从而在促进科学研究的同时保护用户的隐私。但是，大数据背景下的数据所有权界定要比传统数据库环境下的产权界定问题复杂得多。例如，基于云计算中对不同类型"云"的划分思想，将大数据划分为私有大数据(private Big Data)、公有大数据(public Big Data)和混合大数据(hybrid Big Data)(表11-1)。

表11-1　不同类型大数据资源的简单描述

大数据资源类型	描述
私有大数据	私有大数据是由于安全性或保密性等特殊要求限制，仅能由某些特定企业或组织所有、开发和利用的大数据资源
公有大数据	公有大数据是可以由公众共享的大数据资源，公有大数据可以为大数据相关研究开展提供便利
混合大数据	混合大数据介于私有大数据和公有大数据之间，可以通过交易、购买或转让等方式在私有大数据和公有大数据之间转换

(5) 大数据的相关政策和法规问题

大数据资源的发展还必须有完善的政策和法规支撑。例如，通过对大数据资源的所有权界定，有效维护大数据所有者的权利，促进大数据产业的健康发展。数据的安全与隐私保护问题是大数据资源开发和利用面临的最为严峻的问题之一，除了在安全和隐私保护技术方面不断突破外，还需要相关法律法规对大数据资源的开发和利用进行严格有效的规范。

【管理案例】

徐玉玉诈骗案

当前的大数据时代，个人信息安全保护现状堪忧。2016年8月21日，山东临沂准大学生徐玉玉因被诈骗电话骗走上大学的费用9900元，伤心欲绝，郁结于心，最终导致心脏骤停，不幸离世。8月19日，徐玉玉接到一通陌生电话，对方声称有一笔2600元助学金要发放给她，在这通陌生电话之前的18日，徐玉玉曾接到过教育部门发放助学金的通知，让她办理了助学金的相关手续，并被告知助学金几天就能发下来。骗子掌握的信息如此精准，完全取得了徐玉玉的信任。而徐玉玉母亲的电话号码、考大学信息、助学金信息是如何被泄漏的？新闻晨报的记者通过调查后发现，网络上公然售卖考生信息者大有人在，而这些信息包括考生姓名、学校、电话、住址等，考生信息成为黑客利用安全漏洞从事地下黑色产业的关键内容。个人数据信息轻易地被获取并非法买卖，而买卖后引发的结果，就是夺走了花期少女的生命。诈骗者掌握数据之及时、准确，正反映了大数据时代个人信息泄漏的严重性、加强信息安全与隐私保护工作的紧迫性。个人信息安全与隐私保护已经成为一种社会性的问题，如处理不当，轻则损害人们的个人隐私权，重则伤及人们的生命财产安全。大数据时代，科技让人们的生活更加方便，同时，也为人们的生命、财产安全埋下了隐患，个人信息的泄漏事件频频发生，必将影响这一创新应用的进一步发展。

大数据作为一项社会性的创新应用，在其成熟期的扩散、发展过程中，应重点凸显社会系统的人文关怀，积极体现整个社会准则和价值观，强化对用户这一社会群体的需求满足、权益维护，保障个人数据信息安全，做好用户隐私保护。首先，我国目前关于个人信息保护的法规尚不健全，立法机关要加强个人隐私保护法规的立法工作，严格规范政府部门、企事业单位对公民个人信息的采集活动。其次，司法机关要对未经公民知情与允许，出售、泄露公民个人信息，恶意或过度商业化使用公民个人信息等非法行为依法予以严惩。第三，政府部门要依法严格规范并减少企事业单位不必要的公民个人信息采集活动。第四，即使是政府部门要采集公民信息，也需要有合法的授权及法律依据。如果相关政府管理部门、电信公司、互联网公司过度地推行实名制，将加大大数据时代个人信息保护的难度。作为政府管理部门、电信公司固然不会有意泄露个人隐私信息，但是很难确保个别的职员不被利益诱惑去出卖公民个人隐私信息。

（资料来源：匡文波、童文杰，个人信息安全与隐私保护的实证研究——基于创新扩散理论的大数据应用视角，2016）

11.3.3 "互联网+"时代特征

在"互联网+"时代，互联网作为一种技术将会对人类经济、社会等诸多方面产生深远的影响。产业的发展应主动融入"互联网+"时代，运用"互联网+"思维来推进产业融合发展，而其前提是要对"互联网+"时代的主要特征有一个科学理性的认知和判断。只有把握"互联网+"的时代特征，才能由此出发，推动相关的产业与"互联网+"有效地对接与融合，最大程度发挥互联网技术的扩散效应。

(1) 信息在线化

在市场交易的过程中，信息不对称是普遍存在的现象，互联网技术的应用可以减少信息不对称的现象。"互联网+"时代的到来伴随着移动4G网络和Wi-Fi的普及。在"互联网+"的时代，消费者尤其是手机用户能够通过连接网络，更加及时便捷地获取大量的信息，并能随时分享海量的信息；商品和服务的提供者迫于环境的改变和追求利润最大化的动机，会主动融入"互联网+"时代，应用"互联网+"思维，主动建设相关门户网站，发展无线业务，降低与潜在消费者的对接成本，随时随地为潜在消费者提供服务，实现信息的在线化。

(2) 消费精众化

在大众消费时代，消费者典型的特征是从众心理比较普遍，市场格局呈现大一统的局面，商品存在比较严重的同质化现象。然而，随着中国经济的快速发展和消费者收入水平的不断提高，消费者的消费需求变得更加多样化、差异化、个性化和小众化，而且消费者对产品的品质体验要求更高，消费者的消费呈现出精众化的特征，而"互联网+"时代的来临成为消费需求迈向精众化的巨大推动力，消费者在产品消费过程中的参与性更强。众所周知，在传统经济的条件下，受到空间和时间的限制，市场不可能无限地细分，"互联网+"时代的到来，打破了时空对消费需求的限制，只要消费者的需求达到一定规模，几乎任何产品都可以提供，从而能够满足了各类消费者精众化的消费需求。

(3) 渠道扁平化

在传统经济中，生产者和最终消费者之间存在着天然的距离，双方完成一次交易会涉及很多中间商，交易成本很高，有时甚至难以交易。可见，传统的渠道具有成本高昂、信息不对称等特征。互联网最大的便利性在于去中介化，使获得信息的成本降低，消费者和生产者都能从中受益。这表明，在"互联网+"时代，借助于网络基础设施，生产者能够更好地贴近消费者，更好地为消费者提供个性化服务；消费者能够更加便利地寻找到满意的产品，满足个人的需求。毫不夸张地说，"互联网+"时代带来产品渠道的扁平化特征，会从根本上颠覆传统经济的模式。

(4) 管理数字化

互联网的广泛应用，开启了管理数字化的时代。管理数字化具有传统管理模式所无法比拟的优越性，其主要表现在两个方面：一方面，通过管理数字化，稀缺资源将会得到充分优化和利用；另一方面，数字化管理通过记录顾客消费产品时留下的痕迹，利用云计算、大数据等技术，可对消费需求、购买方式和消费模式等消费者的消费特征做出准确的分析，并在此基础上，生产出形态更加多样的满足消费者需求的产品，甚至可以根据用户的需要为其定制产品。管理的数字化能够真正实现"顾客就是上帝"的经营理念。

【管理案例】

服装企业互联网应用

真维斯于1972年成立，是中国休闲服装知名品牌企业，在全国20多个省市开设2800多家直营和加盟店。2009年尝试电子商务，但初期由于渠道冲突导致电商业务发展缓慢。2010年开始全面转型，通过渠道再定位、信息系统优化和供应链调整等，实现线上线下的协同运作。2012年"双十一"销售5700万元，夺得天猫休闲装品类销售冠军。2014年超过20%的实体店开设店内网购，实现从传统模式到O2O模式的互联网转型。

茵曼于2008年成立，是成长快速的互联网服饰品牌。前身是1998年创立的广州汇美服装厂，从事服装代加工生产。2005年进行第一次转型，通过阿里巴巴开展B2B国际业务。2008年进行第二次转型，在淘宝创建"茵曼"品牌，放弃原有加工业务。转型初期，由于经验不足及资源匮乏，遭遇了种种挫折。经过持续变革，2011—2013年连续三年位居天猫女装品牌TOP5和淘宝女装品牌TOP3，2013年"双十一"女装品牌全网销量第一。

索菲亚于2001年成立，2011年在深交所上市，成为首家A股上市的定制家具企业。2005年成立电子商务部尝试电商。转型初期便面临1600多家门店的渠道冲突问题。针对此问题，一方面通过进行大规模定制生产，满足互联网时代消费者的个性化需求；另一方面，通过线上线下的互补性服务策略避免渠道冲突，使线上成为线下销售的促销与推广平台。

（资料来源：谢康、吴瑶、肖静华等，组织变革中的战略风险控制——基于企业互联网转型的多案例研究，2016）

11.3.4 商业模式创新

互联网时代，商业模式逻辑下的新元素正在逐渐形成。互联网的世界是通透的，无法通过地理的距离形成区域市场，也无法对厂商进行人为区隔，加之互联网具有极强的不确定性，通常一个商业模式只能存活一个厂商，很少有完全相同的商业模式。与此同时，人与人之间的互动变得密切，知识溢出范围增大，知识生产难度下降，促使商业模式的创新不断，商业模式的更替速度加快。

（1）社群

社群指聚集在一起的拥有共同价值观的社会单位。它们有的存在于具体的地域中，有的存在于虚拟的网络里。在互联网模式中社群是一个两两相交的网状关系，用于满足和服务顾客，而社群发展到一定程度会自我运作，成为一个自组织。

社群逻辑商业形态中，品牌与消费者之间的关系由单向价值传递过渡到厂商与消费者双向价值协同。在社群的影响下，传播被赋予了新的含义——价值互动。同时，厂商的品牌被赋予了社群的关系属性，转化为社群的品牌，融入顾客一次次价值互动下完成的体验当中。在社群逻辑下，产品的所有属性由于人的参与都有了显著的提升。同样，在社群逻辑下，市场定义也发生了改变，市场不再只是在现实生活中厂商与消费者双方进行价值交换的场所，市场已经成为厂商与社群消费者、合作网络各成员之间的知识碰撞、交流与增值的场所；而顾客作为知识创新的另一种来源，他们既是参与者和建设者，也是直接受益方。创新知识的来源已经变得模糊。这样的社群逻辑是完全与工业经济时代的规模逻辑不同的。

（2）平台

传统的平台主要是指计算机的操作环境，后来经济领域引入平台概念，出现了产品平台、技术平台、商业平台。如今，管理学中的平台指的是商业模式中的重要一环，是当今市场成功的必要战略资产。平台强化了在信息和沟通技术下商业模式的安排能力。例如，它用来强化已设计出的商业逻辑，还可以帮助提升厂商或厂商战略联盟的决策水平。一方面，平台提供供需双方互动的机会，强化信息流动，降低受众搜索有用信息所需的成本，提供双方实现价值交换、完成价值创造的场所，正因为如此，平台消除了信息的不对称性，打破了以往由信息不对称带来的商业壁垒，为跨界创造了条件；另一方面，平台的存在有利于建立制度，通过对平台的管理，防止功利主义行为，保护消费者和供应商的利益，使得平台中参与者的凝聚力增强。

互联网时代厂商与顾客共同创造价值是价值创造的基础，平台级公司的实质就是要实现消费者行为的被动接受向消费者行为的主动参与的转变，要让顾客参与到产品创新与品牌传播的所有环节中去。互联网模式下厂商的感知能力和柔性生产能力获得大幅度提升，当今市场正在产生从为数较少的主流产品和市场向数量众多的狭窄市场转移的现象和趋势,范围经济下的市场份额可以和那些以前规模经济下的市场份额相媲美,甚至有过之而无不及。

(3) 跨界

跨界指跨越行业、领域进行合作,又被称为跨界协作。它往往暗示一种不被察觉的大众偏好的生活方式和审美态度。可以说,"跨界协作"满足了互联网模糊原有边界创造新价值的需求。通过跨越不同的领域、行业乃至文化、意识形态而碰撞出新的事物。跨界协作使得很多曾经不相干甚至不兼容的元素获得连接,产生价值。

跨界合作不仅能提高产品对环境的适应能力,延长产品寿命,更重要的是在战略上将竞争关系转化为合作关系,这能为进入市场降低成本。值得注意的是,作为品牌的生存基础,知名度和忠实用户数量无法通过资本投入直接获得,需要机遇和沉淀。跨界合作所创造的价值与涉及知识的复杂丰富程度、跨界跨度成正相关,这些与过程中产生的新事物的寿命及其环境适应能力、竞争力也成正相关。事实上,跨界者用一种开放式创新提供了企业创新商业模式的机会,但可能因为产业不同而存在差异。

(4) 资源整合

从资源基础观角度,社群平台实现了挑选资源和聚合资源的功能。组织可以被看作资源的堆积物,资源是一个组织维持竞争优势的主要源动力,是有价值的、稀少的、不能完全模仿的和难以替代的。现代企业不仅具有自身的专属性,同时也是资源交流和聚合的场所。社群平台,一方面使得消费者得到更大的满足;另一方面为厂商提供隔离机制。从动态能力观视角,社群平台实现了整合资源和利用资源的功能,同时促进了产品设计的发展。产品设计是一个创造性的、综合性的处理信息过程,通过产品设计,人的需求被具体化且无限趋近理想的形式。价值的新来源产生于资源的新利用,特别是通过新方式去交换和组合资源。为了创造新的或更好的产品,企业需要重新分配资源,组合新的资源,用新的方法组合现有资源。当既有产品已经无法支撑企业发展,如何靠资源的再配置来实现价值创造就是组织发展的重点。

【管理案例】

电影产业的互联网升级案例

乐视影业CEO张昭说,现在每个电影公司都面临这样的问题——如何面对"互联网+电影"这一新产业。即使他无法给出准确定义,但可以确定这是一种服务业。不断改造团队的观念和思维方式,是其面临的最大挑战。从一开始,乐视影业就将自己定位成"互联网时代的电影公司",再至"互联网影视公司",并陆续推出一些听上去很"互联网"的方法论,如"一定三导""五屏联动"……在互联网语境下打通电影的线上、线下,通过制造、推广、平台、衍生将一部电影的价值最大化。

电影行业有"研发地狱"一说。2013年,乐视创立了乐视影业北美分公司,并开始系统挖掘、建立未来中美合拍片的研发项目库。自分公司成立起,这种地狱试炼就开始了,加之与外国人合作,难免有文化隔阂。两年时间,研发人员只做一件事——剧本改编,找寻文化上的"支点"。张昭说这是对全球化产品的叙事语言、价值观和观影习惯的尊重。

好莱坞叙事语言讲究"因果"。张昭认为中美合拍片的内核是对电影故事的理解,把本民族独有的文化元素作为因果语言当中的一个环节对待。如果要将文化本身作为因果关系，最好的方式是找好莱坞编剧。"好莱坞编剧不是美国的编剧，而是全球编剧。"他说。2015年，乐视影业发布了十几个中美合作项目，包括自主研发项目以及与好莱坞著名制片、编剧合作、购买的创意。

张昭观察到，与中国互联网公司纷纷进军影视产业不同，好莱坞和硅谷几乎没有对话。他将此归结为二者产业已相当成熟，而中国则恰恰相反。互联网崛起时，好莱坞并未面临本质危机。同时，由于上百年历史所形成的特殊专业性，好莱坞像一艘庞大航母，美国新兴的互联网公司很难掌控，更重要的是电影还是一门艺术。他认为，好莱坞与互联网公司未来可能还是合作关系，短时间内并不会出现类似BAT纷纷组建电影公司的现象。但如今好莱坞电影发行成本居高不下，他们也开始学习中国经验，学习如何利用互联网把电影发行成本降下来，同时寻找新的盈利方式。张昭相信"互联网＋电影"会让互联网行业变得有温度，也让传统电影行业变得年轻。

（资料来源：http：//www.ceconline.com/it/ma/8800079338/01）

▰思考题

1. 结合管理理论的新发展，可以看出当前管理环境的哪些特点？
2. 运用现实中的案例说明国际化的措施，并分析管理国际化的原因。
3. 大数据对企业技术创新有什么影响？请举例说明。
4. 互联网给大学生教育带来了哪些机遇和挑战？
5. 大众创业、万众创新的背景下，"互联网＋"对创新有什么影响？

▰百家争鸣

中国的品牌准备好了吗？

移动互联网时代是一个充满变革的时代，它正在以摧枯拉朽的气势颠覆着既定的商业规则。在这一点上，我们从诺基亚、雅虎的黯然衰落，到小米、Facebook的神奇崛起，看得十分清楚了。

在这个变革的时代下，市场上绝对不会存在永远领先的品牌。"要么创新、要么死亡"已经成为企业品牌竞争的新常态。对于品牌来说，移动互联网时代是最好的时代，也是最坏的时代。它的好处在于它为许多弱势小品牌的迅速上位提供了难得的机遇；它的坏处在于它为强势大品牌的持久发展提出了严峻的挑战。面对这个机遇和挑战并存的变革时代，中国的品牌准备好了吗？

在移动互联网时代下，更快一步地满足客户的需求成为企业发展的主旋律。为了迎合客户的现实需求，企业经常被客户牵着鼻子走。比方说，产品要及时地推出，服务要快速地迭代。对于强势大品牌来说，这样亦步亦趋的好处是其短期内不会有销售业绩下降的压力。但是，上述这种情况直接导致强势大品牌的产品和服务的创新只能是渐进性的创新，很难有颠覆性的创新。相反，一些弱势小品牌则没有这些纠结，它们更能着眼于客户未来的、潜在的需求，试图从侧翼寻求最终突破。这就是为什么诺基亚、雅虎黯然衰落，而小米、Facebook神奇崛起的主要原因。

在移动互联网时代下，信息不再是稀缺资源，而受众的注意力成了商家追逐的对象。在这种情况下，出于对受众差异化的考虑，媒体分众化的趋势愈加明显。值得注意的是，媒体的分众化不仅出现在传统媒体上（如电视、报纸、杂志等），而且扩展到新媒体上（微博、微信等）。在这里，我们以微信这个新媒体为例。例如,在微信平台上,有的用户关注高端大气的"华尔街见闻""凤凰财经"等微信公众号,有的用户却关注个人风格明显的"罗辑思维""吴晓波频道"等微信公众号。媒体的分众化使得品牌的信息只能在一些媒体上传播,且只能让一部分人知晓,再也不会出现之前在中央电视台播出一段广告,全国尽人皆知的局面了。总之,媒体分众化的加剧直接导致品牌的影响力大打折扣。

(资料来源:温韬,《移动互联网时代下中国品牌的机遇、挑战与对策》,2015)

讨论:
1. 面对这个机遇和挑战并存的变革时代,中国的品牌应该做什么准备?
2. 互联网时代,大品牌如何实现颠覆性创新?
3. 如何克服媒体的分众化让品牌的影响力大打折扣这一问题?
4. 互联网时代还给中国品牌带来了哪些挑战?应该如何克服?

参考文献

鲍丽娜,李孟涛,李浇. 2011. 管理学习题与案例[M]. 大连:东北财经大学出版社.

本书编写组. 2013. 管理学学习指导[M]. 北京:中国人民大学出版社.

彼得·F. 德鲁克(PETER F DRUCKER). 1999. 卓有成效的管理者[M]. 孙康琦,译. 上海:上海译文出版社.

边均兴. 2005. 面向可持续发展的生态工业园建设理论与方法研究[D]. 天津:天津大学.

曹芳萍,温玲玉,蔡明达. 2012. 绿色管理、企业形象与竞争优势关联性研究[J]. 华东经济管理, 26(10): 117-122.

陈传明,周小虎. 2016. 管理学原理[M]. 北京:机械工业出版社.

陈国英. 2010. 外部环境对企业内部控制建设的影响[J]. 科技创业月刊(11):110-111.

陈建成,李华晶. 2013. 绿色管理[M]. 北京:中国林业出版社.

陈尚涛. 2009. 绿色营销运行机制构建及关联性研究[J]. 黑龙江对外经贸(9):96-98.

戴淑芬. 2013. 管理学教程[M]. 4版. 北京:北京大学出版社.

段小缨. 2015. 加速本土化是GE中国战略[N]. 人民网,2015/8/09.

高立胜. 1987. 从管理哲学看控制的概念、目的与原则[J]. 社会科学辑刊(4):7-13.

管斌,何似龙. 2009. 墨家古代管理思想初探[J]. 商场现代化,4月上旬刊:64-66.

韩育德. 2012. 小家电企业绿色管理动因和行为对企业绩效的影响研究[D]. 广州:华南理工大学.

郝云宏,向荣. 2014. 管理学学习指导[M]. 北京:机械工业出版社.

贺恒信,祁明德. 2001. 论人本管理的新发展——谈谈绿色管理[J]. 科学·经济·社会(4):49-52.

贺竞择. 2009. 浅析中国古代管理思想[J]. 理论界(5):178-179.

胡春才. 2001. 新世纪跨国公司的竞争焦点:绿色管理[J]. 科学管理研究(3):28-32.

胡美琴,骆守俭. 2009. 基于制度与技术情境的企业绿色管理战略研究[J]. 中国人口·资源与环境, 6: 75-79.

胡耀杰. 中国海尔集团与美国通用电气签署备忘录开展全球战略合作[EB/OL]. 中国新闻网[2016-01-16]. http://news.chinanews.com.cn/cj/2016/01-15/7718711.shtml.

胡振吉,贾昭东. 2012. 浅谈企业绿色管理[J]. 改革与开放(12):34-35.

黄涌波,王岩. 2014. 管理学基础——理论、案例、实训[M]. 大连:东北财经大学出版社.

金光磊. 2012. 企业绿色管理体系研究[J]. 企业导报(10):43-45.

匡文波,童文杰. 2016. 个人信息安全与隐私保护的实证研究——基于创新扩散理论的大数据应用视角[J]. 武汉大学学报(人文科学版), 69(06):104-114.

李冰. 2008. 企业绿色管理绩效评价研究[D]. 哈尔滨:哈尔滨工程大学.

李冰. 2009. 企业绿色管理绩效评价研究[M]. 北京:人民邮电出版社.

李会太. 2007. "绿色"与绿色管理的概念界定[J]. 生态经济,4:93-95.

李静林. 目标的激励作用——哈佛大学关于目标对人生影响的跟踪调查[EB/OL]. [2017-04-19] http://blog.renren.com/share/244006501/3152565487.

李茜. 2013. 跨国公司绿色管理对本土企业溢出效应的渠道研究[D]. 上海:复旦大学.

李卫宁,吴坤津. 2013.企业利益相关者、绿色管理行为与企业绩效[J].科学学与科学技术管理,34(5):89-96.

李选芒,陈昊平. 2016.管理学基础[M].北京:北京理工大学出版社.

李燕梅. 2008.物本管理思想的顶峰,人本管理思想的萌芽——《科学管理原理》有感[J].法制与社会(9):267.

李毅,周燕华,孙宇. 2013.管理学[M].北京:经济管理出版社.

李政道,周光召. 1997.绿色战略:21世纪中国环境与可持续发展[M].青岛:青岛出版社.

李卓.顺丰涨价一到两元.网易科技[EB/OL].[2015-01-26] http://tech.163.com/15/0126/01/AGRO8ESC000915BD.html.

刘承伟. 2001. 21世纪企业管理新理念:绿色管理[J].求实,7:44-46.

刘承伟. 2001.绿色管理:21世纪企业管理研究的新领域[J].齐鲁学刊,4:130-134.

刘吉鹏. 2004.绿色管理与我国金融业发展[D].合肥:合肥工业大学.

刘澜. 2017.领导力需要适度疯狂[J].中欧商业评论(3):124-125.

刘思华. 1995.现代管理理论的缺陷与绿色管理思想的兴起[J].生态经济(2):7-10.

刘铁明. 2012.泰勒科学管理思想研究的回顾与思考[J].湖南财政经济学院学报(4):143-146.

罗国民,彭雷清,王先庆. 1997.绿色营销-环境与市场可持续发展战略研究[M].北京:经济科学出版社.

罗珉,李亮宇. 2015.互联网时代的商业模式创新:价值创造视角[J].中国工业经济,57(01):95-107.

马浩. 2016.管理决策[M].北京:北京大学出版社.

迈克尔·波特. 1988.竞争优势[M].夏中华,译.北京:中国财政经济出版社.

么志丹.唯品会营销竞争环境分析[EB/OL].[2017-03-17] http://biyelunwen.yjbys.com/fanwen.

聂语岐.谷歌欧洲总部办公环境令人叹为观止[EB/OL].http://blog.sina.com.cn. 2015-11-27.

钱耀军,宋军. 2016.管理学原理[M].北京:化学工业出版社.

乔洪滨,马军,翁晓东. 2003.浅谈发展绿色企业的意义及途径[J].内蒙古工业大学学报(社会科学版),12(1):26-28.

邱尔卫. 2006.企业绿色管理体系研究[D].哈尔滨:哈尔滨工程大学.

曲波. 2004.黑龙江省工业企业绿色管理体系的建立[D].哈尔滨:哈尔滨工程大学.

沈登学. 2013.城乡一体化中的企业领导行为有效与心理测评研究[J].城市建设理论研究(电子版),3(34):53-60.

斯蒂芬·P·罗宾斯,玛丽·库尔特. 2008.管理学[M]. 9版.孙健敏,等译.北京:中国人民大学出版社.

斯蒂芬·P·罗宾斯. 2010.管理学原理与实践[M].北京:机械工业出版社.

宋维明. 2006.管理学基础[M].北京:中国林业出版社.

孙宝连,綦振法,王心娟. 2009.企业主动绿色管理战略驱动力研究[J].华东经济管理,23(10):81-84.

孙宝连,吴宗杰. 2010.企业主动绿色管理战略动因分析与政策建议[J].科技进步与对策,27(5):75-77.

孙宝连,闫秀霞. 2010.企业全面绿色管理体系构建与战略优势分析[J].改革与战略,26(1):41-44.

孙敬水. 2002.全新的企业管理理念——绿色管理[J].科学与科学技术管理,8:100-102.

孙锐. 2000.企业绿色管理的动因、内涵与对策[J].企业改革与管理(1):20-22.

孙秀梅,高厚礼. 2007.企业绿色管理体系的构建研究[J].经济纵横,18:74-76.

通用电气公司[EB/OL].http://baike.baidu.com/link?

托马斯·思德纳. 2005.环境与自然资源管理的政策工具[M].上海:上海人民出版社.

万军. 2006.跨国公司子公司控制机制选择的影响因素分析[J].对外经贸实务(11):61-64.

王金凤,张炎亮. 2012.管理学[M].北京:机械工业出版社.

王莉,刘应宗.2009.企业绿色管理相关主体间的博弈分析[J].现代管理科学(5):107-108.
王起.1993.绿色管理在西方的兴起[J].中国环境报(5):5-15.
王燕,刘澄,白婧.2009.企业集团财务控制模式的现实选择[J].技术经济与管理研究(03):60-62.
王战军,肖红缨.2016.大数据背景下的院系治理现代化[J].高等教育研究(03):21-27.
王哲.2012.阴阳家管理智慧探赜[J].经济与社会发展(10):56-58.
王志荣.2010.绿色管理理念在建设项目环境管理中的应用[D].广州:华南理工大学.
魏明侠,司林胜.2005.绿色营销绩效管理[M].北京:经济管理出版社.
魏圣军.2010.提高企业人本管理有效性的思路探析[D].上海:华东师范大学.
吴建祖,曾宪聚.2010.绿色管理的动力:社会责任还是经济利益?[J].管理学家(学术版),4:75-78.
吴俊.华为管理模式优劣剖析[EB/OL].[2012-07-21]http://www.yjbys.com/bbs/193662.html.
吴彦艳.2004.企业绿色管理理论研究[D].哈尔滨:哈尔滨工程大学.
武春友,吴荻.2009.市场导向下企业绿色管理行为的形成路径研究[J].南开管理评论,12(6):111-120.
徐国华,张德,赵平.2001.管理学[M].北京:清华大学出版社.
徐建中,吴彦艳.2004.绿色管理的理论研究[J].商业研究(6):48-50.
徐金海,王俊.2016."互联网+"时代的旅游产业融合研究[J].财经问题研究,57(3):123-129.
徐雁.1998.现代企业中的"绿色管理"[J].中国民政(3):52.
薛驰宇.2015.酒店领导者社会责任取向对绿色管理行为的影响研究[D].长沙:湖南师范大学.
(美)希尔,(澳)麦克沙恩,(中)李维安,等.2011.管理学[M].北京:机械工业出版社.
颜爱民,谭民俊.1999.绿色管理:中国企业管理新趋势[J].财经理论与实践(5):92-93.
杨红红.2011.企业外部制度环境对其战略选择的影响[D].上海:华东理工大学.
杨经义.2014.企业绿色管理的驱动因素研究[D].大连:大连理工大学.
杨琦.2015.信息技术对企业内部控制影响分析与对策[J].审计与经济研究(1):91-94.
杨善林,周开乐.2016.互联网的资源观[J].管理科学学报,19(01):1-11.
尤建新,雷星晖,陈守明,等.2008.高级管理学[M].上海:同济大学出版社.
约翰·R·舍默霍恩.2011.管理学[M].北京:中国人民大学出版社.
约翰·S·哈蒙德(JOHN S HAMMOND),拉尔夫·L·基尼(RALPH L KEENEY),霍华德·雷法(HOWARD RAIFFA).2016.决策的艺术[M].王正林,译.北京:机械工业出版社.
张阿芬.2014.管理学基础[M].2版.北京:经济科学出版社.
张登俊,潘峰.2000.绿色管理——企业竞争的新法宝[J].管理与财富(6):56.
张国林,路瑶.2015.创业型城市建设对创业效果影响研究[J].社会科学辑刊,23(2):100-105.
张海姣,曹芳萍.2012.基于二维象限法的企业绿色管理分析[J].科技管理研究,32(4):194-197.
张健,陈宪,杨伯元,等.2000.关于我国化工企业实行绿色管理的思考[J].学术交流(6):79-81.
张凯.2013.制度环境对创新绩效的影响:机会创新性的中介作用[D].济南:山东财经大学.
张康之,李传军.2008.一般管理学原理[M].北京:人民大学出版社.
张明玉,等.2005.管理学[M].北京:科学出版社.
张青.2014.EPC项目绿色管理模型研究[D].哈尔滨:哈尔滨工业大学.
张思雪,林汉川,邢小强.2015.绿色管理行动:概念、方式和评估方法[J].科学学与科学技术管理,36(5):3-12.
张翊.2013.权变理论视角下的内部控制[J].对外经贸(9):118-119.
张玉利.2013.管理学[M].3版.天津:南开大学出版社.
张智光,杨加猛.2010.管理学原理[M].北京:清华大学出版社.
赵德江.2011.企业内部控制建设的影响因素分析及路径选择[J].中外企业家(21):96-98.

赵瀚清. 2011. 中外早期管理思想比较与借鉴[J]. 社会科学战线(1):281-282.

赵丽芬. 2013. 管理学:全球化视角[M]. 北京:中国人民大学出版社.

赵述评. 2017. 陷入危机重重的东芝:从辉煌走向落寞[EB/OL]. [2017-02-21] http://www.sohu.com/a/126810686_115267.

赵文锴. 2014. 小米模式[M]. 北京:中国经济出版社.

甄翌. 2000. 我国企业应推行绿色管理[J]. 湖南经济管理干部学院学报(3):24-26.

郑璐. 2007. 企业内部环境与内部控制研究[D]. 成都:西南财经大学.

郑石桥,徐国强,邓柯,等. 2009. 内部控制结构类型、影响因素及效果研究[J]. 审计研究(1):81-86.

钟榴,郑建国. 2014. 制度同构下的绿色管理驱动力模型与创新路径研究[J]. 科技进步与对策,31(12):12-16.

周三多,陈传明,鲁明泓. 2010. 管理学——原理与方法[M]. 5版. 上海:复旦大学出版社.

朱国华. 2006. 绿色管理在中药企业的应用问题研究[D]. 天津:天津财经大学.

《中国企业成功之道》小肥羊案例研究组. 2013. 中国式企业管理研究丛书:小肥羊成功之道[M]. 北京:机械工业出版社.

ANDREW A. KING, MICHAEL LENOX. 2001. Lean and green? An empirical examination of the relationship between lean production and environmental performance[J]. Production & Operations Management, 10(3):244-256.

ARAGÓN-CORREA J. 1998. Strategic Proactivity and Firm Approach to the Natural Environment[J]. Academy of Management Journal, 41(5):556-567.

BANSAL P, ROTH K. 2000. Why Companies Go Green: A Model of Ecological Responsiveness[J]. Academy of Management Journal, 43(4):717-736.

BANSAL P. 2003. From Issues to Actions: The importance of individual concerns and organizational values in responding to natural environmental issues[J]. Organization Science, 14(5):510-527.

BARENDSEN L, GARDNER H. 2004. Is the social entrepreneur a new type of leader[J]. Leader to Leader, 34:43-50.

BRÍO J, FERNÁNDEZ E, JUNQUERA B, VÁZQUEZ C. 2001. Environmental managers and departments as driving forces of TQEM in Spanish industrial companies[J]. International Journal of Quality & Reliability Management, 18(5):495-511.

CHRISTMANN P., TAYLOR G. 2002. Globalization and the environment: Strategies for international voluntary environmental initiatives[J]. Academy of Management Executive, 16(3):121-136.

DELMAS M, TOFFEL M. 2004. Stakeholders and environmental management practices: an institutional framework [J]. Business Strategy and the Environment, 13(4):209-222.

FREEMAN R E, PIERCE J, DODD R. 1995. Shades of Green: Business Ethics and the Environment[M]. London: Oxford University Press.

HART S L. 1994. A Natural-Resource-Based View of the Firm[J]. Academy of Management Review, 20(4):986-1014.

HENRIQUES I, SADORSKY P. 1999. The relationship between environmental commitment and managerial perceptions of stakeholder importance[J]. Academy of Management Journal, 42(1):87-99.

HOFFMAN A. 1999. Institutional Evolution and Change: Environmentalism and the U.S. Chemical Industry[J]. Academy of Management Journal, 42(4):351-371.

JOSÉ F. 2009. Molina-Azorín., Enrique Claver-Cortés., Maria D. López-Gamero., Juan J. Tarí. Green management and financial performance: a literature review[J]. Management Decision, 47(7):1080-1100.

KLASSEN R D, MCLAUGHLIN C P. 1996. The impact of environmental management on firm performance[J]. Management Science, 42(8):1199-1214.

KOLK A, WALHAIN S, WATERINGEN S. 2001. Environmental reporting by the Fortune Global 250: exploring the influence of nationality and sector [J]. Business Strategy and the Environment(10): 18-25.

MEHENNA YAKHOU, VERNON P. 2004. Dorweiler. Environmental accounting: an essential component of business strategy[J]. Business Strategy and the Environment, 13(2): 65-77.

MINTZBERG, H. 1973. The Nature of managerial work[M]. New York:Harper & Row.

PATRICK CARSON, JULIA MOULDEN. 1991. Green is gold: business talking to business about the environmental revolution[M]. New York: Harpercollins.

S. J. CARROLL AND D. A. GILLEN, "Are the Classical Management Functions Useful in Describing Managerial Work?"Academy of Management Review, January 1987, p. 48

SCOTT W. R. 1995. Institutions and Organizations[M]. Thousand Oaks, CA: Sage.

SHARMA, S. 2000. Managerial interpretations and organizational context as predictors of corporate choice of environmental strategy[J]. Academy of Management Journal, 43(4): 681-697.

STEPHEN P. ROBBINS, MARY COULLTER. 2013. Management[M]. 北京:清华大学出版社.

WALDEMAR HOPFENBECK. 1993. The green management revolution: lessons in environmental excellence[M]. New York, Prentice Hall.